Comércio Internacional
TEORIAS, POLÍTICAS E CASOS PRÁTICOS

Comércio Internacional
TEORIAS, POLÍTICAS E CASOS PRÁTICOS

2023 • Reimpressão

Ana Paula Africano
Francisco B. Castro
Miguel Fonseca
Óscar Afonso
Rosa Forte
Rui Henrique Alves

COMÉRCIO INTERNACIONAL
TEORIAS, POLÍTICAS E CASOS PRÁTICOS
AUTORES
Ana Paula Africano
Francisco B. Castro
Miguel Fonseca
Óscar Afonso
Rosa Forte
Rui Henrique Alves
EDITOR
EDIÇÕES ALMEDINA, S.A.
Avenida Emídio Navarro, 81, 3D
3000-151 Coimbra
Tel.: 239 851 904 · Fax: 239 851 901
www.almedina.net · editora@almedina.net
DESIGN DE CAPA
FBA.
PRÉ-IMPRESSÃO
EDIÇÕES ALMEDINA, SA
IMPRESSÃO E ACABAMENTO
Acd Print
Março, 2023
DEPÓSITO LEGAL
445371/18

Os dados e as opiniões inseridos na presente publicação são da exclusiva responsabilidade do(s) seu(s) autor(es).
Toda a reprodução desta obra, por fotocópia ou outro qualquer processo, sem prévia autorização escrita do Editor, é ilícita e passível de procedimento judicial contra o infrator.

 | GRUPOALMEDINA

BIBLIOTECA NACIONAL DE PORTUGAL – CATALOGAÇÃO NA PUBLICAÇÃO
COMÉRCIO INTERNACIONAL

Comércio internacional : teorias, políticas e
casos práticos / Ana Paula Africano... [et al.]
ISBN 978-972-40-7560-0

I – AFRICANO, Ana Paula

CDU   339

PREFÁCIO

Correspondo com imenso agrado ao amável convite dos seis coautores deste manual, tendo designadamente em conta os múltiplos pressupostos relacionais que me foram transmitidos como seu principal fundamento pelo porta-voz do grupo, o Prof. Óscar Afonso. Na realidade, e apenas com uma exceção, todos eles foram meus alunos e/ou meus assistentes naqueles anos que se seguiram ao meu regresso à atividade docente na FEP após um processo de Doutoramento por bandas académicas e aplicadas parisienses.

Foi-me de facto sublinhado que, entre outros motivos, um tal convite tinha muito a ver com esses treze anos letivos (1983-1996) em que, imodestamente o digo, quero crer ter contribuído para uma significativa reformatação do ensino da Economia Internacional na FEP, designadamente no sentido de o conseguir dotar, em moldes relativamente equilibrados, de uma acrescida espessura teórica e empírica, quer através de uma maior abertura concetual e modernidade científica quer por via da transmissão de um conhecimento mais apelativo porque mais ajustado à realidade concreta.

Convirá talvez recordar que o ensino da Economia Internacional na FEP – uma cadeira que assumia, então, a designação de Economia III (correspondendo, em termos genéricos, a I à Microeconomia, a II à Macroeconomia e a IV ao Crescimento Económico) – privilegiara durante longos anos uma lógica sebenteira e significativamente tributária de uma réplica vulgarizadora dos principais manuais americanos disponíveis – no melhor dos casos, sob a predominante inspiração do velho Kindleberger –, nela se incluindo a descosida colagem de um apêndice final de Economia Monetária Internacional (matéria que, aliás, nem sempre era alcançável em termos de desenvolvimento programático).

COMÉRCIO INTERNACIONAL

O mérito da primeira grande mudança séria e substantiva que foi levada a cabo na lecionação desta área disciplinar na FEP deve ser atribuído ao nosso colega António Figueiredo que, no âmbito de uma disciplina (então batizada como Teoria das Relações Económicas Internacionais) que regeu após os significativos e desafiantes choques de 1974/77 e em que contava com a colaboração de vários outros Assistentes (retenho o especial contributo do José Manuel Cerqueira, hoje em Angola mas também Doutor na especialidade), abriu as hostilidades, limpando poeiras entranhadas e trazendo novas aragens.

Mas a opção do António Figueiredo por uma incursão académica preferencialmente focada no domínio do Desenvolvimento e Crescimento Económico – onde a sua consistência intelectual, a sua capacidade pedagógica e o seu conhecimento e competências acabaram por primar a grande altura durante mais de três décadas – acabaria por estancar o prosseguimento desses esforços precursores que dedicou a temas de Economia Internacional. Foi assim com naturalidade que acedi, após a minha chegada de Paris, à regência da disciplina e que, ainda fortemente marcado pelos ventos externos que tanto e tão positivamente me marcaram, me decidi a aprofundar aquele caminho reformador introduzindo no programa um adicional conjunto de dimensões inovadoras. Contei para tal com o inestimável contributo do meu amigo e colega de cadeira Manuel Guilherme Costa – que saíra comigo e também estagiara no CEPII – e fui, no correr dos anos, contando com a valiosa colaboração de vários outros Assistentes da Casa – do José Alfredo Azevedo ao Hélder Valente, da Carla Chousal à Leonor Sopas, do Rui Henrique Alves ao Francisco Castro, para só citar alguns.

Ainda que de forma necessariamente subtil, bem entendido, julgo reconhecer a permanência de alguns desses meus objetivos na atual matriz definidora da unidade curricular para que os seis autores hoje se inclinam. Desde logo, na sua introdução, através de uma componente factual e empírica que sempre entendi imprescindível – creio mesmo que os indicadores terão deixado uma sinalização útil e indelével nas centenas de alunos que os tiveram de conhecer, apreender e saber aplicar. Depois, na abordagem central da teoria do comércio internacional, onde ao eixo nuclear dos clássicos Smith e Ricardo (a vantagem absoluta e a vantagem comparada, ainda e sempre o alfa e o ómega de todo o raciocínio económico inter-nacional) se juntaram os multifacetados desenvolvimentos possíveis em torno dos chamados determinantes da troca (neo-fatoriais e neo-tecnológicos, procura, economias de escala, etc.). Adicionalmente, na ideia da indispensabilidade de uma abordagem de tópicos

PREFÁCIO

menos tradicionais e/ou com nítido potencial ascensional de relevância, hoje o investimento internacional e as empresas multinacionais, por exemplo, como à época a tentativa de dar corpo a uma visão da Economia Internacional não excessivamente agarrada à ideia mecanicista de uma separação analítica viável entre o real e o monetário – tópico este que, admito, talvez possa ter perdido algum do seu sentido fundamental, designadamente se se quiser acreditar que a cabeça dos responsáveis de disciplinas conexas possa ter evoluído para fora da pobre e constrangedora ortodoxia em que funcionava, por um lado, e se se lerem com olhos de ler muitos dos acontecimentos que foram marcando a economia mundial nas últimas décadas e os complexos contornos financeiros que tolhem as potenciais virtualidades da globalização, por outro.

Naqueles tempos a que venho aludindo, os manuais tradicionais exerciam sem grande oposição a sua influência ideologicamente agregadora. Mas um momento houve em que emergiu, com a chancela de Paul Krugman (a quem se juntaria mais tarde Maurice Obstfeld), um manual razoavelmente alternativo e já bastante elaborado, o qual de imediato se tornou a obra que íamos aconselhando sempre que nos era solicitado um livro de consulta e referência aproximado ao espírito rebelde e fresco da disciplina. Não obstante, e seguindo uma prática louvável que entendíamos como um dever, sempre procurávamos produzir documentação própria de suporte a cada tópico do programa, escrevendo textos de orientação que marcavam o conteúdo e o ritmo das matérias e juntando-lhes cópias de artigos ou capítulos de livros que ajudavam na complementação e no aprofundamento dos temas em questão. E, pelo meio de tudo isto, ainda se misturavam os populares apontamentos de aulas que eram organizados pelo Ruizinho e que nenhum aluno que se prezasse deixava de fotocopiar...

Os anos passaram, os tempos mudaram, as matérias e os materiais foram-se consolidando. Mas continuava a faltar aos alunos – uma falta cada vez mais injustificada à luz do acumulado esforço desenvolvido por tantas cabeças em tantos milhares de horas de estudo, investigação e lecionação – um manual de referência com a marca da Casa. Chega agora, e em boa hora, a sua hora! Pessoalmente, e mesmo que possa ter a sua verdade a hipótese de esta nobre tarefa a que se devotaram os seis coautores – a publicação de um manual de Comércio Internacional – poder ainda ter alguma reminiscente filiação na dinâmica de trabalho que se foi estabelecendo naqueles longínquos anos, quero sobretudo salientar a continuidade efetiva e aumentada que todos estes mais jovens professores lhe foram conferindo com o respetivo cunho pessoal e o peso específico do conhecimento e experiência que foram acumulando. Termino, por isso, declarando com a devida solenidade que considero finalmente encerrado o trajeto que encetei há trinta e cinco anos e – vinte e dois passados sobre a minha última regência de Economia Internacional na FEP – que o avalio como adequadamente cumprido nas páginas deste manual que não escrevi – páginas nunca acabadas, ainda assim, e como não pode deixar de ser por parte de quem cresceu a testemunhar a vertiginosa rapidez das mudanças que nos enquadram e envolvem e a consciencializar a pertinência de aprendizagens contínuas e assentes em abordagens despidas de dogmas e fechamentos estéreis. Resta-me, pois, o principal: felicitar vivamente e saudar orgulhosamente todos e cada um dos membros deste "bando dos seis", sugerindo-lhes que tragam outros amigos também para as reedições que inevitavelmente se seguirão!

Porto, Agosto 2018

Fernando Freire de Sousa

ÍNDICE

CAPÍTULO 1. INTRODUÇÃO À ECONOMIA MUNDIAL — 13

1.1. Comércio Internacional – Dados e Factos — 14

1.2. Factos e tendências do Comércio Mundial — 16

    1.2.1. Produção *versus* Exportações — 16

    1.2.2. Geografia do Comércio Mundial – Principais países e regiões no comércio mundial — 17

    1.2.3. Composição do Comércio Mundial — 25

    1.2.4. Investimento Direto Estrangeiro – A liberalização da circulação internacional do capital — 32

1.3. Medidas/indicadores da internacionalização das economias e das empresas — 38

    1.3.1. Introdução — 38

    1.3.2. Grau de abertura — 40

    1.3.3. Elasticidade das Exportações/Importações em relação ao PIB — 42

    1.3.4. Taxa de Cobertura — 43

    1.3.5. Coeficientes Estruturais — 46

    1.3.6. Indicador de vantagens comparativas reveladas — 53

    1.3.7. Indicadores de comércio intra-ramo (intra-indústria) — 54

    1.3.8. Indicadores de internacionalização das empresas — 57

CAPÍTULO 2. TEORIAS DO COMÉRCIO INTERNACIONAL — 59

2.1. Teorias baseadas na vantagem comparativa — 60

    2.1.1. Teoria clássica do comércio internacional — 60

COMÉRCIO INTERNACIONAL

2.1.2.	Teoria neoclássica	80
2.1.3.	A comprovação empírica dos modelos de base	107
2.2.	O modelo de Ricardo em termos monetários	114
2.2.1.	Salários relativos e especialização	114
2.2.2.	Taxa de câmbio, Razão de Troca Internacional (RTI) e ganhos da troca	118
2.2.3.	Impacto de alterações na taxa de câmbio	119
2.2.4.	Impacto de alterações nos custos unitários	120
2.2.5.	Modelo de Ricardo com moeda – generalização a n bens	122
2.3.	Outras teorias explicativas do comércio internacional	126
2.3.1.	Diferença nas dotações fatoriais: abordagens neo-fatoriais	127
2.3.2.	Diferença na tecnologia: abordagens neo-tecnológicas	129
2.3.3.	O papel da procura: teoria de Linder (1961)	142
2.3.4.	O papel das economias de escala internas e a concorrência imperfeita	144
2.3.5.	Economias de escala externas	160

CAPÍTULO 3. POLÍTICA COMERCIAL EXTERNA   163

3.1.	Instrumentos de política comercial externa	164
3.1.1.	Procura de Importações, Oferta de Exportações e Preço de Equilíbrio Mundial	165
3.1.2.	Tarifa	168
3.1.3.	Quota às importações	181
3.1.4.	Subsídio às exportações	184
3.1.5.	Imposto às exportações	185
3.1.6.	Quota às exportações	187
3.1.7.	Restrição voluntária às exportações (RVE)	189
3.1.8.	Síntese dos efeitos dos vários instrumentos de política comercial	190
3.1.9.	Outros instrumentos de política comercial	191
3.1.10.	Casos práticos	192
3.2.	Protecionismo versus comércio livre: custos e benefícios	193
3.2.1.	Argumentos a favor do comércio livre	193
3.2.2.	Argumentos a favor do protecionismo	196
3.3.	Globalização e integração regional	209
3.3.1.	Introdução	209
3.3.2.	Tipos de integração	210

3.3.3. Efeitos estáticos	213
3.3.4. Efeitos dinâmicos	217
3.3.5. A integração europeia	220
3.4. Negociações internacionais e política comercial	226
3.4.1. A Organização Mundial do Comércio	226
3.4.2. Os princípios reguladores da OMC	231
3.4.3. Portugal e a OMC	235
3.4.4. A Ronda de Doha e o futuro da OMC	236
3.4.5. Multilateralismo vs. acordos regionais de comércio	237
CAPÍTULO 4. OUTROS TÓPICOS DE COMÉRCIO INTERNACIONAL	**241**
4.1. A equação gravitacional e padrões de comércio	242
4.1.1. A equação base	244
4.1.2. Outros fatores explicativos dos padrões de comércio	244
4.2. Cadeias de valor global	246
4.2.1. Definição e fatores explicativos	246
4.2.2. Implicações para os fluxos de comércio internacional	248
4.2.3. Implicações para a política comercial externa	252
4.3. Multinacionais e investimento direto estrangeiro (IDE)	254
4.3.1. Conceito e principais características do IDE	254
4.3.2. Motivações do IDE	259
4.3.3. Teorias do IDE e da empresa multinacional	263
4.3.4. O impacto do IDE	280
4.4. Inovação, crescimento e comércio	291
4.4.1. Análise estática	292
4.4.2. Análise dinâmica	296
Bibliografia	**329**

Capítulo 1
Introdução à Economia Mundial

Desde meados do século passado que a economia mundial assiste ao desenvolvimento e intensificação sistemática das relações económicas internacionais. Este processo tem sido sustentado, por um lado, por políticas de liberalização do comércio mundial, mas também do investimento internacional. Por outro lado, se inicialmente poucos países participavam neste processo, a partir dos anos 70 o número de países envolvidos foi aumentando exponencialmente, sendo atualmente um processo global.

Este capítulo apresenta sumariamente as principais tendências da evolução do comércio mundial de bens e serviços e do investimento direto estrangeiro. Adicionalmente, apresentam-se algumas métricas úteis à medição, análise e interpretação destes fenómenos.

Objetivos de aprendizagem:
- Identificar as principais tendências observadas no desenvolvimento do comércio mundial e principais fatores explicativos;
- Identificar os principais atores, a geografia e a composição do comércio mundial;
- Identificar tendências no desenvolvimento do Investimento Direto Estrangeiro, principais atores;
- Identificar as métricas de análise do comércio internacional e competitividade;
- Aplicar as métricas de análise do comércio internacional e analisar o seu significado.

1.1. COMÉRCIO INTERNACIONAL – DADOS E FACTOS

Comércio internacional é a designação utilizada para as transações de bens e serviços que ocorrem entre agentes económicos localizados em países distintos, isto é, identifica transações transfronteiriças. Cada transação transfronteiriça é em simultâneo uma exportação – para a economia onde o bem ou serviço tem origem – e uma importação – para a economia de destino para onde o bem ou serviço é expedido. Por via das suas empresas, as economias nacionais vendem nos mercados internacionais aqueles bens/serviços que são produzidos em excesso face ao consumo local. Simultaneamente, compram nos mercados internacionais aqueles bens/serviços cuja produção nacional é escassa face às necessidades de consumo. Deste modo, estes fluxos de comércio interligam múltiplos países cujas economias ficam interdependentes, seja para escoar produção seja para satisfazer necessidades de consumo. Ou seja, o comércio internacional promove a integração económica à escala global e, como tal, tem sido e continua a ser um dos principais motores da globalização económica.

A primeira grande vaga de globalização,[1] na perspetiva da história económica, desenvolveu-se no século XIX, com particular intensidade entre 1870 e 1913. Este processo esteve fortemente associado à revolução industrial e também ao desenvolvimento de novas tecnologias de transporte e de comunicação, que facilitaram o transporte de mercadorias e pessoas à escala global. Dois fatores de natureza institucional e política foram também fundamentais à integração económica global observada neste período. Por um lado, o padrão-ouro, que se generalizou na década de 70 do século XIX, contribuiu para a estabilidade e previsibilidade do sistema financeiro internacional, tendo sido fundamental para os pagamentos transfronteiriços. Por sua vez, as economias mais desenvolvidas à época assinaram e implementaram um grande número de acordos bilaterais de comércio que liberalizaram e facilitaram as trocas comerciais entre as economias nacionais envolvidas (OMC, 2013).

A segunda grande vaga de globalização teve início no pós-2ª guerra mundial, sendo parte integrante da criação de uma nova ordem internacional, e tem-se

---

[1] O comércio "internacional" é, desde os primórdios civilizacionais, um fator de dinamismo económico dos povos e territórios envolvidos. As grandes civilizações da antiguidade ancoradas em cidades portuárias do Mediterrâneo, ou a exploração das novas rotas marítimas associadas às descobertas quinhentistas são bons exemplos da importância e relevância económica do comércio entre povos distintos.

1 · INTRODUÇÃO À ECONOMIA MUNDIAL

desenvolvido até à atualidade. No pós-guerra existiam preocupações em criar condições que permitissem salvaguardar a paz, e, neste âmbito, o comércio internacional era visto como uma questão essencial e estratégica. Por um lado, havia a perceção de que a guerra comercial que decorreu desde o início do século e se intensificou nas vésperas da 1ª Guerra fez colapsar o sistema de comércio mundial e desencadeou uma crise económica que culminou na grande depressão de 1929. Esta, por sua vez, facilitou a ascensão ao poder de movimentos nacionalistas e populistas em vários países europeus, entre eles o nazismo. Por outro lado, havia a perceção de que a cooperação política internacional dependia fortemente da cooperação económica internacional. Assim, a nova ordem teve por base novos organismos internacionais de cooperação multilateral: as Nações Unidas (ONU) na área política e manutenção da paz, o Fundo Monetário Internacional (FMI) na área financeira, o Banco Mundial na área do desenvolvimento económico e ainda a integração económica via liberalização do comércio. É neste contexto que, em 1947, 23 países assinaram o primeiro acordo GATT[2] (Acordo Geral sobre Tarifas e Comércio), que definiu o quadro legal para o desenvolvimento das relações comerciais multilaterais entre os signatários. Este acordo foi, ao longo das décadas seguintes, renegociado múltiplas vezes – incluindo um número crescente de países e alargando a sua agenda negocial a outros temas além das tarifas – e em 1995 deu origem à Organização Mundial do Comércio (OMC), que é responsável por supervisionar a aplicação e implementação das regras de comércio entre países e por gerir eventuais disputas. No capítulo 3 estuda-se em mais detalhe a OMC enquanto organismo internacional responsável pelo desenvolvimento do quadro jurídico das relações comerciais à escala global e pela verificação do seu cumprimento.

Alguns factos permitem identificar as principais características do comércio Mundial na atualidade bem como algumas tendências que se observam no período posterior à 2ª guerra mundial. Quem são os principais intervenientes – países/regiões? Qual a sua importância relativa? Qual a Geografia dos fluxos comerciais? Que tipo de bens são transacionados e qual a sua evolução? Estas questões são desenvolvidas e esclarecidas ao longo deste capítulo. Para uma maior e melhor compreensão desta realidade apresenta-se uma perspetiva histórica, sempre que se considere relevante e existam dados e

---

[2] GATT – General Agreement on Tariffs and Trade – é a sigla inglesa para o Acordo Geral sobre Tarifas e Comércio.

análises estatísticas. Deste modo procura-se ilustrar que este fenómeno não é novo, nem irreversível, e ainda identificar que tendências são mais antigas e quais as que são mais recentes ou mesmo emergentes.

1.2. FACTOS E TENDÊNCIAS DO COMÉRCIO MUNDIAL

1.2.1. PRODUÇÃO *VERSUS* EXPORTAÇÕES

Desde 1950, as exportações mundiais têm crescido a um ritmo sistematicamente superior ao crescimento da produção mundial, significando que parcelas crescentes da produção se destinam aos mercados externos. A figura 1.1 revela que nos anos 60 as exportações representavam cerca de 12% do PIB mundial e que este valor evoluiu positivamente tendo atingido o valor máximo de 30,7%, em 2008. Com a crise financeira de 2009 houve uma quebra súbita e muito acentuada das exportações mundiais, mas têm vindo a recuperar nos últimos anos, de tal forma que em 2016 correspondiam a 28,6% do PIB mundial.

Figura 1.1: Exportações de Bens e Serviços, 1960-2016 (% PIB)

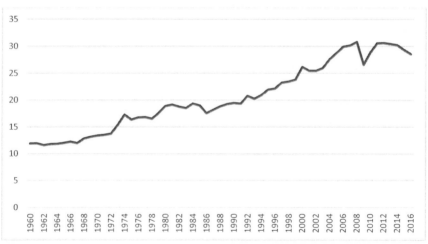

Fonte: adaptado de World Bank (License CC BY- 4.0)

1 · INTRODUÇÃO À ECONOMIA MUNDIAL

1.2.2. GEOGRAFIA DO COMÉRCIO MUNDIAL – PRINCIPAIS PAÍSES E REGIÕES NO COMÉRCIO MUNDIAL

Esta análise pretende identificar quais as economias que mais participam no comércio Mundial enquanto exportadoras e importadoras, e a evolução que se tem observado a esse nível. Para o efeito, estudam-se as exportações e as importações de bens e de serviços.

Principais exportadores de bens – países/regiões

De acordo com os dados disponíveis, verifica-se que as exportações de bens estão fortemente concentradas num conjunto de economias/países relativamente pequeno. Em 2016, a China, os Estados Unidos da América (EUA), a Alemanha e o Japão foram os países com maiores exportações, tendo conjuntamente realizado cerca de um terço das exportações mundiais (ver Tabela 1.1a). Note-se que estes países são também as maiores economias mundiais. Analisando as 10 economias mais exportadoras do Mundo, conclui-se que estas foram responsáveis por cerca de 53% das exportações mundiais de bens em 2016. Em 2010 aquele valor era 51%, enquanto em 1980 era aproximadamente 58%, pelo que apesar de algumas oscilações este padrão de elevada concentração das exportações tem-se mantido. É notório que no período em análise a China emerge como potência comercial – passando da 7ª posição a 1º exportador mundial de bens e realizando 13,2% destas exportações.

Tabela 1.1a: Maiores Exportadores de Bens (% exportações mundiais)

		2000 (rank)	2010	2016
1	China	3,9 (7º)	10,4	13,2
2	EUA	12,3 (1º)	8,4	9,1
3	Alemanha	8,7 (2º)	8,3	8,4
4	Japão	7,5 (3º)	5,1	4,0
5	Holanda	3,3 (9º)	3,8	3,6
6	Hong Kong	3,2 (10º)	3,1	3,2
7	França	4,7 (4º)	2,7	3,1
8	Coreia do Sul	2,7 (12º)	2,7	3,1
9	Itália	3,7 (8º)	3,4	2,9
10	Reino Unido	4,5 (5º)	2,9	2,6

Fonte: OMC, International Trade Statistics 2001, 2011; International Statistical Review 2017

COMÉRCIO INTERNACIONAL

Atendendo a que a União Europeia (UE) é um mercado único, faz sentido realizar uma análise excluindo as trocas comerciais intra-UE,[3] mantendo somente as trocas com países terceiros. Assim, na tabela 1.1b observa-se que a UE é a segunda economia mais exportadora do mundo. Nesta perspetiva, a concentração é ainda maior já que as 10 economias mais exportadoras realizaram 65% e 68% das exportações mundiais em 2010 e em 2016, respetivamente.

Tabela 1.1b: Maiores Exportadores de Bens, excluindo comércio intra-UE28 (% exportações mundiais)

		2010	2016
1	China	13,3	16,8
2	UE (27/28)	15,1	15,4
3	EUA	10,8	11,6
4	Japão	6,5	5,2
5	Hong Kong	3,4	4,1
6	Coreia do Sul	3,9	4,0
7	Canadá	3,3	3,1
8	México	2,5	3,0
9	Singapura	3,0	2,6
10	Rússia	3,4	2,3

Fonte: OMC, International Trade Statistics 2011, International Statistical Review 2017

Principais importadores de bens – países/regiões

Replicando a análise anterior para as importações de bens, constata-se que em 2016 a China, os Estados Unidos, a Alemanha e o Reino Unido foram os países com maiores importações – com a exceção do Reino Unido estas também eram as economias mais exportadoras – e, conjuntamente, realizaram cerca de 34% das importações mundiais (tabela 1.2a). Também as importações estão

---

[3] Os países membros da UE têm um regime de comércio livre entre si e a sua política comercial externa é comum – negociada pela Comissão Europeia segundo as diretivas emanadas do Conselho Europeu e aprovada pelo Parlamento Europeu. Assim, faz sentido tratar a UE como uma entidade única no contexto do comércio internacional, deste modo retiram-se da análise todas as trocas entre membros da UE.

fortemente concentradas num conjunto de economias/países relativamente pequeno. As 10 economias mais importadoras do Mundo realizaram cerca de 53% das importações mundiais de bens, em 2016. Tendo em conta que em 2010 aquele valor foi de 52,5%, enquanto em 1980 era aproximadamente 56%, conclui-se, tal como para as exportações, que apesar de algumas oscilações este padrão de elevada concentração das importações tem-se mantido. Também aqui, de 2000 para 2016, a China é a economia que mais alterou a sua posição relativa – passando de 8º a 2º maior importador e realizando 9,8% das importações mundiais de bens.

Tabela 1.2a: Maiores Importadores de Bens (% importações mundiais)

		2000 (rank)	2010	2016
1	EUA	18,9 (1º)	12,8	13,9
2	China	3,4 (8º)	9,1	9,8
3	Alemanha	7,5 (2º)	6,9	6,5
4	Reino Unido	5,1 (4º)	3,6	3,9
5	Japão	5,7 (3º)	4,5	3,7
6	França	4,6 (5º)	3,9	3,5
7	Hong Kong	3,2 (9º)	2,9	3,4
8	Holanda	3,0 (10º)	3,4	3,1
9	Canadá	3,7 (6º)	2,6	2,6
10	Coreia do Sul	2,4 (13º)	2,8	2,5

Fonte: OMC, International Trade Statistics 2001, 2011; International Statistical Review 2017

Considerando a União Europeia como um mercado único – i.e. excluindo da análise as trocas comerciais intra-UE – então as 10 economias mais importadoras realizaram, respetivamente, 68,7% e 68,4% das importações mundiais em 2010 e em 2016 (tabela 1.2b).

COMÉRCIO INTERNACIONAL

Tabela 1.2b: Maiores Importadores de Bens, excluindo comércio intra-UE28 (% importações mundiais)

		2010	2016
1	EUA	16,4	17,6
2	UE (27/28)	16,5	14,8
3	China	11,6	12,4
4	Japão	5,8	4,7
5	Hong Kong	3,7	4,3
6	Canadá	3,3	3,3
7	Coreia do Sul	3,5	3,2
8	México	2,6	3,1
9	Índia	2,7	2,8
10	Singapura	2,6	2,2

Fonte: OMC, International Trade Statistics 2011, International Statistical Review 2017

Comércio Mundial de Bens – Principais regiões

Considerando em simultâneo os maiores exportadores e os maiores importadores, uma caraterística importante é que as economias mais ativas se localizam predominantemente em três regiões geográficas – na América do Norte,[4] na Europa e na Ásia[5] – que simultaneamente são as regiões mais industrializadas no Mundo. De acordo com os dados da tabela 1.3, desde o pós-guerra, estas três regiões conjuntamente realizaram entre 75% a 85% das exportações mundiais de bens. No entanto a sua importância relativa tem-se alterado ao longo das décadas, sendo evidente nas últimas décadas uma ascensão das economias em desenvolvimento. Assim, desde os anos 80, a maior alteração observada foi a emergência da Ásia, que se deve a um conjunto particular de países, nomeadamente a China, a Coreia do Sul e Taiwan, mas também Hong-Kong e Singapura que são entrepostos comerciais para a região e para as relações desta com o resto do Mundo.

---

[4] Refere-se às economias dos EUA, Canadá e México que partilham entre si o acordo de comércio livre da América do Norte.

[5] Note-se que os dados reportados sob a designação Ásia são essencialmente do Este e Sudeste asiático, uma vez que outras economias deste continente participam marginalmente no comércio mundial.

1 · INTRODUÇÃO À ECONOMIA MUNDIAL

A industrialização destas economias, e em particular da China, contribui decisivamente para a crescente importância desta região no comércio mundial, e consequentemente dos países em desenvolvimento.

Tabela 1.3: Exportações Mundiais de Bens por regiões, anos selecionados (%)

	1948	1953	1963	1973	1983	1993	2003	2016
Europa	35,1	39,4	47,8	50,9	43,5	45,3	45,9	38,4
Ásia	14,0	13,4	12,5	14,9	19,1	26,0	26,1	34,0
América do Norte	28,1	24,8	19,9	17,3	16,8	17,9	15,8	14,3
Médio Oriente	2,0	2,7	3,2	4,1	6,7	3,5	4,1	5,0
América Central e Sul	11,3	9,7	6,4	4,3	4,5	3,0	3,0	3,3
CEI(a)	..	..	..	..	..	1,7	2,6	2,7
África	7,3	6,5	5,7	4,8	4,5	2,4	2,4	2,2
Mundo	100	100	100	100	100	100	100	100

Fonte: adaptado de OMC (2017), World Trade Statistical Review. (a) CEI – Comunidade de Estados Independentes identifica a Federação Russa a que se juntam os países que anteriormente integravam a União Soviética.

A tabela 1.3 apresenta a importância relativa de cada região, de acordo com a respetiva participação nas exportações mundiais de bens. Assim, verifica-se que nos anos 50 e 60, a Europa constituiu a região exportadora mais dinâmica. As exportações europeias cresceram acima da média mundial, passando a representar frações crescentes das exportações mundiais de bens e atingindo a sua quota máxima de 51% no início dos anos 70. Esta evolução resultou da forte industrialização da Europa Ocidental no pós-2ª guerra, a par da liberalização de comércio intra-Europeu que ocorreu com a criação da Comunidade Económica Europeia (CEE, hoje União Europeia) em 1957, e da Associação Europeia de Livre Comércio, de que Portugal foi membro fundador, em 1960.

Por sua vez, a partir dos anos 60, e sobretudo os anos 70 foram marcados pela afirmação do Japão enquanto potência industrial exportadora no contexto mundial, logo seguido por 4 outras economias asiáticas também conhecidas como os "tigres asiáticos": Hong-Kong, Singapura, Coreia do Sul e Taiwan marcaram a sua ascensão industrial fortemente assentes em estratégias de crescimento económico por promoção das exportações[6] a partir das décadas

---

[6] A relação entre exportações e crescimento económico será analisada com algum detalhe no capítulo 4.

de 70 e 80. Na década de 80 também se iniciou a ascensão da China enquanto economia em industrialização, e a integrar-se na economia mundial com grande dinamismo exportador. Este processo consolidou-se fortemente nos anos 90 e tem-se vindo a desenvolver até à atualidade. Todos estes processos contribuíram para que, no período em análise, a Ásia constituisse a região que mais progrediu a sua participação no comércio mundial – passando de 14% das exportações mundiais de bens em 1948, para 34% em 2016. Esta evolução reflete-se diretamente nos países em desenvolvimento que foram responsáveis por 41% do comércio mundial de bens em 2016 (OMC, 2017).

Nos anos 90 também se registou nos países da Europa Central e de Leste a transição do regime de economias de planeamento central para economias de mercado, e a respetiva integração na economia mundial. Este processo ainda se prolongou pela década seguinte e é visível no ligeiro aumento da quota da Europa e da região CEI.

Por último, no período em análise observou-se o declínio do peso relativo da América do Norte que vê reduzida a sua posição hegemónica do pós--guerra. Também se registou a redução do peso relativo da América Central e Sul e de África, que se deve em parte à sua menor industrialização e ao forte peso dos produtos agrícolas e recursos naturais nas respetivas exportações. Em síntese, o desenvolvimento industrial e a abertura comercial das economias foram os fatores críticos que explicam a alteração do peso relativo que as várias regiões apresentam no comércio mundial de bens desde o pós-2ª guerra até à atualidade. Apesar desta análise ter sido feita na perspetiva das exportações, deve salientar-se que as conclusões mantêm validade para a totalidade do comércio mundial de bens. Relembra-se que na secção anterior verificou-se que as economias que surgem entre as grandes exportadoras e as grandes importadoras são provenientes das três regiões dominantes.

Comércio Mundial de Bens: Origens versus Destinos – uma rede global de interligações e interdependências

Uma outra dimensão geográfica do comércio refere-se ao padrão dos fluxos comerciais, ou seja, numa perspetiva de interligação das economias, que permite identificar a origem geográfica das exportações e qual o destino das mesmas. A tabela 1.4 apresenta, em linha, as exportações de bens de cada

1 · INTRODUÇÃO À ECONOMIA MUNDIAL

região de acordo com a importância relativa do respetivo destino geográfico, identificado em coluna. Assim, cada célula apresenta a importância que cada mercado de destino tem nas exportações totais de cada região, ou a quota de mercado que cada destino tem nas exportações de bens de cada região. Verifica-se que as 3 regiões identificadas anteriormente como sendo as mais exportadoras realizam mais de metade das suas exportações na sua própria região. À escala global, o comércio intra-região prevalece, assim, sobre o comércio inter-regiões. Daqui se conclui que, em média, o comércio é mais intenso com os mercados de maior proximidade geográfica. Com efeito, na América do Norte, na Europa e na Ásia 50,2%, 68,5% e 52,3% das respetivas exportações têm como destino a própria região. Além disso, para cada uma destas regiões, os principais destinos geográficos das suas exportações são as outras duas regiões.

Tabela 1.4: Geografia dos Fluxos Comércio de bens, 2014 (%)

Origem \ Destino	América do Norte	América Central e Sul	Europa	CEI	África	Médio Oriente	Ásia	Mundo
América do Norte	50,2	8,6	15,2	0,7	1,7	3,2	20,2	100,0
América Central e Sul	24,8	25,8	16,4	1,4	2,5	2,4	24,5	100,0
Europa	7,9	1,7	68,5	3,2	3,3	3,4	10,8	100,0
CEI	3,9	0,9	52,4	17,8	2,1	3,1	18,2	100,0
África	7,0	5,1	36,2	0,4	17,7	3,3	27,3	100,0
Médio Oriente	7,7	0,8	11,5	0,5	2,8	8,8	53,9	100,0
Ásia	18,0	3,1	15,2	2,1	3,5	5,1	52,3	100,0
Mundo	17,3	4,0	36,7	2,8	3,5	4,2	29,7	100,0

Fonte: adaptado de OMC, International Trade Statistics 2015

As restantes regiões, com menor peso nas exportações mundiais, apresentam de um modo geral uma menor intensidade comercial com os países da sua própria região, mas uma forte ligação comercial com algumas ou todas as três grandes regiões. Neste padrão parece prevalecer um efeito dimensão de mercado. Assim, a América Central e Sul destina cerca de 66% das suas exportações para as 3 regiões de referência – com um peso relativamente equilibrado entre os três mercados. Em contraste, as regiões da CEI, da África e do Médio Oriente apresentam fortes ligações, via exportações de bens, preponderantemente com as regiões da Europa e da Ásia, respetivamente.

Ao nível da geografia dos fluxos das exportações mundiais de bens, é de salientar que nas últimas duas décadas se registou uma ascensão das economias emergentes/em desenvolvimento. Na figura 1.2 observa-se que no início dos anos 90 o comércio entre economias desenvolvidas, designadas por Norte, representava 56% das exportações mundiais de bens, tendo passado para 37% em 2011. Em contraste, no mesmo período é notório o aumento da importância das economias emergentes/em desenvolvimento, designadas por Sul. O comércio entre estas economias representava 8% das exportações mundiais de bens, em 1990, enquanto em 2011 já representava 24%. Por último, o comércio envolvendo o Norte e o Sul aumentou moderadamente a sua importância relativa.

Figura 1.2: Comércio Norte-Norte, Norte-Sul e Sul-Sul (% nas exportações mundiais de Bens[7]), 1990-2011

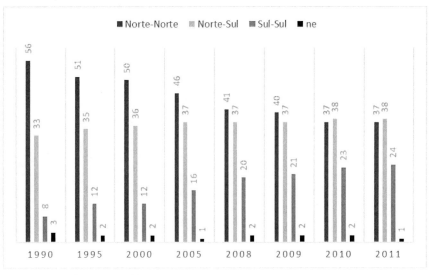

Fonte: Adaptado de OMC, World Trade Report 2013, pp.65.

---

[7] Excluindo recursos naturais, cuja volatilidade de preços enviesaria as alterações de quotas. O Sul inclui os países da Europa Central e do Leste até 2000.

1.2.3. COMPOSIÇÃO DO COMÉRCIO MUNDIAL

Além da geografia também importa conhecer a composição do comércio mundial e sua evolução. Como referido anteriormente, estas duas dimensões são interdependentes, ou seja, a importância relativa de cada país/região no comércio mundial está fortemente condicionada pelo padrão/estrutura/perfil da produção das respetivas economias.

Na primeira metade do século XX (figura 1.3) as transações internacionais incidiam predominantemente sobre bens primários, principalmente bens agrícolas e, com muito menor importância, recursos naturais ou bens da indústria mineira/extrativa. Conjuntamente, estes bens representavam cerca de 60% do comércio mundial em 1900, tendo a sua importância relativa diminuido moderadamente para 54%, em 1955. Contudo, enquanto os bens agrícolas foram perdendo peso (menos 22 pp) os bens da indústria extrativa (recursos naturais) foram aumentando (mais 16 pp), particularmente a partir dos anos 30. Por sua vez, os bens manufaturados, ou da indústria transformadora, constituíam 40% do comércio mundial de bens em 1900, tendo evoluído moderadamente para 45% em 1955.

Figura 1.3: Exportações Mundiais de Bens, por categorias: 1900-2015 (%)

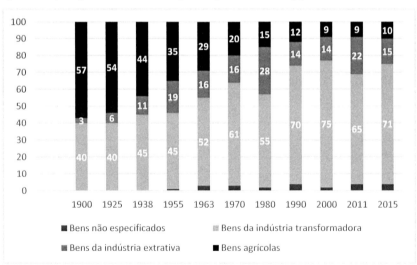

Fonte: OMC, World Trade Report 2013 (pp.54), 2016.

COMÉRCIO INTERNACIONAL

A partir dos anos 60, os bens industriais passaram a ter uma importância crescente no comércio mundial de bens, passando dos 45% em 1955 para 75% em 2000. Em simultâneo, observou-se o declínio contínuo e sistemático do peso dos bens agrícolas, enquanto os recursos naturais/indústria extrativa têm um peso oscilante, em parte devido à volatilidade dos preços dos mesmos.

A importância crescente dos bens industriais no comércio mundial é compreensível, tendo em conta em primeiro lugar que, como referido anteriormente, a industrialização foi um elemento central no crescimento e desenvolvimento económico de sucessivas regiões/países nas décadas em análise. Mas este resultado reflete também que as políticas de liberalização do comércio implementadas desde o pós-2ª guerra mundial estiveram, essencialmente, focadas nos bens industriais. Os primeiros acordos de liberalização do comércio mundial dos serviços e dos bens agrícolas, como se explica na secção 3.4, foram somente negociados na década de 90 e implementados a partir de 1995.

Nestas circunstâncias, percebe-se melhor o posicionamento relativo que as economias dos diferentes países/regiões ocupam no contexto global. Para o efeito, a figura 1.4 apresenta o padrão de especialização e exportações de bens das várias regiões, em 2015. É notório que as três principais regiões nas exportações mundiais de bens apresentam um padrão/perfil muito semelhante entre si, mas distinto do das restantes regiões. Pela sua importância, ditam a média mundial. Assim, nestas regiões predominam as exportações dos bens da indústria transformadora, que oscilam entre os 72% da América do Norte, os 77% da Europa e os 83% da Ásia. Com uma importância muito menor estão os bens das indústrias extrativas e os bens agrícolas que pesam, respetivamente, 15% e 10% nas exportações mundiais de bens – as três regiões apresentam valores muito próximos.

Figura 1.4: Exportações de Bens por categorias de produtos e regiões, 2015 (%)

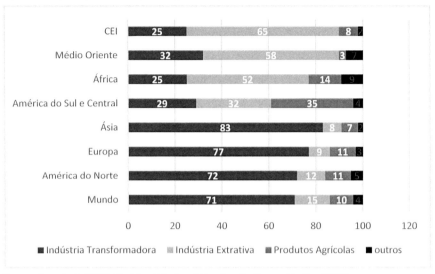

Fonte: adaptado de WTO, World and Regional Merchandise Export Profiles (2016)

A região da América do Sul e Central apresenta um padrão de exportações de bens muito distinto das demais regiões, porque os bens agrícolas são os de maior importância pesando 35%, seguindo-se os bens da indústria extrativa com 32%, e por último os bens industriais com 29%. Por sua vez, as regiões do Médio Oriente, CEI e África apresentam perfis de exportação relativamente semelhantes. Estes caracterizam-se pela predominância das exportações de combustíveis e bens da indústria extrativa que pesam, respetivamente, 58%, 65% e 52%; seguem-se os bens industriais com os valores de 32% e 25%, e finalmente os bens agrícolas pesam 14% em África, mas somente 8% na CEI e 3% no Médio Oriente.

Comércio Mundial dos Serviços – Evolução e tendências recentes

Uma tendência recente no comércio mundial refere-se ao desenvolvimento do comércio de serviços. Só na década de 90 é que as negociações para a liberalização do comércio internacional incluíram nas suas agendas alguns temas relacionados com a liberalização das trocas de produtos agrícolas e dos serviços. O primeiro acordo multilateral para a liberalização do comércio de

COMÉRCIO INTERNACIONAL

serviços entrou em vigor em 1995 sob a jurisdição da Organização Mundial do Comércio – o Acordo Geral sobre o Comércio de Serviços (GATS, na sigla inglesa). Estas mudanças resultaram, por um lado, da própria terciarização das economias mais desenvolvidas, com os serviços a tornarem-se a atividade económica predominante (70% do PIB em 2016, de acordo com OCDE, 2017), o que originou, naturalmente, pressões para a sua expansão internacional. Por outro lado, o progresso técnico e a inovação nas áreas das tecnologias de informação e comunicação têm contribuído para a redução dos custos de transação internacional e para o aumento substancial da gama de serviços que se podem transacionar a longas distâncias. Apesar de um forte desenvolvimento nas últimas duas décadas, o comércio de serviços ainda representa uma parcela pequena no comércio mundial – 23% das exportações mundiais em 2016 (OMC, 2017).

Geografia do Comércio Mundial de Serviços

Tal como acontece com os bens, o comércio mundial de serviços também apresenta uma grande concentração geográfica da atividade num reduzido número de economias (tabela 1.5).

Tabela 1.5: Maiores Exportadores de Serviços (% exportações mundiais de serviços)

		2000 (rank)	2010	2016
1	EUA	19,1 (1º)	14,0	15,2
2	Reino Unido	7,0 (2º)	6,1	6,7
3	Alemanha	5,6 (4º)	6,3	5,6
4	França	5,7 (3º)	3,9	4,9
5	China	2,1 (12º)	4,6	4,3
6	Holanda	3,6 (8º)	3,1	3,7
7	Japão	4,8 (5º)	3,8	3,5
8	Índia	1,2 (22º)	3,3	3,4
9	Singapura	1,9 (15º)	3,0	3,1
10	Irlanda	1,2 (23º)	2,6	3,0

Fonte: OMC, International Trade Statistics 2001, 2011; International Statistical Review 2017

Na tabela 1.5 verifica-se que, em 2016, as 10 economias que mais exportaram serviços foram responsáveis por mais de 50% dessas exportações no mercado mundial. Predominam as economias desenvolvidas, mas entre estes grandes exportadores de serviços também se encontram economias emergentes como a China e a India. Os Estados Unidos foram a economia que mais exportou serviços, tendo sido responsáveis por 15,2% daquelas exportações à escala global, e conjuntamente com o Reino Unido, a Alemanha, a França e a China realizaram cerca de 37% das mesmas. Noutra perspetiva, considerando a UE como uma única entidade económica, e, enquanto tal, somente as exportações para destinos externos, verifica-se que a UE é o maior exportador mundial de serviços, responsável por cerca de 25% destas exportações à escala global. Conjuntamente com os restantes nove maiores exportadores, em 2016, realizaram cerca de 74% das exportações mundiais de serviços.

Entre os maiores importadores de serviços estão as mesmas economias (tabela 1.6). Os dez países maiores importadores realizaram cerca de 53% das importações mundiais de serviços, em 2016. Considerando, como anteriormente, a UE como uma entidade económica única, e somente as importações com origem externa, verifica-se que é o maior importador de serviços com 21%, seguindo-se os EUA com 13% e a China com 12%. Conjuntamente, os 10 maiores importadores foram responsáveis por cerca de 70% das importações mundiais de serviços.

Tabela 1.6: Maiores Importadores de Serviços (% importações mundiais de serviços)

		2000 (rank)	2010	2016
1	EUA	13,8 (1º)	10,2	10,3
2	China	2,5 (10º)	5,5	9,6
3	Alemanha	9,2 (2º)	7,4	6,6
4	França	4,3 (5º)	3,7	5,0
5	Reino Unido	5,7 (4º)	4,6	4,1
6	Irlanda	2,0 (14º)	3,1	4,1
7	Japão	8,1 (3º)	4,4	3,9
8	Holanda	3,6 (7º)	3,0	3,6
9	Singapura	1,5 (18º)	2,7	3,3
10	Índia	1,4 (19º)	3,3	2,8

Fonte: OMC, International Trade Statistics 2001, 2011; International Statistical Review 2017

Comércio Mundial de Serviços: Composição e dinâmica de crescimento

As transações internacionais de serviços, pela sua natureza e composição, têm um registo menos rigoroso que o comércio de bens, e as estatísticas são obtidas por via da balança de pagamentos. O comércio internacional de serviços inclui um conjunto diversificado de atividades tradicionais como os transportes, turismo, saúde, educação, entre outros. No entanto, o surgimento das novas tecnologias de informação e comunicação e, concomitantemente, o desenvolvimento da economia digital criaram novas possibilidades de transacionar serviços internacionalmente. A figura 1.5 apresenta, para 2016, o comércio mundial de serviços por categoria, ou seja, permite identificar a estrutura destas exportações de acordo com o peso de cada categoria nas exportações totais de serviços. Relativamente às exportações mundiais de serviços (1ª coluna), o comércio de Outros Serviços é a maior componente pois representou mais de 50% – esta categoria inclui uma grande diversidade de serviços, nomeadamente serviços de comunicação, serviços de construção, seguros, serviços financeiros, serviços de informação e computação, licenças e royalties e serviços culturais e recreacionais. As Viagens representaram cerca de um quarto das exportações mundiais de serviços e referem-se às viagens de trabalho e de lazer/turismo. Por fim, os Transportes referem-se a todas as tipologias de transporte de pessoas e bens que sejam prestadas internacionalmente.

Figura 1.5: Comércio Mundial de Serviços, por categorias e regiões, 2016 (%)

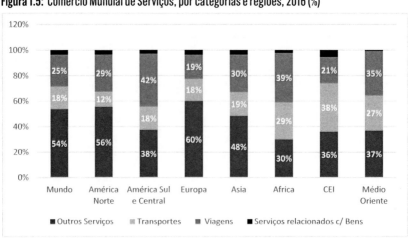

Fonte: cálculos próprios a partir de OMC, World Trade Statistical Review 2017

1 · INTRODUÇÃO À ECONOMIA MUNDIAL

Comparando a estrutura das exportações de serviços das várias regiões do Mundo, é de salientar a maior semelhança registada entre a América do Norte, Europa e Ásia. Em todas elas preponderam as exportações de "Outros Serviços" – contudo atendendo a que esta categoria inclui múltiplos serviços muito distintos aquela semelhança pode não se verificar numa análise mais fina. Em contraste, a América do Sul e Central e África registam como maior componente das suas exportações a categoria Viagens, o que revela a importância que o turismo tem para estas regiões. Por sua vez, a Comunidade de Estados Independentes apresenta como maior parcela das suas exportações os Transportes com o peso de 38%, muito acima da média mundial, tendência que também se observa em África e no Médio Oriente.

A tabela 1.7 permite completar a leitura anterior com a ponderação do contributo que cada região tem nas transações internacionais de cada categoria de serviços. Assim, salienta-se que apesar de no caso da Europa as Viagens terem o menor peso nas suas exportações de serviços (19%, conforme figura 1.5), as mesmas representam 35,2% das exportações mundiais de Viagens nesse ano. Nesta perspetiva, uma vez mais é evidente que os grandes atores no comércio à escala global são as três regiões já anteriormente identificadas: a Europa, a Ásia e a América do Norte. O peso substancial que a Europa apresenta no comércio mundial de todas as categorias de serviços explica-se pela intensidade de transações entre países da UE, ou seja no seu mercado interno.

Tabela 1.7: Comércio Mundial de Serviços por região, 2016 (%)

	Mundo	América Norte	América Sul/Central	Europa	Asia	África	CEI	Médio Oriente
Outros Serviços	100	18	2.1	52.2	22.8	1.0	1.3	2.6
Transportes	100	11.5	3.0	46.2	26.3	3.1	4.1	5.8
Viagens	100	20.3	5.0	35.2	29.9	2.9	1.6	5.2
Serviços relacionados c/ bens	100	16.9	2.5	50.1	25.7	1.1	3.1	0.6

Fonte: OMC (2017), World Trade Statistical Review 2017.

No futuro próximo é expectável que a categoria de "Outros Serviços" continue a preponderar e possa mesmo aumentar a sua importância relativa. A figura 1.6 apresenta as tendências de crescimento das exportações nas várias categorias de serviços, sendo notório que as mais dinâmicas são os serviços de informação e computação, mas também os serviços financeiros, outros serviços de negócios, serviços de comunicação e os seguros, todos registando ritmos de crescimento superiores aos dos transportes e viagens.

Figura 1.6: Crescimento das exportações mundiais de Outros Serviços, por setores, 1995 - 2014

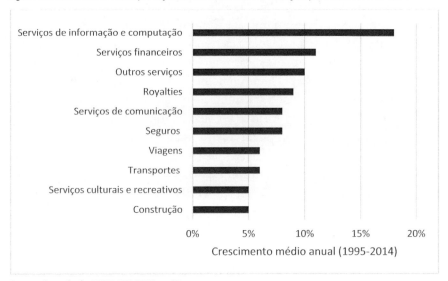

Fonte: adaptado de OMC, ITS 2015, pp20.

1.2.4. INVESTIMENTO DIRETO ESTRANGEIRO - A LIBERALIZAÇÃO DA CIRCULAÇÃO INTERNACIONAL DO CAPITAL

O investimento direto estrangeiro (IDE), que será analisado com maior detalhe na secção 4.3, identifica o fluxo de capital entre duas economias com fins produtivos e/ou comerciais. É um investimento de natureza transfronteiriça com o qual uma empresa sediada num país passa a ter o controlo sobre uma empresa que se localiza e desenvolve a sua atividade em outro país. Por esta via, a empresa investidora passa a ser identificada como empresa multinacional (EMN).

Apesar de vários exemplos históricos de IDE, o fenómeno tem-se desenvolvido sobretudo desde a década de 70, com particular dinamismo desde finais dos anos 80 até à atualidade. Neste contexto, o IDE é considerado uma dimensão "nova" que caracteriza o atual processo de globalização. Além do comércio internacional, o IDE tem assim constituído um

1 · INTRODUÇÃO À ECONOMIA MUNDIAL

meio importante de desenvolvimento e intensificação da globalização. Por esta via, as economias estabelecem conexões que são distintas do comércio, e quanto maior for a intensidade dos fluxos de IDE entre países maior é a sua interdependência económica. O IDE também está na génese da fragmentação dos processos produtivos à escala global e, como tal, das cadeias de valor globais (a estudar na secção 4.2), constituindo um fenómeno complexo que deve ser estudado em múltiplas vertentes.

No presente contexto, ilustra-se sumariamente a relevância e desenvolvimento que o IDE tem registado pela apresentação de alguns dados que descrevem tendências, identificam os principais investidores e recetores deste investimento, e ainda as principais multinacionais.[8] Assim, analisando os fluxos[9] de IDE (entrada) à escala global (figura 1.7a) verifica-se que, desde meados dos anos 90, o seu crescimento tem sido exponencial, mas com quebras acentuadas tanto no início do milénio como em 2008-09, associadas às crises financeiras e recessão económica então observadas. Quanto à orientação geográfica desses fluxos (figura 1.7b), constata-se que, sistematicamente, a maior fatia do IDE destinou-se às economias desenvolvidas. Contudo, os países em desenvolvimento têm vindo gradualmente a captar parcelas crescentes dos fluxos de investimento, e em 2014 pela primeira vez captaram mais de 50% do IDE realizado nesse ano. É de salientar que a evolução dos fluxos de entrada de IDE nas economias em desenvolvimento tem seguido uma tendência crescente e algo estável, enquanto que o fluxo de entrada de IDE nas economias desenvolvidas tem registado flutuações mais acentuadas de acordo com a evolução da conjuntura económica.

Em termos de tendência longa, a Conferência das Nações Unidas para o Comércio e Desenvolvimento (UNCTAD) identifica no pós-crise um abrandamento nos fluxos de IDE em geral. Vários fatores contribuem para esta tendência, nomeadamente, o abrandamento no crescimento económico global, a redução nas taxas médias de retorno associadas aos investimentos existentes, e ainda alguma instabilidade e tensão nas relações económicas e comerciais.

---

[8] A informação aqui apresentada tem por base o World Investment Report 2018, da UNCTAD.
[9] O IDE também é avaliado em stocks, o que traduz os investimentos acumulados ao longo do tempo líquido de desinvestimentos.

COMÉRCIO INTERNACIONAL

Figura 1.7a: IDE, fluxos de entrada, milhões dólares

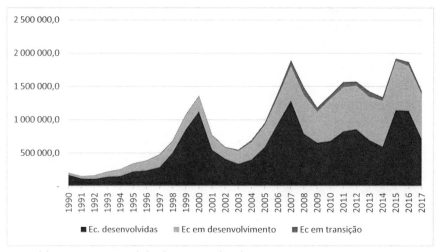

Fonte: elaboração própria com dados da UNCTAD (2018)

Figura 1.7b: IDE, fluxos de entrada, %

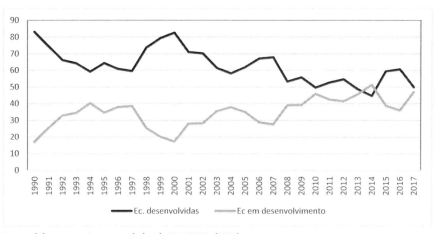

Fonte: elaboração própria com dados da UNCTAD (2018)

A figura 1.8 permite analisar a evolução do IDE global na perspetiva da sua origem, ou seja, das economias investidoras. Aqui também é notório o dinamismo crescente das economias em desenvolvimento, porquanto no início do milénio estas economias realizavam apenas 7% do IDE, enquanto passados 15 anos a sua quota parte no IDE anual global era de 30% a 40%. Este dinamismo tem estado associado ao crescimento económico de

34

algumas destas economias, em particular do sudeste Asiático, mas também pode ser explicado pelos ganhos resultantes da valorização do petróleo e outros recursos naturais nos mercados internacionais que ocorreram neste milénio. Assim, é possível concluir que as economias em desenvolvimento nas últimas duas décadas registaram um progresso enorme tanto na atração de IDE como na emissão deste tipo de investimento, o que contrasta com os 20 anos anteriores.

Figura 1.8: IDE, Fluxos de saída, %

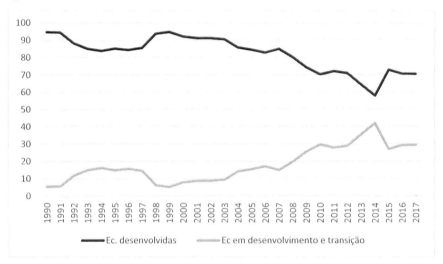

Fonte: elaboração própria com dados da UNCTAD (2018)

Principais economias recetoras de IDE e emissoras de IDE

Apesar das grandes tendências referidas anteriormente, importa clarificar que, sob a designação de economias desenvolvidas e em desenvolvimento, existem realidades muito heterogéneas quanto ao IDE. Esta constatação torna-se mais evidente com a análise dos principais países recetores e principais países investidores/emissores de IDE. Na figura 1.9 constata-se que, em 2017, entre as 10 economias que mais receberam IDE, estão 5 economias em desenvolvimento, ocupando as seguintes posições da 2ª à 5ª e 10ª – destacando-se as economias do sudeste asiático China, Hong-Kong e Singapura, a que se juntam o Brasil e a Índia. Entre as economias desenvolvidas, os EUA destacam-se, e muito, na 1ª posição – são a economia que mais recebeu IDE, embora de 2016 para 2017 se observe uma grande quebra pois o fluxo de entrada de IDE baixou 40%. As outras economias desenvolvidas presentes no top 10 são a Holanda, a França a Austrália e a Suíça.

Figura 1.9: IDE, 10 Maiores recetores, milhões de dólares

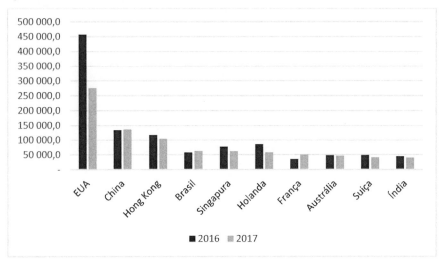

Fonte: elaboração própria com dados da UNCTAD (2018)

Relativamente aos principais países investidores/emissores de IDE (figura 1.10), ou seja, aqueles a partir dos quais saíram os maiores fluxos de investimento no exterior, observa-se que, em 2017, entre os 10 maiores investidores se encontram duas economias em desenvolvimento – China e Hong Kong, respetivamente na 3ª e 5ª posição. As restantes economias, à exceção do Luxemburgo (uma importante praça financeira, no 9º lugar), são economias desenvolvidas e de grande dimensão – os EUA destacam-se na 1ª posição com um valor de investimentos realizados no exterior que ultrapassa o dobro do realizado pelo 2º maior investidor, o Japão. Adicionalmente estão o Reino Unido, a Alemanha, o Canadá, a França e a Espanha.

Figura 1.10: IDE, 10 Maiores investidores, milhões dólares

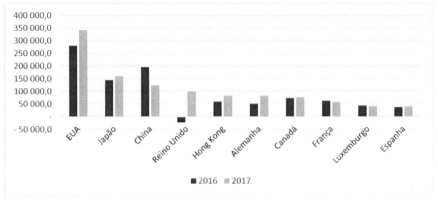

Fonte: elaboração própria com dados da UNCTAD (2018)

Multinacionais e o seu papel na economia mundial – emprego/ comércio e CVG

Como resultado dos seus investimentos diretos, as empresas multinacionais (EMNs) têm uma presença muito importante na economia mundial. Esta posição resulta da dimensão económica das suas atividades, da abrangência geográfica das mesmas e, ainda, das redes de conexões que as EMNs criam à escala global. Em 2017, estas empresas eram responsáveis por 73 milhões de empregos criados no exterior, que compara com 57 milhões no pré-crise (média 2005-07), e as vendas realizadas pelas suas sucursais corresponderam em valor a 38,5% do PIB mundial.

As 100 maiores empresas multinacionais globais representam aproximadamente 0,1% de todas as multinacionais. No entanto, em 2017, as suas vendas corresponderam em valor a cerca de 10% do PIB mundial. Estes dados também refletem a elevada concentração que a atividade multinacional tem num número relativamente reduzido de empresas que apresentam uma dimensão verdadeiramente global. Nesta categoria de EMNs preponderam certas indústrias/setores produtivos e certas economias de origem. A este respeito, é interessante observar a evolução que se deu nos últimos 5 anos quanto à composição setorial e à origem geográfica das 100 maiores EMNs (ver tabela 1.8). Neste período pós-crise é marcante a ascensão das empresas tecnológicas, cujo número duplicou e passaram a constituir o maior grupo, ao mesmo tempo que se registou uma redução forte de empresas da indústria extrativa e do comércio. Ainda assim, as empresas petrolíferas e da indústria

COMÉRCIO INTERNACIONAL

automóvel, as farmacêuticas e as tecnológicas constituem mais de metade das maiores empresas multinacionais no mundo.

Tabela 1.8: 100 Maiores empresas multinacionais, por indústria e país de origem, 2012 e 2017

Indústria	2012	2017	País/Economia	2012	2017
Extrativa, Petróleo, Refinação	19	13	Estados Unidos América	24	20
Automóvel e Aeronáutica	13	13	Reino Unido	17	14
Farmacêutica	10	12	França	13	12
Utilities	10	9	Alemanha	9	11
Comércio, Grosso e Retalho	10	6	Japão	9	11
Alimentação Bebidas e Tabaco	9	8	Suíça	6	5
Tecnológicas	7	15	Irlanda	..	4
Telecomunicações	6	7	Outros Países Desenvolvidos	22	23
Outras indústrias	12	13	Outros Países em Desenvolvimento	7	8
Outros Serviços	4	4	China	3	4
Total	100	100		100	100

Fonte: UNCTAD, World Investment Report 2018

Também é interessante constatar que no período em causa a origem das multinacionais se alterou marginalmente. Assim, tanto a Alemanha como o Japão aumentaram o número de empresas nesta lista, enquanto os EUA perderam 4 empresas, embora continue a ser a economia com o maior número de empresas neste ranking (20). Constata-se ainda que a Irlanda passou a apresentar 4 empresas nesta lista, o que se deveu ao facto destas terem alterado a localização da sua sede. Por fim, é de notar que os países em desenvolvimento passaram de 10 para 12 o número das suas empresas que integram esta seriação, o que é perfeitamente consistente com o dinamismo que se observou anteriormente em relação ao IDE.

1.3. MEDIDAS/INDICADORES DA INTERNACIONALIZAÇÃO DAS ECONOMIAS E DAS EMPRESAS

1.3.1. INTRODUÇÃO

Como referido anteriormente, a internacionalização das economias pode ser evidenciada ao nível das trocas internacionais (comércio internacional),

1 · INTRODUÇÃO À ECONOMIA MUNDIAL

mas também ao nível da globalização via investimento direto estrangeiro. Na abordagem que se segue, o foco será colocado essencialmente nos fluxos de comércio.

As diferentes teorias explicativas do comércio internacional têm sempre presente a explicação e compreensão do fenómeno da especialização internacional. Este conceito identifica o facto de que a liberalização do comércio cria um contexto mais concorrencial, originando a reafectação de recursos entre setores produtivos de acordo com as capacidades competitivas em cada setor, ou seja, de acordo com a respetiva capacidade de participar nas trocas internacionais. Estes ajustamentos normalmente resultam numa concentração de recursos produtivos em determinados setores – aqueles que têm capacidade concorrencial/competitividade internacional – em detrimento de outros setores – com menor capacidade concorrencial/competitividade internacional. Por esta via, cada economia desenvolve uma especialização económica particular que reflete uma certa divisão internacional do trabalho entre os países envolvidos. Atendendo à respetiva especialização, cada economia apresenta capacidades de exportar e necessidades de importar próprias, que em termos de comércio internacional se traduzem em saldos positivos, negativos ou equilibrados consoante os bens/serviços/setores em causa. O comércio internacional e a especialização resultam normalmente num acréscimo de riqueza para as economias participantes, facto que será estudado e analisado seguindo perspectivas diferentes nos capítulos 2 e 3.

A análise empírica do comércio internacional é essencial para a compreensão do posicionamento relativo das várias economias no contexto da economia mundial ou regional. Para o efeito, importa ter informação sobre as exportações e importações dos países a um nível desagregado dos bens e serviços transacionados. Estes dados estão disponíveis em fontes estatísticas oficiais, sejam as publicadas por organismos estatísticos nacionais: o Instituto Nacional de Estatística (INE) no caso português; ou por organismos internacionais: a Organização Mundial do Comércio (OMC), a ONU através da UNCTAD, a OCDE (Organização para a Cooperação e Desenvolvimento Económico), o EUROSTAT (Estatísticas oficiais da União Europeia), entre outros. Estes organismos disponibilizam um volume enorme de informações sobre exportações e importações de bens/serviços por regiões e países, por desagregação combinada de grupos de produtos/setores, por um lado, e destinos e origens geográficas, por outro. Dada a dimensão dos dados disponíveis, a sua compreensão, isto é, a sua leitura e interpretação, exige o recurso a instrumentos de análise – métricas/indicadores – que sintetizem a informação e que, complementando-se entre si, permitem identificar as redes que as relações comerciais internacionais estabelecem entre os países.

Neste âmbito utilizam-se os designados "Indicadores do Comércio Internacional" em que os indicadores utilizados mais frequentemente são os que combinam os fluxos de exportações e de importações. De facto, na maioria das vezes a especialização não é unívoca: exceto se se descer a um nível de análise extremamente desagregado, cada país tende a conhecer uma dupla corrente de trocas, com entradas e saídas simultâneas para um mesmo grupo de produtos.

De entre os muitos indicadores de comércio internacional propostos na literatura, apresentam-se aqueles que são mais relevantes, que também são os mais frequentemente utilizados:

1. Grau de abertura;
2. Elasticidade das exportações e das importações em relação ao PIB;
3. Taxa de cobertura (das importações pelas exportações);
4. Coeficientes estruturais das exportações ou das importações;
5. Indicador das Vantagens Comparativas Reveladas;
6. Indicadores de Comércio Intra-Ramo.

Como está implícito, esta lista não é exaustiva. Além disso, importa ter em consideração que cada indicador esclarece mais cabalmente um ou outro aspeto da realidade do comércio internacional, pelo que frequentemente é necessário conjugar vários indicadores para que a análise seja rigorosa. Assim, a escolha do(s) indicador(es) a utilizar dependerá em cada caso dos objetivos da análise, do grau de agregação ou desagregação pretendido e da disponibilidade de dados estatísticos.

1.3.2. GRAU DE ABERTURA

O estudo do comércio internacional de um país deverá começar por analisar a sua relevância na respetiva economia nacional. Para isso, calcula-se o grau de abertura da economia, que mede o peso que as relações comerciais de carácter internacional, ou seja, com o resto do mundo, têm no total da produção do país, num determinando período temporal – normalmente um ano. O grau de abertura calcula-se como:

$$GA(\%) = \frac{X + M}{PIB} * 100 = \left(\frac{X}{PIB} + \frac{M}{PIB} \right) * 100$$

em que X e M representam, respetivamente, o valor total das exportações e o valor total das importações, e PIB representa o Produto Interno Bruto a preços de mercado. Todos os valores referem-se a um determinado ano. Note-se que o grau de abertura também se obtém pela soma de dois indicadores complementares:

- *propensão exportadora* $\left(\frac{X}{PIB} * 100 \right)$, que mede o peso/contributo que as exportações têm no PIB (atividade global da economia) e indica a importância do mercado externo para os produtores nacionais;
- *penetração das importações* $\left(\frac{M}{PIB} * 100 \right)$, que calcula o peso que as importações têm no PIB e indica em que medida a procura interna é satisfeita por fornecedores externos.

Um grau de abertura elevado indica que o país/economia em causa tem uma atividade comercial intensa com o resto do mundo relativamente à sua dimensão económica. Revela que a economia está muito integrada na economia mundial – no âmbito da sua atividade produtiva as exportações e/ou importações são atividades normais/frequentes. Consequentemente, tem uma interdependência económica elevada, particularmente com os países/economias que são os seus principais parceiros comerciais.

Vários fatores influenciam o valor do grau de abertura e podem explicar as diferenças observadas entre países. Tendencialmente, os países pequenos, em dimensão ou população, apresentam graus de abertura maiores que os países grandes. Quanto maior for a economia, maior a possibilidade de esta produzir um espectro alargado de bens o que aumenta a sua capacidade de autossuficiência, enquanto países mais pequenos tendem a explorar as suas vantagens competitivas num número mais restrito de bens e serviços, exportando uma grande percentagem da sua produção. Por outro lado, países geograficamente grandes e/ou isolados têm custos de transporte elevados e, como tal, o comércio internacional tem normalmente menor importância na sua atividade económica. As políticas de comércio internacional e de investimento estrangeiro são igualmente muito importantes – contextos mais liberais, com menores restrições à atividade económica trasnsfronteiriça e mesmo interna, aumentam a importância do comércio e a presença de multinacionais, que por sua vez participam ativamente no comércio internacional.

A utilização rigorosa deste indicador, como de outros, exige alguns cuidados na sua interpretação – duas economias podem registar valores idênticos nos respetivos graus de abertura, mas simultaneamente apresentarem características estruturais muito distintas entre si. Assim, é possível maior rigor ao complementar a análise com outros indicadores e métricas como por exemplo, a taxa de cobertura (*ver ponto 1.3.4.1*) ou o "peso do saldo comercial no PIB". Este último calcula-se como:

$$\text{Peso do saldo} = \frac{X - M}{PIB} * 100$$

1.3.3. ELASTICIDADE DAS EXPORTAÇÕES/IMPORTAÇÕES EM RELAÇÃO AO PIB

Estes indicadores comparam o ritmo de evolução das exportações, ou das importações com o ritmo de evolução do PIB:

$$\text{Elasticidade das Exportações em relação ao PIB} = \frac{Tx.\,var.anual.das.Exportações.totais}{Tx.Var.anual.doPIB}$$

A elasticidade das importações calcula-se do modo idêntico ao anterior, utilizando os valores correspondentes para as importações.

Se a elasticidade das exportações/importações for superior a 1, significa que as exportações/importações crescem a um ritmo superior ao crescimento do PIB. Também significa, no caso das exportações, que a propensão exportadora da economia está a aumentar, ou, no caso das importações, que a economia regista um aumento da penetração das importações. Se estes dois efeitos se registarem em simultâneo, o grau de abertura da economia estará a aumentar, uma vez que as suas transações internacionais estão a crescer mais rapidamente que a própria produção. Se os dois indicadores se moverem em direções opostas, não é possível aferir da evolução do grau de abertura apenas com base nestes indicadores.

1.3.4. TAXA DE COBERTURA

1.3.4.1. TAXA DE COBERTURA GLOBAL

Este indicador calcula o rácio entre o valor das exportações e o valor das importações – revelando a dimensão em que as receitas geradas pelas exportações cobrem as despesas associadas às importações:

$$c(\%) = \frac{X}{M} * 100$$

Uma taxa de cobertura superior a 100 (expressa em percentagem) indica que as exportações são, em valor, superiores às importações. Se calculada para a totalidade do comércio de um país, uma taxa de cobertura superior a 100% significa que a economia do país apresenta competitividade internacional e uma posição comercial forte, enquanto que uma taxa de cobertura inferior a 100% indica que o valor das exportações é inferior ao valor das importações, evidenciando falta de competitividade internacional ou dependência comercial – ou seja, que o saldo comercial (i.e. a diferença entre exportações e importações) é negativo.

Apesar da simplicidade da sua interpretação, a taxa de cobertura deve ser utilizada com precaução, pois não entra em linha de conta com o peso do comércio externo na economia nacional. Veja-se o exemplo constante da tabela 1.9.

Tabela 1.9: Produção e comércio em dois países selecionados

	PIB	Exportações	Importações
País A	1000	10	20
País B	1000	200	400

A taxa de cobertura é, em ambos os casos, igual a 0,5 (ou 50%), o que é um valor muito baixo, sugerindo falta de competitivadade internacional e indicando que ambos os países têm de obter financiamento externo para a aquisição de metade das suas importações (uma vez que as exportações só financiam os outros 50%). No entanto, esta taxa tem economicamente significados distintos em cada país. Na economia A este facto não é economicamente relevante porque as transações internacionais têm um valor muito baixo face à dimensão

COMÉRCIO INTERNACIONAL

da economia. O grau de abertura é de apenas 3%, e como tal o financiamento externo em causa representa apenas 1% da economia. A baixa taxa de cobertura não tem neste caso relevância económica, resultado provavelmente de barreiras à participação no comércio internacional e não necessariamente de uma falta de competitividade internacional do país. Contrariamente, no país B, uma economia com um grau de abertura de 60%, a taxa de cobertura de 50% aponta claramente para uma economia com grandes deficiências competitivas, além de significar que o país terá de conseguir financiamento externo para 50% das importações – um valor equivalente a 20% da sua atividade económica. Ou seja, indicadores com o mesmo valor podem representar realidades económicas que são qualitativamente muito distintas que só podem ser identificadas com a combinação de diferentes indicadores.

1.3.4.2. TAXA DE COBERTURA SETORIAL

O indicador de taxa de cobertura pode ser desagregado a nível de produto/setor:

$$c_i = \frac{X_i}{M_i} * 100$$

onde i representa um produto ou setor.

Este é um primeiro indicador de competitividade setorial, sendo que um valor de c_i superior a 100 significa que as exportações do setor i são superiores às respetivas importações, de onde resulta que a economia tem uma especialização neste setor, o que sugere uma posição comercial forte e competitividade internacional. Um valor inferior a 100 significa por sua vez que se trata de um setor deficitário (cujas exportações são inferiores às importações). Tal como no caso da taxa de cobertura global ou agregada, este indicador deve ser analisado num contexto plurianual, pois além do seu valor num determinado momento, importa ter uma noção clara de qual é a tendência que apresenta. Uma vez mais, o mesmo valor pode estar associado a progressões muito distintas, nomeadamente de melhoria ou de deterioração, geral/setorial, da competitividade.

1.3.4.3. TAXA DE COBERTURA SETORIAL NORMALIZADA

Este indicador procura facilitar a leitura das taxas de cobertura setoriais. Corresponde à 'normalização' da taxa de cobertura setorial, ou seja, faz uma comparação direta entre a taxa de cobertura que se regista ao nível do bem/setor i e taxa de cobertura global, i.e. para a economia como um todo. Calcula-se da seguinte forma:

$$\bar{c}_i = \frac{\dfrac{X_i}{M_i}}{\dfrac{X}{M}}$$

Se o indicador for superior a 1, conclui-se que o setor/bem i apresenta uma taxa de cobertura superior à da economia (ou seja, superior à média nacional), significando assim que o setor tem uma competitividade superior à média da economia a que pertence. Se o indicador for inferior a 1, a interpretação é a oposta.

Este indicador é particularmente útil para comparações inter-temporais. Veja-se o exemplo da tabela 1.10.

Tabela 1.10: Comércio externo total e do sector i em t e em t+s

País A	Ano t	Ano t+s
X_i	500	400
M_i	250	600
X	1000	500
M	1000	1500

As taxas de cobertura do setor i são iguais a 2 e 2/3, respetivamente, para os anos t e t+s, o que sugere uma forte redução da competitividade do setor que passou de superavitário a deficitário. Contudo, a análise da taxa de cobertura normalizada revela uma estabilidade da competitividade do setor quando comparada com os restantes setores desta economia. De facto, o indicador é igual a 2 em ambos os anos, revelando que a taxa de cobertura setorial teve um comportamento totalmente paralelo à taxa de

COMÉRCIO INTERNACIONAL

cobertura média da economia (que diminuiu fortemente entre os anos t e t+s, passando de 1 para 1/3). A conjugação deste indicador com a taxa de cobertura permite-nos sugerir que, neste caso, a quebra de competitividade verificada no setor i resulta de problemas estruturais ou conjunturais da economia como um todo e não de problemas específicos associados ao setor i.

1.3.5. COEFICIENTES ESTRUTURAIS

Uma vez estabelecida a importância do comércio externo na economia do país, importa fazer a análise da sua estrutura, isto é, de certas relações/padrões que pela sua estabilidade permitem fazer a sua caracterização. Esta análise poderá ser organizada de acordo com as seguintes óticas: composição do comércio e geografia do comércio (destino e origem).

1.3.5.1. COMPOSIÇÃO DO COMÉRCIO EXTERNO (ESTRUTURA SETORIAL)

A análise da composição do comércio faz-se por desagregação das exportações e importações por grupos de produtos mais ou menos homogéneos. Quanto maior for a desagregação dos dados, maior será a homogeneidade das categorias de bens e serviços analisadas. Contudo, existe um *trade-off* entre o nível de desagregação e a capacidade de interpretar a informação produzida. Portanto, a decisão quanto ao nível de desagregação a adotar depende essencialmente dos objetivos da análise, o que corresponde habitualmente a um nível de desagregação inferior ao máximo permitido pelos dados.

A análise da composição do comércio externo tem por objetivo identificar qual a importância relativa que os produtos/setores têm nas exportações e nas importações de uma economia. Assim, a estrutura do comércio dá-nos a importância/peso que cada produto/setor tem nas exportações e importações, respetivamente:

$\dfrac{X_{ij}}{X_j} * 100$ representa o peso (%) que as exportações do produto/setor i têm

no total das exportações do país/economia j;

$\dfrac{M_{ij}}{M_j} * 100$ representa o peso que as importações do produto/setor i têm no total das importações do país/economia j.

A tabela 1.11 apresenta as exportações e as importações de bens que foram realizadas por Portugal, em 2016, de acordo com a classificação "grupos de produtos". Com base nos dados, foram calculadas para as exportações e importações as respetivas estruturas por principais grupos de produtos, e ainda a taxa de cobertura para cada grupo de produtos. O padrão do comércio internacional de Portugal revela alguma concentração em certas categorias de produtos, sendo esta mais acentuada nas importações do que nas exportações. Os cinco principais produtos exportados constituem cerca de 48% das exportações totais de bens enquanto os cinco principais produtos importados constituem cerca de 62% das importações totais de bens. Dois grupos de produtos – máquinas e aparelhos, e veículos e outro material de transporte – são os principais produtos exportados e importados. Conjuntamente totalizam 26,7% das exportações e 30,6% das importações. Nas exportações seguem-se plásticos e borrachas (7,6%), metais comuns (7,4%) e produtos agrícolas (6,5%), enquanto nas importações estão os produtos agrícolas (11%), químicos (10,6%) e combustíveis minerais (10,1%).

COMÉRCIO INTERNACIONAL

Tabela 1.11: Comércio Internacional de Bens,[10] Portugal (milhões de euros, %), 2016

Código Grupo de Produtos	Exportações		Importações		Taxa Cobertura
	Valor	Estrutura	Valor	Estrutura	
1 Agrícolas	3235	6,5%	6735	11,0%	48%
2 Alimentares	2470	4,9%	2697	4,4%	92%
3 Combustíveis minerais	3128	6,3%	6168	10,1%	51%
4 Químicos	2679	5,4%	6488	10,6%	41%
5 Plásticos e borrachas	3810	7,6%	3747	6,1%	102%
6 Peles e couros	284	0,6%	823	1,3%	35%
7 Madeira e cortiça	1560	3,1%	869	1,4%	180%
8 Pastas celulósicas e papel	2453	4,9%	1227	2,0%	200%
9 Matérias têxteis	1949	3,9%	1933	3,2%	101%
10 Vestuário	3086	6,2%	1999	3,3%	154%
11 Calçado	1959	3,9%	770	1,3%	254%
12 Minerais e minérios	2364	4,7%	849	1,4%	278%
13 Metais comuns	3686	7,4%	4494	7,3%	82%
14 Máquinas e aparelhos	7721	15,4%	10367	16,9%	74%
15 Veículos e outro material de transporte	5677	11,3%	8407	13,7%	68%
16 Ótica e precisão	807	1,6%	1498	2,4%	54%
17 Outros produtos	3154	6,3%	2172	3,5%	145%
Total	50022	100,0%	61243	100,0%	82%

Fonte: cálculos próprios com base em "Estatísticas do Comércio Internacional 2016" (INE, 2017).

A última coluna da tabela apresenta a taxa de cobertura das importações pelas exportações, calculada pelo rácio entre o valor das exportações e o das importações para cada grupo de produtos, conforme explicado na secção anterior. No comércio internacional de bens, as exportações da economia portuguesa correspondem a 82% das importações. Esta é a taxa de cobertura para a totalidade dos bens transacionados, representando a taxa de cobertura média neste tipo de comércio, mas que resulta de uma grande heterogeneidade de situações nos vários grupos de produtos.

---

[10] Importa salientar que esta análise é somente sobre o comércio de bens (da agricultura, e das indústrias extrativa e transformadora) e não inclui o comércio internacional de serviços, que são uma parcela importante, mas cuja informação é obtida via estatísticas da Balança de Pagamentos.

1 · INTRODUÇÃO À ECONOMIA MUNDIAL

Os grupos de produtos com uma taxa de cobertura acima da média estão na sua maioria associados a produtos/indústrias em que tradicionalmente a economia portuguesa tem sido competitiva internacionalmente, nomeadamente os minerais e minérios, o calçado, pastas celulósicas e papel, madeira e cortiça, vestuário e os têxteis. No outro extremo estão grupos de produtos com uma competitividade internacional abaixo da média. Entre os casos mais extremos encontram-se os químicos, os combustíveis minerais e os produtos agrícolas com taxas de cobertura entre os 41% e os 51%. Acresce que cada um destes grupos de produtos tem um peso estrutural nas importações de bens a rondar os 10%, ou seja, estes setores da economia portuguesa evidenciam competitividade inferior à média e dependência externa.

Comparativamente a 2001, as taxas de cobertura atuais revelam que, globalmente, a competitividade internacional da economia portuguesa no comércio de bens melhorou bastante – passando dos 62% de então para os 82% atuais. Esta progressão sinaliza que, neste período, a capacidade de exportação de bens da economia portuguesa cresceu mais rapidamente que a necessidade de importação de bens. Contudo, esta evolução média resulta de dinâmicas muito distintas nos vários grupos de produtos.

Assim, alguns grupos de produtos registaram uma evolução muito positiva nas suas taxas de cobertura, ou seja, na respetiva competitividade. Entre estes encontram-se "os novos competitivos" – os produtos alimentares, os plásticos e borrachas, e os metais – assim designados porque em 2001 registavam taxas de cobertura inferiores à média, entre os 40% e os 50%, mas agora estão na média ou acima dela. Acrescem os "competitivos tradicionais" – os minerais e minérios, o calçado e as pastas celulósicas e papel – que já eram competitivos em 2001, com taxas de cobertura superiores a 100%, mas reforçaram essa competitividade. Por último, estão os produtos agrícolas e as máquinas e aparelhos que são os "não competitivos, mas em progressão", ou seja, apesar da sua competitividade ter evoluído muito positivamente ainda estão abaixo da média.

Do lado menos positivo, alguns grupos de produtos registaram quebras nas taxas de cobertura, nomeadamente o vestuário, matérias têxteis e ainda madeiras e cortiça. Contudo, por serem produtos tradicionalmente muito competitivos apesar desta erosão da sua competitividade ainda apresentam taxas de cobertura superiores a 100%. Por fim, o grupo de produtos veículos e outro material de transporte é o único cuja taxa de cobertura se manteve inalterada, mas no contexto nacional de evolução positiva passou de uma taxa

COMÉRCIO INTERNACIONAL

de cobertura normalizada superior a 1 em 2001, para uma taxa normalizada inferior a 1 em 2016. Ou seja, em termos relativos a sua posição competitiva piorou – este grupo de produtos apresentava em 2016 uma competitividade internacional abaixo da média nacional, mas em 2001 estava acima da média nacional.

1.3.5.2. GEOGRAFIA DO COMÉRCIO INTERNACIONAL (ESTRUTURA GEOGRÁFICA – DESTINO/ORIGEM)

A análise da estrutura geográfica do comércio internacional faz-se por desagregação das exportações/importações pelos respetivos destinos/origens geográficos, sejam eles países ou grupos de países. Tal como no caso anterior, o nível de desagregação depende do objetivo da análise. Esta pretende identificar a importância relativa de cada país/economia enquanto destino das exportações e/ou origem das importações da economia em estudo, ou seja enquanto parceiro comercial, sendo o seu cálculo o seguinte:

$\dfrac{X_{jk}}{X_j} * 100$ representa o peso que as exportações do país j com destino ao país k têm nas exportações totais de j;

$\dfrac{M_{jk}}{M_j} * 100$ representa o peso que as importações do país j com origem no país k têm nas importações totais de j.

A Tabela 1.12 apresenta as exportações de bens da economia Portuguesa por país de destino, com dados relativos aos anos de 2001 (que antecedeu a entrada em circulação do euro) e 2016 (ano mais recente para o qual existem dados disponíveis). Os dados reportados referem-se aos 10 principais mercados de destino das exportações de bens a partir de Portugal, em 2016.

1 · INTRODUÇÃO À ECONOMIA MUNDIAL

Tabela 1.12: Exportações de Bens de Portugal por país de destino (milhões de euros, %)

	2001[11]	Estrutura	2016	Estrutura	Tx. var.
Espanha	5200	19,3%	12938	25,9%	149%
França	3423	12,7%	6318	12,6%	85%
Alemanha	5112	19,0%	5836	11,7%	14%
Reino Unido	2749	10,2%	3531	7,1%	28%
EUA	1539	5,7%	2465	4,9%	60%
Países Baixos	1094	4,1%	1874	3,7%	71%
Itália	1195	4,4%	1726	3,5%	44%
Angola	504	1,9%	1502	3,0%	198%
Bélgica	1430	5,3%	1216	2,4%	-15%
Marrocos	106	0,4%	712	1,4%	569%
Mundo	**26918**	**100,0%**	**50022**	**100,0%**	**85,8%**

Fonte: cálculos próprios com base em Estatísticas do Comércio Internacional – 2003 e 2016, INE (2014) e INE (2017).

Da análise da tabela 1.12 identificam-se duas características relevantes: existe uma grande concentração geográfica das exportações e os dez principais mercados são persistentes no tempo. Em 2001, 61,2% das exportações de bens destinavam-se aos quatro principais mercados – Espanha, França, Alemanha e Reino Unido – mas em 2016 baixou para 57,3%. Considerando os 10 maiores mercados, constata-se que em 2001 absorviam 84% das exportações, mas em 2016 adquiriram 76%. Ou seja, apesar de ainda fortemente concentradas em poucos mercados, as exportações portuguesas eram em 2016 mais diversificadas que em 2001, o que é uma evolução positiva. Ainda assim, deve salientar-se que neste período Espanha passou a ser, por uma larga margem, o principal mercado de destino das nossas exportações, passando de 19% em 2001 para 26% em 2016. Fatores como a proximidade geográfica, a fronteira comum, a proximidade linguística e cultural, a moeda comum e a dimensão do mercado explicam a sua importância absoluta e relativa para a economia portuguesa. Adicionalmente, é de destacar que Marrocos e Angola, entre os 10 repor-

---

[11] Em 2001, a Suécia foi o 10º mercado e adquiriu 1,5% destas exportações enquanto a China foi o 17º mercado e adquiriu 0,22% das exportações. Em 2016, a China passou a 11º mercado adquirindo 1,35% das exportações, pois neste período as exportações de bens para este destino cresceram 1000%.

COMÉRCIO INTERNACIONAL

tados, foram os mercados de destino que registaram o maior crescimento de exportações neste período.

A Tabela 1.13 reporta as importações de bens por Portugal por mercados de origem, apresentando os valores relativos aos 10 mercados mais importantes em 2016. Analisando os dados, conclui-se que estes mercados forneceram 77% das importações de bens realizados pela economia portuguesa em 2016, sendo que em 2001 os 10 principais mercados forneciam 78%. Mais importante é o facto de que mais de 50% das importações são adquiridas em apenas três mercados. Espanha já era o principal mercado fornecedor de importações em 2001, mas aumentou a sua importância no período analisado, sendo agora a origem de um terço das nossas importações de bens. Ainda assim, não foi o mercado mais dinâmico pois as importações provenientes da China, da Rússia e do Brasil cresceram mais rapidamente. No entanto estes mercados, apesar da ascensão registada, têm uma importância reduzida nas referidas importações.

Tabela 1.13: Importações de bens de Portugal por país de origem (milhões de euros, %)

	2001[12]	estrutura	2016	estrutura	Tx. var.
Espanha	12074	27,4%	20176	32,9%	67%
Alemanha	6074	13,8%	8224	13,4%	35%
França	4503	10,2%	4730	7,7%	5%
Itália	3018	6,8%	3358	5,5%	11%
Países Baixos	2123	4,8%	3122	5,1%	47%
Reino Unido	2220	5,0%	1878	3,1%	-15%
China	351	0,8%	1819	3,0%	418%
Bélgica	1338	3,0%	1724	2,8%	29%
Rússia	436	1,0%	1187	1,9%	172%
Brasil	558	1,3%	1054	1,7%	89%
Mundo	**44094**	**100,0%**	**61 243**	**100,0%**	**39%**

Fonte: cálculos próprios com base em Estatísticas do Comércio Internacional – 2003 e 2016, INE (2014) e INE (2017).

[12] Em 2001, os EUA, o Japão e a Suécia integravam os 10 principais mercados de origem das importações portuguesas, e não constavam dessa lista a China, a Rússia e o Brasil.

1 · INTRODUÇÃO À ECONOMIA MUNDIAL

1.3.6. INDICADOR DE VANTAGENS COMPARATIVAS REVELADAS

Este indicador compara a estrutura setorial do comércio de um país/economia com a estrutura setorial do comércio Mundial que é usado como referência. Deste modo, é possível identificar em que grupos de bens (ou serviços) uma economia apresenta vantagens/desvantagens comparativamente à economia Mundial. Em alternativa, também se pode utilizar como referência outros países ou regiões económicas, consoante o objetivo da análise. O indicador de vantagem comparativa revelada calcula-se da seguinte forma:

$$VCR = \frac{\dfrac{X_{ij}}{X_j}}{\dfrac{X_{ik}}{X_k}}$$

Onde:

j é o país em análise

k é o mundo/região/país de referência;

i é um determinado bem/indústria/serviço;

X_{ij} são as exportações do bem/indústria/serviço i pelo país j

X_j são as exportações totais do país j

X_{ik} são as exportações do bem/indústria/serviço i no mundo/região/país k

X_k são as exportações totais do mundo/região/país k.

Constata-se assim que o indicador VCR compara a importância do setor i nas exportações do país j com a importância que esse setor tem nas exportações mundiais ou da zona de referência. O numerador representa o peso das exportações do setor i no total das exportações do país j, e o denominador representa a mesma informação para o mundo ou zona de referência. Se o indicador for superior a 1, a economia j revela vantagem comparativa no bem/setor i face à economia k – significando que o bem/setor i tem um peso nas exportações totais da economia j que é superior ao peso que o bem i tem nas exportações totais de k. Se o indicador for inferior a 1, a economia j revela desvantagem comparativa no bem/setor i, o que traduz uma menor concentração relativa das exportações do país j no setor i face ao registado na economia k.

1.3.7. INDICADORES DE COMÉRCIO INTRA-RAMO (INTRA-INDÚSTRIA)

O comércio intra-ramo, ou intra-indústria, refere-se à ocorrência em simultâneo de exportações e importações de bens idênticos – i.e. que pertencem à mesma indústria, mas são diferenciados. Apesar do debate em torno das dificuldades em medir com rigor este fenómeno, tradicionalmente os indicadores de Balassa e de Grubel-Lloyd têm sido os mais utilizados para medir o comércio intra-ramo.

1.3.7.1. COEFICIENTE DE ESPECIALIZAÇÃO DE BALASSA

Dada a ligação deste indicador à taxa de cobertura setorial, constata-se que o mesmo permite avaliar o tipo de trocas, intra ou inter-ramo, de um determinado setor de atividade, e ainda o seu padrão de especialização. Efetivamente, o coeficiente de especialização de Balassa relaciona o saldo da balança comercial do setor i com o respetivo volume de trocas externas (balança comercial normalizada), ou seja:

$$b_i = \frac{X_i - M_i}{X_i + M_i}$$

Tal como a taxa de cobertura setorial, este indicador permite distinguir os setores em que a economia se encontra especializada – quando o indicador é positivo – dos setores deficitários – que apresentam um coeficiente negativo. De facto, o coeficiente de Balassa pode ser calculado a partir da taxa de cobertura, pois dividindo o numerador e o denominador por Mi, obtém-se:

$$b_i = \frac{X_i - M_i}{X_i + M_i} = \frac{\dfrac{X_i}{M_i} - \dfrac{M_i}{M_i}}{\dfrac{X_i}{M_i} + \dfrac{M_i}{M_i}} = \frac{c_i - 1}{c_i + 1}$$

Esta relação entre o coeficiente de especialização de Balassa e a taxa de cobertura sugere que os cuidados necessários na interpretação desta são também válidos para o primeiro. Uma vantagem do coeficiente de especialização de Balassa relativamente à taxa de cobertura setorial é a facilidade de leitura que resulta da sua simetria. O indicador assume valores entre -1 e 1, sendo estes valores extremos do coeficiente correspondentes a uma especialização unívoca, indicando que o setor é, respectivamente, exclusivamente importador ou exclusivamente exportador. Por outro lado, um valor igual a zero corresponde a um saldo comercial nulo, ou seja, à igualdade entre o valor das exportações e das importações.

Uma segunda função do coeficiente de Balassa é permitir a medição dos fenómenos de especialização que se situam a níveis mais finos. Fala-se, assim, de uma especialização "intra-ramo" – medida ao nível de cada ramo – ou de uma especialização "intra-produto" – medida ao nível de cada produto.

Como foi dito atrás, se o coeficiente apresenta valores próximos de −1, o país em questão tem uma fraca posição competitiva no setor i (Xi tende para zero), enquanto que se o coeficiente se aproximar de 1 apresenta uma forte especialização (importações pouco significativas). Em ambos os casos está-se perante um padrão de especialização inter-ramo, ou inter-setorial, traduzindo o facto de as trocas serem em grande medida unidirecionais: o setor é predominantemente importador ou exportador.

Por outro lado, se o coeficiente se situar próximo de zero, as exportações e as importações equivalem-se e está-se perante um padrão de especialização intra-ramo. Se existirem simultaneamente elevados volumes de exportações e de importações, o valor de Xi-Mi é reduzido, mas o de Xi+Mi é elevado. Tal significa que se está na presença de uma forte especialização intra-ramo, já que, por definição, elevado comércio intra-ramo significa elevados níveis de exportações e importações de um mesmo tipo de bem ou serviço.

Note-se que se o coeficiente de Balassa for igual a 1/3 ou −1/3, o setor apresenta um nível idêntico de trocas intra-ramo e inter-ramo, o que sugere que sempre que o indicador se afastar de um desses valores em direcção a zero, a preponderância das trocas intra-ramo aumenta, reduzindo-se proporcionalmente a relevância das trocas inter-setoriais. O caso contrário (valores cada vez mais distantes de ±1/3 e mais próximos de ±1) traduz uma preponderância crescente das trocas inter-ramo no contexto das trocas setoriais.

Deve ser tido em conta, contudo, que o resultado para este coeficiente depende bastante do nível de desagregação adotado. Uma agregação excessiva poderá revelar, erradamente, trocas intra-setoriais. Isto acontecerá se, por conveniência estatística ou erro de análise, forem agrupados setores estruturalmente bastante distintos que sejam uns predominantemente exportadores e outros predominantemente importadores. Por maioria de razão, será inválida qualquer tentativa de interpretação ao nível do padrão de especialização com todos os setores da economia agregados.

Deve tomar-se em consideração, ainda, que este indicador não incorpora qualquer informação quanto à produção setorial. Não sendo sensível à relevância do comércio externo na economia, a sua análise deve assim ser complementada com outros indicadores que conjuguem variáveis de comércio externo com variáveis de produção nacional (como por ex. o grau de abertura).

Admita-se o exemplo constante da tabela 1.14, referente a uma dada economia.

Tabela 1.14: Produção e comércio em dois setores selecionados (milhões de euros)

	Produção	Exportações	Importações
Setor i	1000	11	10
Setor j	1000	300	200

O coeficiente de Balassa é igual a 0.05 para o setor i e a 0.2 para o setor j. Contudo, seria manifestamente errado concluir por uma mais forte especialização intra-ramo em i do que em j, tendo em conta que o comércio externo é quase irrelevante no primeiro.

1.3.7.2. ÍNDICE DE GRUBEL-LLOYD

O índice de Grubel-Lloyd mede o comércio intra-ramo ao nível do produto i e parceiro comercial j, sendo calculado da seguinte forma:

$$CIR_{ij} = \frac{(X_{ij} - M_{ij}) - |X_{ij} - M_{ij}|}{X_{ij} + M_{ij}} = 1 - \frac{|X_{ij} - M_{ij}|}{X_{ij} + M_{ij}}$$

em que X_{ij} são exportações do bem i para o país j, M_{ij} são importações do bem i com origem no país j, num determinado ano. Este indicador calcula a proporção/peso que o comércio intra-ramo tem nas trocas totais de bem i que ocorrem entre a economia nacional e o país j. Assim, pode assumir valores entre zero e um. Se, CIR_{ij} for zero, significa que ou as exportações ou as importações são nulas, ou seja, a economia ou só exporta ou só importa o bem i do seu parceiro. Em qualquer dos casos não há comércio intra-ramo, todo o comércio do bem i com a economia j é de tipo inter-ramo, pois só flui num dos sentidos. Se CIR_{ij} for igual a um, significa que as exportações do bem i para o país j são, em valor, iguais às importações de bem i provenientes do país j – neste caso, as trocas do bem i com este parceiro comercial são integralmente (100%) de tipo intra-ramo.

Apesar de ser muito utilizado este indicador apresenta algumas limitações que originam controvérsia na literatura[13] e que exigem cuidados na sua utilização. O principal problema está associado ao nível de agregação/desagregação dos dados a que o indicador é aplicado. Para uma utilização rigorosa este deve ser aplicado a dados de comércio internacional com um nível de desagregação elevado por categorias de bens/setores, e também por países. Ainda assim os resultados são, normalmente, sensíveis ao nível de desagregação por bens utilizado – níveis de desagregação insuficiente dão origem a níveis excessivos e erróneos de comércio intra-ramo. Adicionalmente, o conceito de comércio intra-ramo também só existe numa base bilateral pelo que deve ser este o nível de desagregação geográfico para a sua aplicação.

Pelas razões anteriores o indicador agregado para a economia será:

$$CIR = \frac{\sum_{ij} (X_{ij} - M_{ij}) - \sum_{ij} |X_{ij} - M_{ij}|}{\sum_{ij} (X_{ij} + M_{ij})}$$

Assim, o cálculo do comércio intra-ramo para a economia como um todo é uma média ponderada dos CIR_{ij}, em que a ponderação é feita com base no peso que o comércio total de bem i com o país j tem no comércio total.[14]

1.3.8. INDICADORES DE INTERNACIONALIZAÇÃO DAS EMPRESAS

Todos os indicadores anteriores estão referenciados a economias nacionais, mas na realidade são as empresas que no âmbito das suas atividades, e ao desenvolverem negócios internacionais, contribuem para aqueles valores agregados. Importa salientar que mesmo em setores que registam intensa

---

[13] Greenaway e Milner (1987) e Greenaway e Torstensson (1997) apresentam uma revisão detalhada do debate sobre os problemas associados à medição do comércio intra-ramo e utilização do índice de Grubel Lloyd.

[14] Amador e Cabral (2009) apresentam cálculos destes indicadores para a economia portuguesa.

atividade exportadora, esta é tendencialmente desenvolvida por um grupo restrito de empresas. Os estudos revelam que as empresas exportadoras têm uma produtividade média superior à produtividade das não exportadoras. Por sua vez, as empresas que além de exportadoras são investidoras no estrangeiro (com controlo total ou parcial de unidades produtivas ou comerciais) apresentam em média uma produtividade superior à daquelas que só exportam, pelo que é importante medir o nível de internacionalização das empresas.

Neste contexto, a *UNCTAD* utiliza os três rácios seguintes como indicadores do grau de envolvimento internacional das empresas:

- Ativos detidos no estrangeiro/Total ativos (A);
- Vendas no exterior/Total de Vendas (V);
- Emprego no exterior/Total emprego (E).

Atendendo a que as empresas e setores diferem muito entre si relativamente a cada um dos três indicadores anteriores, para aferir o nível de internacionalização das empresas a UNCTAD propõe um indicador compósito – o Indicador de transnacionalidade (ITN) – que é a média simples daqueles rácios:

$$ITN = \frac{A + V + E}{3}$$

Os dados reportados na tabela A1 em anexo referem-se às 30 maiores empresas multinacionais, ou seja, com os maiores valores de ativos no estrangeiro. Apesar de serem as maiores EMNs, constata-se que estas empresas apresentam valores muito distintos nas três dimensões relativas de envolvimento internacional – ativos, emprego e vendas no exterior face aos valores globais respetivos. Consequentemente, na avaliação global via indicador de transnacionalidade, verifica-se que o posicionamento de cada uma das empresas neste ranking não depende de todo da dimensão dos seus ativos no estrangeiro. Tal é patente no facto de que a empresa que apresenta o maior valor do indicador de transnacionalidade (1ª posição no ranking ITN) ser a que ocupa a 30ª posição no ranking das maiores EMNs, enquanto que das 30 maiores empresas em termos de ativos detidos no estrangeiro, apenas 7 pertencem ao top 30 em termos de ITN.

Capítulo 2
Teorias do Comércio Internacional

As trocas internacionais podem ser o resultado da vantagem comparativa, que pode ocorrer por distintas tecnologias, dotações fatoriais ou procuras entre países. As trocas podem, também, resultar de rendimentos crescentes à escala (ou economias de escala), isto é, da tendência para a diminuição dos custos médios com aumento do *output*. As economias de escala permitem aos países especializarem-se e trocarem, mesmo na ausência de diferenças entre si, tanto a nível da tecnologia como dos recursos.

Neste capítulo abordam-se as principais teorias explicativas do comércio internacional e evidenciam-se os ganhos associados ao comércio livre.

Objetivos de aprendizagem:
- Perceber porque é que os países trocam entre si, familiarizando-se com as diferentes teorias que explicam os fluxos comerciais entre países.
- Compreender o papel dos salários, produtividade, taxa de câmbio e dotações fatoriais na determinação do padrão de especialização produtiva dos países.
- Reconhecer os ganhos de bem-estar resultantes da participação dos países num sistema de comércio livre e o papel do governo na promoção da vantagem comparativa/competitiva em certas indústrias.
- Compreender as importantes implicações que a teoria do comércio internacional tem para as decisões de localização das empresas.

2.1. TEORIAS BASEADAS NA VANTAGEM COMPARATIVA

2.1.1. TEORIA CLÁSSICA DO COMÉRCIO INTERNACIONAL

2.1.1.1. DO PROTECIONISMO MERCANTILISTA À LIVRE TROCA CLÁSSICA

Remonta aos autores clássicos, com realce para Adam Smith e David Ricardo, o desenvolvimento de uma explicação de caráter geral (i.e. suscetível de aplicação a qualquer país) para a existência de trocas internacionais. É assim que surge a teoria do comércio internacional, de validade universal, em oposição às conceções protecionistas dos mercantilistas.

O Mercantilismo foi a doutrina económica que prevaleceu na Europa entre os séculos XVI e XVIII; *i.e.*, de 1500 até à publicação da "Riqueza das Nações" de Adam Smith, em 1776. Mais do que uma escola de pensamento formal, o mercantilismo consistia num conjunto de atitudes similares em relação à atividade económica doméstica e ao papel do comércio internacional. Os mercantilistas preocupavam-se com a acumulação de metais preciosos, nomeadamente ouro e prata, que associavam à ideia de riqueza do país. Uma vez que a oferta de ouro era relativamente fixa (pois um pilar importante do mercantilismo é a sua visão estática), acreditavam que um país poderia aumentar o seu *stock* de metais monetários – e logo a sua riqueza – à custa dos demais. Para o efeito "bastaria":

(i) aumentar as exportações – que deveriam ser encorajadas através de subsídios – na medida em que conduzem a fluxos de entrada de metais preciosos, enriquecedores do país;

(ii) diminuir as importações – que deveriam ser desencorajadas mediante a aplicação de tarifas – uma vez que correspondem a fluxos de saída de metais preciosos, sendo por isso empobrecedoras.

Resulta desta análise que o comércio internacional era entendido como um "jogo de soma nula", i.e. em que um país só ganhava à custa da perda do outro. Tal justificava a defesa de uma política comercial protecionista, de forma a alcançar um saldo positivo na balança comercial, enriquecedor do país.

É apenas com o advento da primeira revolução industrial e do liberalismo económico, na segunda metade do século XVIII, que se começa a autonomizar e desenvolver a teoria do comércio internacional como se a entende hoje. Desde a sua origem, o liberalismo procurou edificar uma teoria da especialização internacional, que permitisse evidenciar as vantagens que a mesma, associada a condições de comércio livre, pode assegurar aos países intervenientes. A análise da especialização é assim colocada no centro desta doutrina, pretendendo dar solução a três questões:

(i) A explicação das condições que determinam a especialização internacional;

(ii) A evidenciação das vantagens retiradas por cada nação de uma especialização óptima;

(iii) A definição das normas duma política económica desejável (a livre troca).

Os traços mais marcantes da teoria clássica do comércio internacional decorrem dos contributos dos seus principais autores, Adam Smith e David Ricardo. Para cada um deles, será visto de seguida como definem a estrutura (padrão) adequada do comércio internacional (quais os bens importados e exportados, e porquê), como evidenciam os ganhos daí resultantes (qual o benefício dos países com o comércio internacional ou, visto pelo prisma oposto, quais os custos da proteção) e o que apontam os respetivos termos de troca (a que preços são trocados os bens importados e exportados).

As propostas (modelos) dos dois autores assentam nos seguintes dez pressupostos básicos inter-relacionados:

(i) existe um único fator de produção, o trabalho. A teoria económica clássica baseia-se na teoria do valor trabalho, considerando que numa economia fechada os bens se trocam uns pelos outros atendendo às quantidades relativas de trabalho que incorporam. Naturalmente que se trata de uma simplificação da realidade por várias razões: o trabalho não é homogéneo (por exemplo, os serviços fornecidos por um mecânico de automóveis e por uma costureira não são os mesmos) e o trabalho não é o único fator de produção (usualmente os bens são produzidos por uma variedade de combinações de trabalho, bens de capital e recursos naturais);

(ii) a produtividade do trabalho nos vários países é diferente; importa notar, todavia, que a diferença tecnológica, motivadora das diferenças internacionais de produtividade, não é explicada pelos clássicos;

(iii) os custos de produção são constantes; *i.e.*, o número de horas de trabalho por unidade de produto não se altera com a quantidade produzida (rendimentos constantes à escala), nem com o tempo;

(iv) o trabalho é perfeitamente móvel entre indústrias de um mesmo país (pelo que o seu preço é o mesmo entre usos alternativos), mas imóvel entre países (pelo que o seu preço pode diferir entre os países antes do comércio);

(v) a dotação fatorial (quantidade de trabalho disponível) de cada país é fixa;

(vi) o trabalho é homogéneo (todas as unidades são idênticas);

(vii) existe pleno emprego;

(viii) os bens são homogéneos;

(ix) em livre troca não há quaisquer impedimentos ao comércio (ausência de tarifas ou outras barreiras) e os custos de transporte são nulos;

(x) a concorrência perfeita é a regra.

2.1.1.2. ADAM SMITH (1776): A TEORIA DAS VANTAGENS ABSOLUTAS

Os trabalhos de Adam Smith neste domínio correspondem ao culminar de um processo de argumentação contra o mercantilismo por razões de ordem prática, teórica e "normativa".

No que ao primeiro aspeto se refere, registe-se que o protecionismo limitava o processo de desenvolvimento económico inglês. Numa altura em que a revolução industrial produzia os primeiros grandes impactos, a dimensão reduzida do mercado interno inglês limitava a possibilidade de aumentar a produção. Importava, pois, poder exportar sem restrições. Do ponto de vista teórico, uma balança comercial com saldo positivo permanente e elevado seria insustentável no longo prazo: caso todos os países adotassem a doutrina mercantilista, seria de aguardar uma diminuição das exportações devido a ações de retaliação.

Adam Smith demonstrou as vantagens da livre troca ao observar que a abertura ao exterior conduz a um ganho importante para os dois parceiros da troca (embora podendo não ser equitativo) e, portanto, também para a economia mundial (originando o aumento global da riqueza). Ao invés da lógica mercantilista, Adam Smith considerava que o comércio internacional tem ganhos positivos para todos os países intervenientes na troca. Para tal bastará os países especializarem-se de acordo com as suas vantagens absolutas: cada país deve especializar-se (completamente) no(s) produto(s) em que tem vantagens absolutas em termos de custos (ou produtividade), ou seja, em que o número de horas de trabalho requerido para a sua produção é menor. Deste modo, propõe que os países não produzam todos os bens de que necessitam. Devem apenas produzir e, portanto, exportar os produtos em que têm maior produtividade e eficiência e comprar (i.e., importar) aqueles em que os outros países são mais eficientes.

A teoria das vantagens absolutas pode ser facilmente compreendida com base num exemplo numérico. Tendo presentes os pressupostos clássicos já referidos, considere-se a tabela 2.1 que representa os custos unitários de produção de dois bens X e Y, por parte de dois países – A e B – e que pode igualmente ser interpretada em termos de produtividade:

Tabela 2.1: Custos unitários de produção / produtividade dos bens X e Y

Países, A e B	Custo (horas de trabalho necessárias para produzir 1)		Produtividade (produção por hora de trabalho)	
	X	Y	X	Y
A	1	2	1	½ = 0,5
B	2	1	½ = 0,5	1

Note-se que, apesar de existirem custos de produção constantes para cada bem dentro de um país, estes diferem nos dois países, sendo que tal decorre exclusivamente de diferenças na tecnologia, que embora apenas implícito no trabalho dos autores clássicos, surge, assim, como o fator central na explicação das trocas.

Constata-se que A é absolutamente mais eficiente a produzir X, enquanto B é absolutamente mais eficiente a produzir Y. Na verdade, A produz X com menor custo ou, de outro modo, a produtividade de X é maior em A que em B. Diz-se, por isso, que A tem uma vantagem absoluta em X, pelo que deve especializar-se completamente na sua produção. Por sua vez, B é absolutamente mais eficiente a produzir Y (dispõe de vantagem absoluta em Y) devendo, pois, especializar-se completamente na sua produção.

Será o comércio livre benéfico para ambas as partes, com base na especialização baseada nas vantagens absolutas? Para responder a esta questão, suponha-se que, em economia fechada (autarcia), cada país produz uma uni-

COMÉRCIO INTERNACIONAL

dade de cada bem para satisfazer as necessidades internas. Com livre troca, A poderá passar a produzir duas unidades de X – uma para consumo interno e outra para exportação – e obtém de B (que produz agora duas unidades de Y) em troca uma unidade de Y. Neste exemplo, o comércio internacional origina um ganho materializado na poupança de uma hora de trabalho em cada país, como evidenciado na tabela 2.2.

Tabela 2.2: Gastos de horas de trabalho em Autarcia e em livre troca

Gasto de horas trabalho em Autarcia

País	Bens		
	X	Y	Total
A	1	2	3
B	2	1	3
Total	3	3	6

Gasto de horas trabalho em livre troca

País	Bens		
	X	Y	Total
A	2	---	2
B	---	2	2
Total	2	2	4

Embora mostrando que ambas as partes podem ganhar com a livre troca, a teoria das vantagens absolutas apresenta uma limitação séria: se um país for ineficiente em termos absolutos em ambos os bens, não poderá participar no comércio internacional, enquanto que um país que seja mais eficiente a produzir todos os bens (o país tecnologicamente mais desenvolvido) não parece ter qualquer vantagem em participar no comércio internacional. Dito de outro modo, a especialização e, por conseguinte, a troca internacional só poderá ocorrer se um dos países for mais eficiente a produzir um bem e o outro país for mais eficiente a produzir o outro bem (como acontece no exemplo anterior).

Esta limitação viria a ser contestada por David Ricardo, que explicou que o comércio internacional pode ainda assim ser vantajoso para todos os países participantes desde que baseado nas respetivas vantagens comparativas, ou relativas. Como se verá de seguida, de acordo com a teoria das vantagens relativas, mesmo que um país apresente maior eficiência na produção de ambos os bens, poderá haver vantagens com a livre troca para ambos os países.

2.1.1.3. DAVID RICARDO (1820): A TEORIA DAS VANTAGENS COMPARATIVAS OU RELATIVAS

Embora Adam Smith tenha sido crucial para o desenvolvimento do pensamento clássico e para alterar a visão dos potenciais ganhos do comércio internacional, foi David Ricardo que expandiu a análise de Adam Smith e demonstrou que os benefícios da troca eram maiores do que aquele tinha previsto com o seu conceito de vantagem absoluta.

Como se mostra de seguida, considerar a vantagem em termos comparativos ou relativos torna possível que todos os países possam participar no comércio internacional. De acordo com a teoria das vantagens absolutas de Adam Smith, cada país produziria e exportaria os bens que produzisse de forma mais eficiente. Por conseguinte, para participar na troca o país tinha de ser absolutamente mais eficiente a produzir algum bem. David Ricardo veio mostrar que, mesmo quando um país fosse absolutamente menos eficiente a produzir todos os bens, continuaria a poder participar no comércio internacional ao produzir e exportar os bens que produzisse de forma relativamente menos eficiente. Por este motivo, a sua teoria é designada de modelo das vantagens comparativas ou relativas.

Para uma melhor compreensão, veja-se o exemplo original proposto por David Ricardo, que tem como países Portugal e a Inglaterra, que produzem Tecido e Vinho, consagrando à produção de uma unidade de cada produto as seguintes quantidades de horas de trabalho:[15]

Tabela 2.3: Custos unitários de produção / produtividade dos bens Tecido e Vinho

Países	Custo (horas de trabalho necessárias para produzir 1 unidade do bem)		Produtividade (produção por hora de trabalho)	
	Tecido	Vinho	Tecido	Vinho
Inglaterra	100	120	1/100	1/120
Portugal	90	80	1/90	1/80

Tal como em Adam Smith, também em David Ricardo é a tecnologia dos países que determina os custos unitários ou as produtividades. Neste exemplo, paradoxalmente constata-se que o país menos desenvolvido, Portugal, é absolutamente mais eficiente na produção de ambos os bens. Ricardo terá pretendido assim levar até ao limite a demonstração das vantagens da troca. No caso concreto, pretendia ilustrar as vantagens para a Inglaterra de libera-

---

[15] Como já foi referido, a teoria clássica do comércio internacional é baseada na teoria do valor trabalho, a qual considera o trabalho o único fator de produção e que numa economia fechada os bens trocam-se uns pelos outros atendendo à quantidade relativa de trabalho que incorporam.

COMÉRCIO INTERNACIONAL

lizar as trocas e importar bens alimentares, libertando mão-de-obra (e abrindo mercados) para a produção industrial.

No contexto da teoria das vantagens absolutas, o comércio entre os dois países seria nulo, uma vez que Portugal detinha vantagens absolutas (era absolutamente mais eficiente) na produção de ambos os bens, não havendo da sua parte qualquer interesse na troca. Pelo contrário, o conceito de vantagem comparativa ou relativa permite determinar padrões de especialização e a troca. Formalmente, considerando que em economia fechada se verifica uma troca de equivalentes (i.e., uma equivalência nos valores globais da produção em ambos os bens), pode determinar-se as Razões de Troca Autárcicas (RTA) em cada um dos países – com Q a representar Quantidades, C a representar Custos Unitários e, por exemplo, $RTA_{T/1V}^{Portugal}$ a representar a RTA de tecido por uma unidade de vinho em Portugal:

$$Q_{Tecido}^{Portugal} \times C_{Tecido}^{Portugal} = Q_{Vinho}^{Portugal} \times C_{Vinho}^{Portugal} \Leftrightarrow \begin{cases} RTA_{T/1V}^{Portugal} = \dfrac{Q_{Tecido}^{Portugal}}{Q_{Vinho}^{Portugal}} = \dfrac{C_{Vinho}^{Portugal}}{C_{Tecido}^{Portugal}} = \dfrac{80}{90} = 0{,}88(8) \\[2em] RTA_{V/1T}^{Portugal} = \dfrac{Q_{Vinho}^{Portugal}}{Q_{Tecido}^{Portugal}} = \dfrac{C_{Tecido}^{Portugal}}{C_{Vinho}^{Portugal}} = \dfrac{90}{80} = 1{,}125 \end{cases} ;$$

$$Q_{Tecido}^{Inglaterra} \times C_{Tecido}^{Inglaterra} = Q_{Vinho}^{Inglaterra} \times C_{Vinho}^{Inglaterra} \Leftrightarrow \begin{cases} RTA_{T/1V}^{Inglaterra} = \dfrac{Q_{Tecido}^{Inglaterra}}{Q_{Vinho}^{Inglaterra}} = \dfrac{C_{Vinho}^{Inglaterra}}{C_{Tecido}^{Inglaterra}} = \dfrac{120}{100} = 1{,}2 \\[2em] RTA_{V/1T}^{Inglaterra} = \dfrac{Q_{Vinho}^{Inglaterra}}{Q_{Tecido}^{Inglaterra}} = \dfrac{C_{Tecido}^{Inglaterra}}{C_{Vinho}^{Inglaterra}} = \dfrac{100}{120} = 0{,}83(3) \end{cases} .$$

A tabela 2.4 sintetiza os custos relativos dos dois bens nos dois países:

Tabela 2.4: Custos relativos dos bens

Países	Tecido	Vinho
Inglaterra	0,83(3)	1,2
Portugal	1,125	0,88(8) [a]

Nota: [a] este valor, por exemplo, é a $RTA_{T/1V}^{Portugal}$ ou, dito de outro modo, o custo do Vinho relativamente ao Tecido em Portugal ou, ainda, o custo de oportunidade do Vinho em Portugal.

Donde, considerando o custo relativo de cada bem face ao outro para cada país, conclui-se que Portugal tem uma vantagem comparativa na produção de

Vinho e a Inglaterra tem uma vantagem comparativa na produção de Tecido; i.e., o custo relativo do Vinho é inferior em Portugal, 0,88(8) < 1,2, (uma unidade de Vinho custa o equivalente a 0,88 unidades de Tecido em Portugal e 1,2 em Inglaterra) e o custo relativo do Tecido é inferior na Inglaterra, 0,83(3) < 1,125 (uma unidade de Tecido custa o equivalente a 0,83 unidades de Vinho em Inglaterra e 1,125 em Portugal). Dito de outro modo, Portugal é relativamente mais eficiente na produção de Vinho e a Inglaterra é relativamente mais eficiente na produção de Tecido.

Ou seja, devido aos diferentes custos relativos, ambos os países têm incentivos à troca. Portugal deve especializar-se completamente na produção de Vinho e a Inglaterra na produção de Tecido: cada nação deve especializar-se na produção do bem para o qual possui relativamente maior vantagem ou menor desvantagem.

Determinado o padrão de especialização, a troca apenas se concretizará se, de facto, existirem incentivos para tal, em termos de uma Razão de Troca Internacional (RTI) que beneficie a especialização em ambos os países. Assim, a especialização portuguesa em Vinho só se realizará se os Portugueses obtiverem no mercado internacional mais do que 0,88(8) unidades de Tecido por cada unidade de Vinho – que corresponde à Razão de Troca de Autarcia (RTA) portuguesa de Tecido por Vinho (ou custo de oportunidade), $RTA^{P}_{T/1V}$, isto é, à quantidade de Tecido que se obtém internamente com os recursos necessários à produção de uma unidade de Vinho. De igual modo, os Ingleses só estarão dispostos a especializarem-se na produção de Tecido se conseguirem comprar no mercado internacional o Vinho 'mais barato', isto é, se 'pagarem' por uma unidade de Vinho menos de 1,2 unidades de tecido que é quanto pagam internamente – Razão de Troca de Autarcia (RTA) inglesa de Tecido por Vinho (ou custo de oportunidade), $RTA^{I}_{T/1V}$:

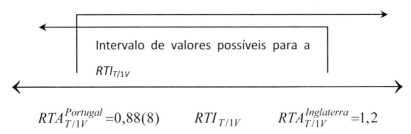

Alternativamente, pode dizer-se que, os Ingleses só estarão dispostos a especializar-se em Tecido se obtiverem, por cada unidade, no mercado internacional mais de 0,83(3) unidades de Vinho, isto é, mais do que aquilo que internamente recebem – RTA inglesa de Vinho por Tecido. E que os Portugueses só estarão dispostos a especializar-se na produção de Vinho se conseguirem comprar 'mais barato' o outro bem no mercado internacional, isto é, se pagarem por uma unidade de Tecido menos de 1,125 unidades de Vinho – RTA portuguesa de Vinho por Tecido.

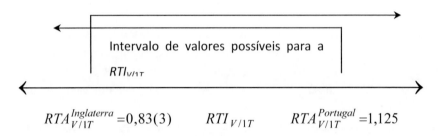

$$RTA_{V/1T}^{Inglaterra} = 0,83(3) \qquad RTI_{V/1T} \qquad RTA_{V/1T}^{Portugal} = 1,125$$

Em suma, para que os dois países tenham interesse na troca e esta de facto se efetive, a RTI deverá estar compreendida entre os valores das RTAs. Note-se que se estabelecem assim os limites para a RTI no interior dos quais o comércio internacional é possível e vantajoso para ambos os países intervenientes, demonstrando-se desta forma a eficácia das trocas, o objetivo primordial do autor – ambos os países ganham e, uma vez que cada país ganha, ganha também o conjunto (lógica do ganho mútuo); i.e., o comércio internacional é um "jogo de soma positiva".

O modelo não permite, todavia, avançar para a definição exata da RTI e, portanto, para a determinação de quem ganha mais com a troca. De facto, a RTI final não poderia ser determinada sem informação adicional. Ela seria determinada pelo jogo da oferta e da procura e o modelo só considera o lado da oferta na produção de cada país. No exemplo anterior, a $RTI_{T/1V}$ obedece aos limites estabelecidos, os Portugueses ganham porque vendem mais caro que no mercado interno e os Ingleses também ganham porque compram mais barato.

Quanto à distribuição dos ganhos da troca, foi uma questão que não preocupou Ricardo, ainda que de qualquer forma, possa provar-se facilmente que o país mais beneficiado é aquele para quem a RTI mais se afasta da RTA.

Concretizando através do exemplo, veja-se como efetivamente ambos os países ganham, embora não equitativamente, com a troca. Suponha-se que a $RTI_{T/1V} = 1$ e que cada país necessita de uma unidade de cada um dos bens para satisfazer as necessidades internas. Verifica-se que o país que mais beneficiará com a troca será a Inglaterra pois 1,2-1 > 1-0,88(8). A tabela 2.5 apresenta os gastos em horas de trabalho em Autarcia e em livre troca, evidenciando os ganhos resultantes do comércio internacional.

Tabela 2.5: Gastos de horas de trabalho em Autarcia e em livre troca

Gasto de horas trabalho em Autarcia

País	Tecido	Vinho	Total
Inglaterra	100	120	220
Portugal	90	80	170
Total	190	200	390

(Header: Bens sobre Tecido, Vinho, Total)

Gasto de horas trabalho em livre troca

País	Tecido	Vinho	Total
Inglaterra	200	---	200
Portugal	---	160	160
Total	200	160	360

(Header: Bens sobre Tecido, Vinho, Total)

O ganho à escala mundial traduziu-se na poupança de 30 horas de trabalho (10 para Portugal e 20 para Inglaterra) para as mesmas unidades dos bens. Confirma-se assim que o comércio internacional é um "jogo de soma positiva" (contrariamente ao pensamento mercantilista): ambos os países ganham porque aumenta a eficiência económica global. Contudo, como previsto, os ganhos da troca não são equitativos: a Inglaterra sai favorecida pois a RTI considerada aproxima-se mais da RTA portuguesa.

Segundo alguns autores, o princípio das vantagens comparativas não conduz senão a um 'óptimo relativo'. No exemplo anterior, se a produção total fosse efetuada em Portugal (país em que a Inglaterra investiria), o ganho seria maior, dado que toda a produção seria realizada em 340 horas (correspondendo a um óptimo absoluto à escala mundial), como evidenciado na tabela 2.6.

Tabela 2.6: Gastos de horas de trabalho em Autarcia e em livre troca

Gasto de horas trabalho em Autarcia

País	Tecido	Vinho	Total
Inglaterra	100	120	220
Portugal	90	80	170
Total	190	200	390

(Header: Bens sobre Tecido, Vinho, Total)

Gasto de horas trabalho concentrado a produção no país mais eficiente

País	Tecido	Vinho	Total
Inglaterra	---	---	---
Portugal	180	160	340
Total	180	160	340

(Header: Bens sobre Tecido, Vinho, Total)

COMÉRCIO INTERNACIONAL

Tal situação suscitaria, contudo, vários problemas, com destaque para aqueles relacionados com a circulação de fatores: para toda a produção ser feita em Portugal, teriam de deslocar-se os recursos produtivos (trabalho, no modelo clássico, mas também capital) de Inglaterra para este país. Ora, como Ricardo considerou uma situação de imobilidade de fatores (um pressuposto ainda mais razoável no início do século XIX do que atualmente), o melhor a que se pode chegar é ao óptimo relativo. Ou seja, o comércio internacional permitiria assegurar uma situação de 'second best'.

Note-se que apesar do modelo ser um tanto irrealista (sobretudo atendendo à estrutura de custos considerada), a especialização que suscita não é totalmente 'inocente'. Defende uma especialização industrial para a Inglaterra, a qual, no longo prazo, levaria a ganhos maiores que os obtidos por quem se especializasse na agricultura (problemática implícita do confronto das vantagens de curto prazo face às vantagens de longo prazo).

Note-se ainda que, tal como em Adam Smith, também em David Ricardo a especialização internacional não é dissociável dos fenómenos do crescimento económico, da distribuição do rendimento e da acumulação de capital, articulando-se estes mediante a função esperada do comércio externo. No entanto, observa-se ao nível desta função uma diferença sensível para os dois autores referidos, e que se encontra intimamente associada à diferente conjuntura histórico-económica em que viveram.

No tempo de Ricardo, estava já estabelecida uma certa base industrial, centrando-se o problema fundamental na limitação que a agricultura impunha ao crescimento industrial. Por um lado, havia a considerar o problema da ocupação do espaço e, por outro, o problema de assegurar abastecimento alimentar aos operários aos melhores preços. Assim sendo, colocava-se a necessidade de importar produtos agrícolas, pois só assim se conseguiria libertar a mão-de-obra necessária para a indústria, bem como fornecer a essa nova mão-de-obra industrial alimentos a preços mais baixos. Donde, ao nível da função esperada do comércio externo, enquanto Adam Smith enfatizava sobretudo as exportações, David Ricardo relevava as importações.

No quadro da teoria apresentada por Ricardo a especialização de cada país é total, i.e. numa situação de livre troca com dois bens cada país passa a produzir apenas um dos bens. Tal resulta dos pressupostos dos modelos clássicos, existindo contudo uma possível exceção, no caso de dois países com dimensão económica muito distinta (país grande e país pequeno).

Nesta situação, de forma algo contra-intuitiva, não é o país grande a obter todos os ganhos do comércio. No contexto clássico de concorrência perfeita, em que nenhuma empresa tem poder de mercado, quando dois países de dimensão muito diferente trocam entre si, todos os ganhos revertem para a nação mais pequena. O país grande não beneficiaria com a troca.

Veja-se um exemplo, supondo que que o mundo consiste em dois países – país A de grande dimensão e país B de reduzida dimensão –, que produzem dois bens, X e Y, com a matriz de produtividades constante da tabela 2.7.

Tabela 2.7: Matriz de produtividades, bens X e Y

Países	Unidades de bem por unidade de fator (output por unidade de trabalho)	
	X	Y
A	4	8
B	1	6

Constata-se que A é absolutamente mais eficiente a produzir ambos os bens, pelo que de acordo com a teoria das vantagens absolutas não haveria troca. Prosseguindo com a teoria das vantagens comparativas ou relativas de David Ricardo, a matriz de custos relativos virá dada pela tabela 2.8.

Tabela 2.8: Matriz de custos relativos, bens X e Y

	X	Y
País A	$\dfrac{1/4}{1/8} = 2$	$\dfrac{1/8}{1/4} = 0{,}5$
País B	$\dfrac{1/1}{1/6} = 6$	$\dfrac{1/6}{1/1} = 0{,}16(6)$

e, portanto, A tem vantagem comparativa em X e B tem vantagem comparativa em Y. Contudo, devido à grande diferença de dimensão, é impossível a B satisfazer a totalidade do mercado de A para o bem Y. Assim, A poduz a totalidade de X requerida nos dois mercados mas continua também a produzir Y. Assim sendo, os preços mundiais refletirão os custos de A. Ou seja, os termos de troca coincidirão com os preços relativos em autarcia de A.

COMÉRCIO INTERNACIONAL

O que significa que, nestas circunstâncias, A nada ganharia. Todos os ganhos do comércio reverterão para B.

Há, por outro lado, um caso em que mesmo a teoria apresentada por Ricardo não permite explicar a existência de comércio livre. Trata-se da situação de "vantagem equivalente", e pode ser analisada com recurso ao exemplo constante da tabela 2.9.

Tabela 2.9: Matriz de produtividades, caso de igual vantagem

Países	Unidades de bem por unidade de fator (output por unidade de trabalho)	
	X	Y
A	4	8
B	1	2

De acordo com a teoria das vantagens absolutas, não haveria troca (A é absolutamente mais eficiente a produzir ambos os bens), o mesmo sucedendo em termos de custos relativos:

Tabela 2.10: Matriz de custos relativos, caso de igual vantagem

Países	X	Y
A	$\dfrac{1/4}{1/8} = 2$	$\dfrac{1/8}{1/4} = 0,5$
B	$\dfrac{1/1}{1/2} = 2$	$\dfrac{1/2}{1/1} = 0,5$

Por conseguinte, neste caso não existem condições para a realização de comércio mutuamente benéfico porque a relativa superioridade de A é idêntica em X e Y. Trata-se de um caso especial de igual vantagem, no qual nenhum país tem vantagem comparativa em nenhum bem.

2.1.1.4. A TEORIA DE RICARDO À LUZ DOS CUSTOS DE OPORTUNIDADE

No modelo ricardiano, para que a troca internacional seja possível e vantajosa não é necessário que cada país tenha vantagem absoluta num dos bens, bastando que tenha vantagem comparativa num desses bens. Contudo, essa conclusão depende da aceitação da hipótese restritiva da teoria do valor trabalho, a qual é extremamente simplificadora da realidade. A questão que se coloca é o que acontecerá à teoria das vantagens comparativas se a teoria do valor trabalho for rejeitada e substituída por uma teoria geral da produção. Será que também tem de ser rejeitada?

Nos anos 30, Gottfried Haberler impediu que a teoria das vantagens comparativas fosse rejeitada, libertando-a da hipótese restritiva da teoria do valor trabalho. Para tal releu a teoria das vantagens comparativas de David Ricardo à luz da sua teoria dos custos de oportunidade, utilizando esse conceito em lugar do custo do trabalho. Note-se que o custo de oportunidade de um bem (X) é dado pela quantidade de outro bem (Y) que tem de ser sacrificada de modo a libertar recursos suficientes para produzir uma unidade adicional de X.

Veja-se o seguinte exercício exemplificador. Considerando preenchidas as condições de validade do modelo de Ricardo, suponha-se a existência dos países A e B, que produzem os bens X e Y, com as produtividades do fator trabalho que constam da tabela 2.11.

Tabela 2.11: Matriz de produtividades, bens X e Y

Países	Unidades de bem por unidade de fator (output por unidade de trabalho)	
	X	Y
A	6	3
B	5	4

A dotação fatorial corresponde a 200 unidades de trabalho em A: $L_A=200$; e 100 unidades de trabalho em B: $L_B=100$. Qual o sentido esperado da especialização? De acordo com o conceito de custo de oportunidade, verifica-se que:

COMÉRCIO INTERNACIONAL

Tabela 2.12: Matriz de custos de oportunidade

Países	X	Y
A	3/6 = 0,5 [a]	6/3 = 2 [c]
B	4/5 = 0,8 [b]	5/4 = 1,25 [d]

Notas: [a] custo de oportunidade de X (custo de X relativamente a Y) em A; [b] custo de oportunidade de X (custo de X relativamente a Y) em B; [c] custo de oportunidade de Y (custo de Y relativamente a X) em A; [d] custo de oportunidade de Y (custo de Y relativamente a X) em B.

O país A tem vantagem comparativa em X, dado que para produzir uma unidade adicional de X tem de sacrificar apenas 0,5 unidades de Y (sacrifica uma menor quantidade de Y do que B). O país B tem vantagem comparativa em Y, dado que para produzir uma unidade adicional de Y tem de sacrificar apenas 1,25 unidades de X (enquanto que o país A sacrifica duas).

Ao definir-se a vantagem comparativa em termos de custo de oportunidade, que reflete a produção sacrificada do outro bem, passa a ser indiferente que o custo dos bem seja definido a partir do fator trabalho ou de uma qualquer outra combinação de fatores de produção (note-se que a matriz de custos de oportunidade corresponde à matriz de custos relativos).

Porque uma economia tem recursos limitados, há limites para as quantidades a produzir, e existem sempre *trade-offs*. Ou seja, para produzir mais de X a economia tem de sacrificar alguma produção de Y. Este *trade-off* é ilustrado graficamente pela fronteira de possibilidades de produção (ou curva/linha de transformação), um conceito que permite compreender melhor as conclusões anteriores e preparar o campo de análise para a teoria neoclássica.

As bases para o comércio e os ganhos daí resultantes podem, assim, ser ilustradas através das Fronteiras de Possibilidades de Produção (FPP). A FPP representa o conjunto de combinações eficientes de produção de dois bens por uma economia, dada a completa utilização dos seus recursos produtivos e a sua tecnologia. A Linha FPP (LFPP) mostra a quantidade máxima de X que pode ser produzida dada qualquer produção de Y e vice-versa. Tendo por base o exemplo numérico utilizado, o output total (máximo) – *i.e.*, a produção máxima de cada bem, em cada país, caso todos os recursos produtivos sejam direcionados para a produção do bem – virá:

Tabela 2.13: Produções máximas

Países	Unidades	
	X	Y
A	6 × 200 = 1200	3 × 200 = 600
B	5 × 100 = 500	4 × 100 = 400

No contexto do modelo clássico, as LFPP (cf. figura 2.1) são lineares, o que é resultante de existir apenas um fator de produção, o trabalho, e da sua produtividade se manter constante qualquer que seja a escala de produção (custos de produção constantes). A inclinação das LFPP indica-nos o custo de oportunidade de uma unidade de X (medido em termos de produção de Y), que é constante. Como $|\operatorname{tg}\alpha| = 600/1200 = 0,5 < |\operatorname{tg}\beta| = 400/500 = 0,8$, confirma-se que o custo de oportunidade de produzir uma unidade de X é menor no país A, pelo que este dispõe, assim, de uma vantagem comparativa na produção de X.

Figura 2.1: Fronteira de possibilidades de produção

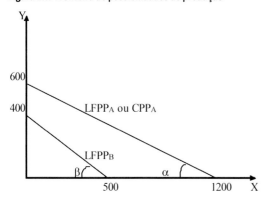

Note-se que o conceito de LFPP traduz perfeitamente a ideia de escassez, já que cada país não consegue produzir tanto como desejaria de todos os bens (o país não pode produzir fora da LFPP). Verifica-se ainda que, atendendo aos custos de produção (ou de oportunidade) constantes, a especialização é, em geral, completa, já que o aumento da produção do bem não altera a vantagem comparativa de que o país dispõe.

Em autarcia, a LFPP é também a Linha Fronteira (ou Limite) de Possibilidades de Consumo (LLPC). A LLPC traduz o conjunto de combinações eficientes de consumo de dois bens numa economia (quantidade máxima que se pode consumir de X dado qualquer consumo de Y e vice-versa). Em autarcia, o país não pode consumir mais do que aquilo que produzir, pelo que as duas linhas se sobrepõem.

Consequentemente, o benefício do comércio internacional materializa-se na possibilidade de levar os países a consumir fora da LFPP, ou seja, na expansão da LLPC. Continuando a utilizar o exemplo numérico apresentado, comece-se por identificar o intervalo de valores possíveis para a RTI. Como já foi referido, o padrão de especialização determinado apenas se concretizará se, de facto, existirem incentivos para tal, em termos de uma RTI que beneficie ambos os países. Ora, resulta que:

$$Q_X^A \times C_X^A = Q_Y^A \times C_X^A \Leftrightarrow \begin{cases} RTA_{Y/1X}^A = \dfrac{Q_Y^A}{Q_X^A} = \dfrac{C_X^A}{C_Y^A} = 0,5 \\[3ex] RTA_{X/1Y}^A = \dfrac{Q_X^A}{Q_Y^A} = \dfrac{C_Y^A}{C_X^A} = 2 \end{cases} ;$$

$$Q_X^b \times C_X^B = Q_Y^B \times C_X^B \Leftrightarrow \begin{cases} RTA_{Y/1X}^B = \dfrac{Q_Y^B}{Q_X^B} = \dfrac{C_X^B}{C_Y^B} = 0,8 \\[3ex] RTA_{X/1Y}^B = \dfrac{Q_X^B}{Q_Y^B} = \dfrac{C_Y^B}{C_X^B} = 1,25 \end{cases}$$

Logo, para haver troca, terá de ter-se $1,25 \le RTI_{X/1Y} \le 2$: B só se especializará em Y se obtiver, por cada unidade, no mercado internacional, mais de 1,25 unidades de X, isto é, mais do que aquilo que obtém internamente. Por sua vez, A só importará Y de B (e irá especializar-se em X), se por cada unidade adquirida tiver de pagar menos de duas unidades de X, que é o sacrifício que tem que fazer para produzir uma unidade de Y.

Suponha-se, por exemplo, que $RTI_{X/1Y} = 2$. Então, no limite, se B exportar a totalidade das 400 unidades de Y que consegue produzir com os recursos de que dispõe, pode receber em troca até 800 de X. Naturalmente que, nesse caso, não disporia de nenhuma unidade de Y para consumo doméstico.

Figura 2.2: Ganhos do comércio internacional – País B

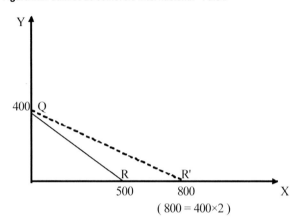

Assim, enquanto QR continua a ser a LFPP de B, QR' converte-se na sua LLPC caso o comércio internacional se faça com uma RTI de 2 X por 1 Y (o máximo que A estaria disposto a pagar, que é o seu custo de oportunidade na produção de Y). A alteração da LLPC reflecte os ganhos potenciais desse comércio: para qualquer quantidade de Y, B tem agora a possibilidade de consumir mais de X.

Alternativamente, pode considerar-se o efeito do comércio internacional em A. A só se especializará em X se obtiver, por cada unidade, no mercado internacional, mais de 0,5 unidades de Y, que é quanto obtém internamente. B, por sua vez, só importará X de A (especializando-se em Y), se por cada unidade adquirida tiver de pagar menos de 0,8 unidades de Y. Ou seja, a RTI de X terá que ficar entre estes dois valores para que o comércio internacional seja vantajoso para os dois países: $0,5 \leq RTI_{Y/1X} \leq 0,8$.

Suponha-se, por exemplo, que $RTI_{Y/1X} = 0,8$. No limite, A poderá exportar 1200 unidades de X, obtendo em troca 960 de Y, como ilustra a Figura 2.3, em que N'M se converte na LLPC deste país com comércio internacional.

COMÉRCIO INTERNACIONAL

Figura 2.3: Ganhos do comércio internacional – País A

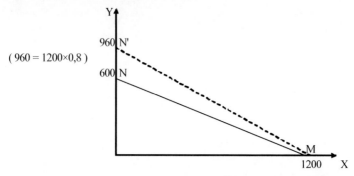

De seguida irá analisar-se o fluxo de comércio internacional entre os dois países decorrente da sua abertura à troca internacional. Considerando ainda que, em autarcia, $\text{Prod}_X^A = \text{Cons}_X^A = 480$, então a quantidade de trabalho afeta à produção de X e Y em A é, respetivamente: $L_X^A = 480/6 = 80 \Rightarrow L_Y^A = 200 - 80 = 120$, e $\text{Prod}_Y^A = \text{Cons}_Y^A = 120 \times 3 = 360$. Sabendo ainda que em autarcia $\text{Prod}_Y^B = \text{Cons}_Y^B = 100$, então a quantidade de trabalho afeta à produção de X e Y em B é, respetivamente: $L_Y^B = 100/4 = 25 \Rightarrow L_X^B = 100 - 25 = 75$, e $\text{Prod}_X^B = \text{Cons}_X^B = 75 \times 5 = 375$. Em suma, as quantidades produzidas e consumidas, em autarcia, são as apresentadas na tabela 2.14.

Tabela 2.14: Produção e consumo em autarcia

Países	Bem X		Bem Y	
	Produção	Consumo	Produção	Consumo
A	480	480	360	360
B	375	375	100	100

Em comércio livre, A especializa-se na produção de X e, portanto, $\text{Prod}_X^A = 200 \times 6 = 1200$ (ou seja, a dotação total de trabalho será afeta à produção de X). Admita-se que o consumo de X em A aumenta para 700 e que o consumo de Y em B se mantém. Então tem-se: $\text{Exp}_X^A = 1200 - 700 = 500 = \text{Imp}_X^B = \text{Cons}_X^B$; B especializa-se em Y e, portanto, $\text{Prod}_Y^B = 100 \times 4 = 400$; sendo $\text{Cons}_Y^B = 100$, conclui-se que: $\text{Exp}_Y^B = 400 - 100 = 300 = \text{Imp}_Y^A = \text{Cons}_Y^A$. Esta situação é sintetizada pela tabela 2.15, que apresenta as quantidades produzidas e consumidas após a abertura ao comércio internacional.

Tabela 2.15: Produção e consumo em comércio internacional

Após a Troca	Bem X				Bem Y			
	Prod	Cons	Export	Import	Prod	Cons	Export	Import
A	1200	700	500	---	---	300	---	300
B	---	500	---	500	400	100	300	---
Total	1200	1200	500	500	400	400	300	300

Resta verificar a possibilidade da RTI implícita nos fluxos internacionais analisados na alínea anterior. Constata-se que $RTI_{X/Y} = \dfrac{ComercioX}{ComercioY} = \dfrac{500}{300} = 1,6(6)$; pertencendo assim ao intervalo de valores possível (entre 1,25 e 2), pelo que nestas condições a troca é benéfica para ambos os países. Tal pode comprovar--se com facilidade: A aumenta o consumo de X em 220 unidades e reduz o consumo de Y em 60 unidades, equivalentes a 100 unidades de X [60x1,6(6)], ou seja, tem um ganho de consumo igual a 120 unidades de X; por sua vez, B aumenta o consumo de X em 125 unidades e mantém o consumo de Y.

2.1.1.5. ALGUMAS REAÇÕES ÀS IDEIAS DE RICARDO

O destaque vai a este nível para a reação dos Marxistas, que deu origem à ideia da troca internacional de valores não equivalentes: a especializa-ção não é vantajosa para todos porque existem situações de exploração. Mais recentemente, neste quadro teórico sobressai a polémica em torno da 'troca desigual', segundo a qual a existência de fatores de ordem extra-eco-nómica (por exemplo a dominação) origina a troca de valores desiguais entre países, havendo nações que, desse modo, se apropriam de excedentes criados noutras. Resulta assim deste argumento que, ao contrário do que pensavam os clássicos, a troca, em lugar de suscitar benefícios mútuos, tende a agravar as desigualdades entre os países.

Deve referir-se ainda que outros autores colocam restrições à aplicação universal do princípio das vantagens comparativas, designadamente em países em situação pré-industrial (como por exemplo, List que denunciou os perigos da especialização agrícola). Defenderam medidas protecionistas e realçaram o possível conflito entre vantagem comparada de curto prazo e vantagem comparada de médio e longo prazo decorrentes do padrão de especialização prosseguido: as vantagens de curto prazo não coincidem com as de longo

COMÉRCIO INTERNACIONAL

prazo, podendo levar o país a especializar-se, no curto prazo, em indústrias nas quais não conseguirá a longo prazo sustentar as vantagens relativas.

Face a críticas existentes, houve ainda tentativas de reformulação da vantagem comparativa por parte de autores neoclássicos (que irá abordar-se de seguida) bem como tentativas de reinterpretação do modelo de Ricardo, no sentido de o adaptar através da inclusão na análise dos preços monetários, indo assim para além do trabalho incorporado nos bens.

2.1.2. TEORIA NEOCLÁSSICA

2.1.2.1. REFERÊNCIAS INICIAIS

As principais alterações na teoria das trocas desde o tempo de Ricardo centraram-se no desenvolvimento do lado da procura e do lado da produção, de uma forma que não se baseia na teoria do valor trabalho.

A abordagem neoclássica da troca internacional surgiu como reação às ideias de Ricardo e seguiu duas vias:
1. Procura (Stuart Mill; Marshall) – Análise da especialização ao nível dos produtos.
2. Oferta (Heckscher; Ohlin; Samuelson) – Análise da especialização ao nível dos fatores.[16]

Trata-se de abordagens solidárias entre si (como se verá, seguem os mesmos pressupostos), mas que têm uma lógica de análise bastante distinta:
*   Sabe-se que Ricardo observou o comércio internacional pelo lado da oferta, nunca tendo procurado determinar a exata RTI, pois, para isso, teria de procurar elementos subjetivos subjacentes à procura dos bens em cada país (preferindo usar os elementos objetivos ligados aos custos de produção). É John Stuart Mill (1848) quem introduz o lado da procura na abordagem ricardiana. Para Mill, tal significa completar Ricardo. Para outros autores, tal é, no entanto, subverter Ricardo, o qual nunca pretendeu – conscientemente – introduzir a procura;
*   A análise neoclássica pelo lado da oferta daria, aparentemente, uma melhor continuidade à análise de Ricardo. Contudo, tal não é também

---

[16] Por volta de 1930.

totalmente certo. Hecksher e Ohlin pretenderam completar Ricardo, introduzindo dois fatores de produção em lugar de um – e novamente há discordância sobre se tal é completar ou desvirtuar a análise de Ricardo. Por outro lado, e como se verá a análise destes autores processa-se com base em identidade de funções de produção, enquanto a análise de Ricardo se processa com base na desigualdade das mesmas. Para estes autores, será a distinta dotação fatorial (e não a diferença de tecnologia) que explicará a existência da troca internacional.

"Solidariedade" de pressupostos:

Apesar da diferença de focagem, há uma grande solidariedade entre estas duas análises, sendo ponto fundamental de tal solidariedade a existência de um referencial teórico fundamental – a noção de equilíbrio económico geral; o equilíbrio é a norma e eventuais situações de desequilibrio serão automaticamente corrigidas, restabelecendo-se o equilíbrio. Neste quadro, registe-se também a existência de um conjunto comum de hipóteses primordiais:

1) Quanto aos fatores:
   - escassez; pleno-emprego dos fatores; fatores móveis no interior do país mas imóveis à escala internacional.
   - rendimentos decrescentes (caso se mantenha constante a quantidade utilizada de um fator, aumentos na quantidade de outro resultam em aumentos do produto menos que proporcionais e cada vez menores);
2) Quanto aos mercados:
   - concorrência perfeita; equilíbrio como regra. Cada um dos espaços nacionais é tido como totalmente homogéneo; há concorrência perfeita em todos os mercados, não há poderes públicos ou privados que nele exerçam influência dominante, existe informação e conhecimento perfeitos sobre o que nos mercados se passa. Não há obstáculos à livre circulação de bens à escala internacional.
3) Quanto a condições de oferta:
   - Cada bem é produzido sob rendimentos constantes à escala, ou seja, a função produção exibe rendimentos constantes à escala (uma % de aumento na quantidade de cada um dos fatores permite obter a mesma % de aumento do *output*);
   - Custos de oportunidade crescentes: a produção de uma unidade adicional de X exige um sacrifício crescente de unidades de Y, para libertar os recursos necessários à sua produção.

O pressuposto de custos de oportunidade constantes foi sempre uma das grandes objeções levantadas aos clássicos: (i) é frequentemente contrariado pela evidência empírica, sobretudo na agricultura; (ii) como se observou, origina uma especialização total (completa), o que contradiz ainda mais aquilo que é verificável na prática.

Assim, os neoclássicos substituiram os custos de oportunidade constantes por custos de oportunidade crescentes. Daqui resultou uma alteração do formato da FPP que não será retilínea, mas côncava.

Figura 2.4: Fronteira de possibilidades de produção – custos de oportunidade crescentes

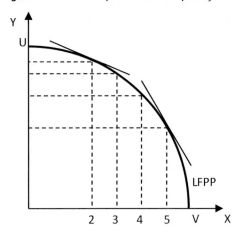

Para produzir uma unidade adicional do bem X tem de se sacrificar cada vez maiores quantidades do outro bem, como se verifica pelo declive crescente da LFPP, que é cada vez mais íngreme, mais inclinada.

Razões possíveis para justificar custos de oportunidade crescentes

- Os fatores são produto específicos

Alguns fatores são mais ajustados à produção de certos bens do que à produção de outros, ou seja, são relativamente menos usados na produção de outros. Isto origina que, à medida que se tenta produzir maiores quantidades de um bem, os sacrifícios que se tem de fazer do outro bem sejam cada vez maiores.

- Os fatores são homogéneos, mas utilizados em proporções diferentes pelas várias indústrias.

A homogeneidade dos fatores é habitualmente um dos pressupostos dos modelos clássicos e neoclássicos, de forma a permitir que aqueles circulem entre indústrias. Contudo, apesar de homogéneos, os fatores terão produtividades marginais decrescentes. Isto é, mantendo-se as quantidades utilizadas dos restantes fatores, aumentos na utilização de um fator resultam em aumentos menos que proporcionais da produção.

Nestas condições, se as indústrias utilizarem os fatores em diferentes proporções, ao sacrificar-se a produção de um bem para produzir o outro, a proporção de fatores libertos não será a mais ajustada, o que provocará produções cada vez menores, ou seja, custos de oportunidade crescentes (dado que, para obter a mesma quantidade produzida, tem que fazer-se sacrifícios cada vez maiores).

2.1.2.2. A INTRODUÇÃO DA PROCURA E A DETERMINAÇÃO DOS GANHOS DA TROCA:

A análise pela via da procura utiliza como instrumentos principais os elementos microeconómicos fundamentais: curvas de indiferença (lugar geométrico das diferentes combinações dos bens X e Y que proporcionam ao consumidor o mesmo nível de satisfação); isoquantas (combinações mínimas alternativas de dois fatores de produção que permitem obter um determinado nível de produto); curvas de possibilidades de produção; etc.

Trata-se de uma análise positiva (e não normativa), isto é, que pretende observar e explicar os problemas sem emitir juízos de valor. Esta análise parte dos trabalhos de Stuart Mill, que procurou assim solucionar a lacuna existente quanto à determinação do valor exato da RTI, considerando para tal a vertente da procura. Irá estudar-se a forma como o faz, começando por observar o modo como se determina o equilíbrio sem e com troca, e como se evidenciam os ganhos derivados da troca.

A representação da procura:

Para evidenciar os efeitos da procura é necessária uma forma de apresentar as escolhas dos consumidores – o uso das curvas de indiferença serve tal propósito. Assim, considera-se uma representação em termos de mapa de indiferença social (conjunto das curvas de indiferença da comunidade), as quais evidenciam as preferências de todos os indivíduos numa dada economia e têm as mesmas propriedades das curvas de indiferença para um indivíduo. Como tal, estas curvas procuram sumariar os gostos da sociedade, i.e., correspondem à agregação de milhões de preferências individuais.

Figura 2.5: Mapa de indiferença

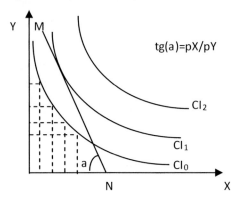

Neste contexto, recordem-se as características das curvas de indiferença (CI): (i) são negativamente inclinadas; (ii) nunca se intersetam; (iii) quanto mais longe da origem, maior o nível de utilidade ou satisfação que traduzem; (iv) são convexas relativamente à origem, isto é, a taxa marginal de substituição é decrescente (ilustrando utilidades marginais relativas decrescentes, pelo que a substituição de um bem por outro torna-se progressivamente menos interessante). Graficamente, a Taxa Marginal de Substituição (TMS) é dada pelo declive absoluto da CI num ponto de consumo específico. A $TMS_{Y/1X} = -(\Delta Y/\Delta X)$ corresponde ao número de unidades de Y que o consumidor exige adicionalmente por cada unidade de X que deixa de consumir (ou quanto está disposto a ceder de Y para obter uma unidade adicional de X), continuando com o mesmo nível de satisfação. O consumidor maximiza a utilidade no ponto em que a linha de orçamento (MN) se torna tangente à curva de indiferença mais elevada possível, pelo que no ponto de equilíbrio do consumidor:

$TMS_{Y/1X} = -(\Delta Y/\Delta X) = p_X/p_Y$ condição necessária para a maximização da utilidade.

O equilíbrio em economia fechada

Em autarcia, o país tem de produzir os bens que consome, isto é, para cada bem a oferta doméstica iguala a procura doméstica. Veja-se como, nesta situação, se determina o nível de produção (e consumo) do país.

A restrição da oferta (produção) do país é indicada pela curva de possibilidades de produção (CPP), a qual representa a totalidade das combinações de bens que poderão ser produzidas utilizando a tecnologia mais eficiente e os fatores existentes.[17] Naturalmente, em autarcia, tal curva serve de restrição quer à oferta quer à procura.

Dada a CPP e o mapa de indiferença, o equilíbrio ocorrerá na tangência entre a CPP e a curva de indiferença mais elevada possível, isto é, no ponto onde se igualam a taxa marginal de transformação de Y por X, TMTy:x, ou taxa marginal de substituição técnica ou ainda custo de oportunidade de X (dada pela inclinação da CPP), e a taxa marginal de substituição de Y por X, TMSy:x, (dada pela inclinação da curva de indiferença e igual à razão de preços). Na ausência de comércio internacional, o equilíbrio ocorre no ponto P_0, de tangência entre a CPP e a CI mais elevada, $TMT_{Y/X}=(p_X/p_Y)=TMS_{Y/X}$. Em suma, a curva de possibilidades de produção (CPP) funciona como a "linha de orçamento" do consumidor individual, assim como a sua curva de possibilidades de consumo (CPC). O declive absoluto da tangente comum MN no ponto P_0 dá o preço relativo de X em equilíbrio, ou seja, p_X/p_Y. A linha MN corresponde assim aos termos de troca do país, isto é, ao rácio dos preços de X em termos de Y (p_X/p_Y). Note-se que os termos de troca (o declive da recta MN) variam ao longo da curva UV, ao contrário do que se passava no modelo clássico (onde os termos de troca eram constantes).

---

[17] Opta-se por utilizar nesta secção a designação de 'curva de possibilidades de produção' por consistência com as principais fontes bibliográficas, mas deve-se anotar que o conceito é o mesmo que no contexto da teoria clássica se designa por 'linha fronteira de possibilidades de produção'.

Figura 2.6: O equilíbrio em autarcia

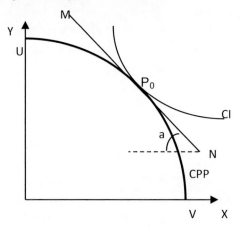

O equilíbrio em economia aberta

Suponha-se que, para a situação de autarcia e nos termos descritos acima, se verifica que o preço relativo de X é inferior no país A face ao país B. Nesse caso, há incentivos à troca, já que os produtores de A poderão vender X "mais caro" em B e os produtores de B poderão vender Y "mais caro" em A. Assim, com a abertura à troca, o preço relativo de X (p_X/p_Y) desce em B e sobe em A, até se igualar em ambos dos países (RTI).

Figura 2.7: O equilíbrio em comércio internacional, país B

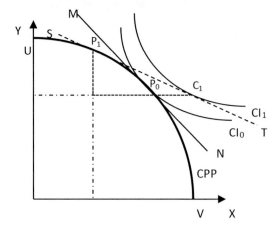

A figura 2.7 evidencia, considerando o país B, os efeitos da abertura à troca internacional sobre o equilíbrio, quer na procura quer na oferta. A produção doméstica continua restringida pela CPP anterior. Contudo, a produção efetiva do país deixa de ser efetuada no ponto P_0. O ponto de produção muda porque os preços relativos recebidos pelos produtores para os seus bens se alteram. Em autarcia, o preço relativo dos bens é determinado somente pela interação da procura e oferta domésticas. Mas, com a livre troca, não só os residentes podem consumir os bens internamente produzidos, como também o podem fazer os estrangeiros. Com isso, os preços relativos (ou os termos de troca) alteram-se, passando a ser determinados pela interação da oferta e procura mundiais.

A RTI vai, pois, ser distinta da RTA, daí resultando alterações nos padrões de produção e de consumo. Suponha-se que a RTI (igual a p_X/p_Y) é dada pela inclinação da linha ST (note-se que a RTA era dada por MN): para igualar, de novo, a TMT com a razão de preços, a produção doméstica altera-se para P_1 (sobre a CPP), ou seja, a economia B eleva a produção de Y e reduz a de X, isto assumindo-se que a nova razão de troca implica maior preço relativo para Y do que em autarcia (e, portanto, p_X/p_Y será menor).

O maior preço relativo de Y afeta também a procura doméstica. Assim, para igualizar a TMSy:x à razão dos preços, o consumo ótimo ocorre agora num ponto mais à direita, consumindo mais de X e menos de Y e atingindo--se um nível de satisfação superior (CI mais à direita). Os ganhos da troca correspondem, pois, ao alcançar de um nível de satisfação superior ao de autarcia, o que deriva do facto de já não se estar sujeito à restrição inicial de produção.

A implicação mais importante da livre troca é assim a separação entre as decisões de produção e de consumo por via de CPP $\neq$ CPC. Uma das principais vantagens do comércio internacional é permitir que as decisões de consumo e de produção sejam independentes. Numa economia fechada a produção vai corresponder apenas e só ao que os seus cidadãos querem consumir. Perante a possibilidade de comércio internacional, a produção vai depender das atividades das empresas para maximizar o seu lucro, enquanto o consumo depende exclusivamente das preferências dos cidadãos. O aumento da satisfação, visível pelo alcançar de uma CI mais elevada, pode ser visto como o ganho da troca (que acontece nos dois países):

a) No lado da produção ($C_0' \rightarrow C_1$), os ganhos ocorrem porque o valor real da mesma se eleva. Em face de diferentes termos de troca relativamente à situação de autarcia, as empresas podem aumentar o valor total da produção e rendimento, alterando o seu "mix" de fatores e de produção (Ganho da especialização);

b) No lado do consumo ($C_0 \rightarrow C_0'$), os ganhos ocorrem porquanto se pode consumir os bens com uma razão distinta de preços e aquilo que pode ser consumido já não se restringe ao que é internamente produzido. Desse modo, como poderão sempre ficar com o que já tinham em autarcia, os consumidores nunca poderão estar pior e uma eventual alteração dos preços relativos poderá colocá-los melhor (ganho da troca internacional).

Figura 2.8: A decomposição dos ganhos da troca

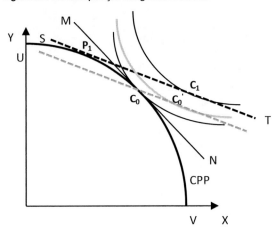

A determinação da RTI:

Referiu-se anteriormente que, com a abertura à troca internacional, a razão de preços se altera. Falta, pois, definir qual será a RTI. Por agora sabe-se que ela se situará algures no intervalo definido pelas RTA dos países em causa e que será única.

À questão de saber qual será a RTI responde a teoria da procura recíproca, introduzida por Stuart Mill. Retomando as hipóteses clássicas, este autor estabeleceu uma lei elementar segundo a qual a procura de um produto variará inversamente com o seu preço (ou com a quantidade do outro produto); nestas condições, o crescimento da procura dar-se-á hiperbolicamente até um valor assintótico de saturação. Coube a Marshall a sistematização desta teoria, hoje encarada como o antepassado mais nobre da conceção neoclássica do preço internacional de equilíbrio. Assim, os termos de troca representarão os preços relativos dos bens para os quais a soma dos bens procurados em ambos os países iguala a soma dos bens oferecidos. A RTI será tal que:

(1) Mercado do bem X:

$$Quant_X^A + Quant_X^B = Cons_X^A + Cons_X^B$$
$$Quant_X^A - Cons_X^A = Cons_X^B - Quant_X^B$$
$$X_X^A = M_X^B$$

(2) No mercado de Y acontece exactamente o mesmo pelo que: $X_Y^B = M_Y^A$

Sendo a RTI definida daquele modo, tendencialmente X=M para cada país, o que significa que a balança comercial estará em equilíbrio. As curvas da procura recíproca são as curvas da oferta – procura (oferta de A – procura de B para X; oferta de B – procura de A para Y). Cada um dos seus pontos corresponde à quantidade minima do produto procurado que o país considerado está disposto a receber em troca do produto que oferece.

Arbitrando diferentes razões de troca, os pontos de tangência que determinam com as curvas de indiferença revelam o que o país deseja produzir, consumir, importar e exportar para cada situação possível. O lugar geométrico de todos esses pontos de tangência corresponde à curva da procura recíproca. Deste modo, a curva revela a oferta de um país para razões de troca alternativas, podendo ser designada, indiferentemente, dos seguintes modos:

- Curva de oferta de comércio externo: traduz as quantidades de mercadoria de exportação que o país está disposto a oferecer para razões de troca alternativas;
- Curva de despesa global: traduz o total de despesa que a comunidade está disposta a realizar (em termos do seu bem de exportação) para efetuar um determinado montante de Importação;
- Curva da procura recíproca: traduz simultaneamente a procura de um bem e a oferta de outro.

Figura 2.9: A curva da procura recíproca

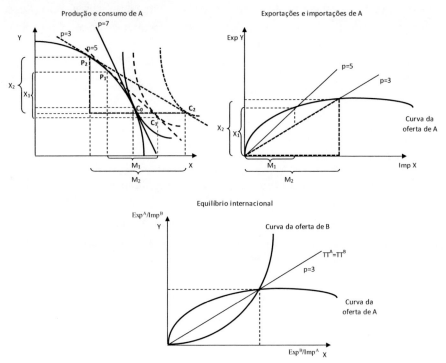

Utilizando as curvas da procura recíproca de ambos os países, determina-se o equilíbrio no mercado internacional, e a respetiva RTI. Este ponto de equilíbrio é único, já que qualquer outra situação acabaria por gerar forças que conduziriam de novo ao equilíbrio.

2.1.2.3. A VIA DA OFERTA: MODELO DE HECKSCHER-OHLIN E COROLÁRIOS

Eli Heckscher (1879-1952) e Bertil Ohlin (1899-1979) construiram uma explicação alternativa à de Ricardo, baseada nas seguintes duas premissas: (i) a produção dos bens requer diferentes quantidades de cada um dos fatores (intensidade fatorial dos bens); (ii) os países caracterizam-se por diferentes dotações fatoriais (abundância fatorial dos países). Tendo em conta essas premissas, o modelo de Heckscher-Ohlin (HO) conclui que cada país goza de vantagens comparativas nos bens que usam de forma relativamente mais intensa o fator relativamente mais abundante no país (i.e., relativamente mais barato).

Este modelo em que a explicação das trocas internacionais decorre dos diferentes *stocks* de fatores (ou dotações fatoriais) dos vários países é, por esse motivo, muitas vezes designado de modelo das dotações fatoriais ou modelo das proporções fatoriais.

Referências iniciais: algumas relações fundamentais e sua explicação económica

Antes de considerar a abertura ao exterior, analise-se um conjunto de relações fundamentais para a sua compreensão. Trata-se das relações que, no quadro dos pressupostos neoclássicos, se estabelecem entre: (i) a intensidade fatorial relativa ou proporções fatoriais, K/L (capital K e trabalho L), e a remuneração relativa dos fatores, w/r (salário w e taxa de juro r); (ii) relação entre w/r e as quantidades produzidas em cada indústria Q_X e Q_Y; (iii) relação entre w/r e os preços relativos dos bens p_X/p_Y.

(i) Relação entre w/r e K/L

Se w/r aumenta – *i.e.*, se o trabalho se tornou relativamente mais caro –, então K/L também aumenta. Por outras palavras, se o custo relativo de determinado fator aumenta, a indústria irá diminuir a quantidade relativa utilizada desse fator, ou seja, aumentar a quantidade relativa utilizada do outro fator. Em suma, se w/r aumenta, a indústria irá utilizar relativamente mais capital e, portanto, relativamente menos trabalho pelo que K/L também aumenta.

Ou, se K/L aumenta, w/r também aumenta (*i.e.*, w/r é função crescente de K/L): à medida que K/L aumenta, cada unidade de trabalho tem maior volume de capital ao seu dispor (e cada unidade de capital tem menor volume de trabalho). Assim sendo, cada unidade de trabalho torna-se (a ritmos decrescentes) mais produtiva e cada unidade de capital torna-se menos produtiva, implicando a subida da produtividade marginal do trabalho (Pmg_L) e a descida da produtividade marginal do capital (Pmg_K), o que, por sua vez, determina o aumento de w e a diminuição de r, ou seja, a subida de w/r. Em suma:

$$\begin{aligned} Pmg_L &= w \\ Pmg_K &= r \end{aligned} \quad \text{(devido à concorrência perfeita).}$$

$$\text{Donde, se } \begin{aligned} Pmg_L &\uparrow \Rightarrow w \uparrow \\ Pmg_K &\downarrow \Rightarrow r \downarrow \end{aligned} \Rightarrow \frac{w}{r} \uparrow.$$

COMÉRCIO INTERNACIONAL

(ii) Relação entre w/r e as quantidades produzidas em cada indústria Q_X e Q_Y
Antes de se estudar esta relação, irá ver-se como os fatores se distribuem
pelas duas indústrias. Esta distribuição pode ser estudada graficamente ou
algebricamente.

Em termos algébricos pode começar-se por referir que cada economia
dispõe de uma quantidade limitada de K e L. Em particular, o pleno emprego
de K requer que $K_Y + K_X = K$, pelo que pode escrever-se:

$$\frac{K_Y}{L_Y}L_Y + \frac{K_X}{L_X}L_X = K \Leftrightarrow \frac{K_Y}{L_Y}\frac{L_Y}{L} + \frac{K_X}{L_X}\frac{L_X}{L} = \frac{K}{L}.$$

Conjugando a expressão anterior com as funções de produção pode
determinar-se a produção máxima em cada indústria. Com efeito, sabe-se que
$Q_Y/L_Y = f(K_Y/L_Y)$ e que $Q_X/L_X = f(K_X/L_X)$, pelo que, determinados
os rácios K/L em cada indústria, é possível determinar a respectiva razão Q/L,
a qual multiplicada por L indicará o output máximo. Conhecendo o modo
como os fatores se distribuem pelas duas indústrias irá então observar-se os
efeitos de uma variação dos preços relativos dos fatores, w/r, sobre os níveis
de output das duas indústrias, Q_X e Q_Y, pressupondo a manutenção do pleno
emprego.

Viu-se anteriormente que a resposta imediata a um aumento de w/r se
traduz na elevação de K/L, o que será válido para ambas as indústrias, Y e X.
Considerando que a indústria Y é relativamente K-intensiva, que a indústria
X é relativamente L-intensiva − *i.e.*, $(K/L)_X < (K/L)_Y$ − e tendo em conta a
expressão

$$\frac{K_Y}{L_Y}\frac{L_Y}{L} + \frac{K_X}{L_X}\frac{L_X}{L} = \frac{K}{L}$$

então, dado que o rácio agregado K/L é constante, os aumentos de K_Y/L_Y e
K_X/L_X só serão possíveis se L_Y/L se reduzir em favor de L_X/L. Ou seja, dado
que a indústria Y é relativamente K-intensiva, por cada unidade que se deixa
de produzir, a quantidade de K/L libertada é muito significativa (quando
comparada com a que seria libertada por via da diminuição da produção de
X) e, dado o pressuposto de pleno emprego dos fatores, essa quantidade vai
ter que ser empregue na produção de X. Assim, em termos relativos, ambas
as indústrias estarão a poupar L relativamente a K, enquanto em termos

absolutos se verifica uma redistribuição dos fatores afetos à produção, a qual determina a quebra de Q_Y e aumento de Q_X.

Em suma, quando variam os preços relativos dos fatores, ambas as indústrias utilizarão relativamente mais o fator cujo preço relativo diminui. Em termos absolutos haverá uma reafectação dos fatores à produção das duas indústrias, levando a uma diminuição na sua utilização na indústria intensiva no fator cujo preço relativo diminui, o que significa que em tal indústria se observa uma quebra na produção.

(iii) <u>Relação entre w/r e os preços relativos dos bens p_X/p_Y</u>
Considerando a classificação anterior das indústrias em termos de intensidade fatorial, à medida que o fator L se torna mais caro relativamente ao fator K, o bem relativamente L-intensivo, X, torna-se relativamente mais caro face ao bem relativamente K-intensivo, Y. Observou-se anteriormente que, face a um aumento de w/r, os rácios K/L aumentam em ambas as indústrias e alteram-se as quantidades produzidas por estas, reduzindo-se a do bem relativamente K-intensivo (i.e. $Q_Y\downarrow$) e elevando-se a do bem relativamente L-intensivo (i.e. $Q_X\uparrow$). Tal é consistente com um novo ponto de equilíbrio na produção, em que o preço relativo de X seja superior. Ou seja, à medida que w/r aumenta, eleva-se também o preço relativo do bem que é relativamente L-intensivo, neste caso X $(p_X/p_Y\uparrow)$.

Descrição e implicações dos pressupostos do modelo de Heckscher-Ohlin

(i) <u>Pressupostos de enquadramento e suas implicações</u>
- Número de países, fatores e bens (2x2x2): o modelo considera dois países, A e B, dois bens homogéneos, X e Y, e dois fatores produtivos também eles homogéneos, L e K.
- Em ambos os países, há concorrência perfeita nos mercados de bens e de fatores. Isto implica que:
  o Os preços são determinados pela oferta e procura;
  o Em equilíbrio de longo prazo, os preços dos bens igualam os seus custos (médios e marginais) de produção;
  o Todos os compradores e vendedores são *price-takers* (cada um é tão pequeno que não tem qualquer influência no preço), estando perfeitamente informados dos preços em vigor. Consequentemente este pressuposto assegura a identidade dos preços quer dos fatores quer dos produtos.

COMÉRCIO INTERNACIONAL

- Perfeita mobilidade interna e completa imobilidade internacional dos fatores. Tal implica:

    o Igualização das remunerações dos fatores entre indústrias do mesmo país. A mobilidade total de fatores dentro do país assegura que w e r são idênticos em todas as indústrias de um país. Se uma indústria beneficiar de ganhos supranormais ou se pagar salários superiores, os fatores produtivos movem-se imediatamente (porque são homogéneos e existem em quantidades fixas) no sentido de igualar a remuneração dos fatores entre indústrias.

    o Remunerações relativas dos fatores diferentes entre os países, em situação de autarcia. A imobilidade entre países permite que as diferentes remunerações dos fatores resultantes da diferente abundância fatorial entre países não sejam eliminadas com migrações de fatores de um país para outro. Assim, em autarcia, w é relativamente mais baixo no país relativamente abundante em L, sem que isso origine um êxodo de L.

- Inexistência de custos de transporte e de outros elementos suscetíveis de provocar distorções nos preços (exemplo, tarifas, quotas ou outras barreiras), o que implica que, com livre troca, o preço de cada bem será igual nos dois países.

(ii) <u>Pressupostos quanto à oferta</u>

- Os fatores são homogéneos e existem em quantidades fixas; *i.e.*, a dotação fatorial é constante.
- A função de produção é caraterizada por rendimentos contantes à escala, para ambos os bens, em ambos os países. Significa que, por exemplo, se duplicar a quantidade de cada um dos fatores simultaneamente, obtem-se o dobro do output.
- Os fatores de produção obedecem à lei dos rendimentos decrescentes; *i.e.*, custos de oportunidade de produção crescentes (implicando, como se viu a propósito do lado da procura, especialização incompleta). Assim, mantendo constante a quantidade utilizada de um fator, aumentos na quantidade de outro fator resultam em aumentos do output menos que proporcionais e cada vez menores.
- Irreversibilidade fatorial; *i.e.*, uma vez classificados os bens em termos de intensidade fatorial não há possibilidade de haver alterações. Assim, se X é L-intensivo relativamente a Y, Y será K-intensivo relativamente a X, qualquer que seja o rácio entre os preços dos fatores (w/r).

- As funções de produção são idênticas nos dois países, ou seja, a tecnologia é universal. Este pressuposto, juntamente com a neutralidade da procura, conduz a que diferenças nos preços relativos dos bens resultem exclusivamente de distintas dotações fatoriais.

(iii) <u>Pressupostos quanto à procura</u>
- A procura é idêntica nos dois países, isto é, as preferências são similares, sendo representadas pelo mesmo mapa social de indiferença. Isto resulta na neutralidade da procura conduzindo a que diferenças nos preços relativos dos bens apenas resultem de distintas condições da oferta.

A diferença nas dotações de fatores como explicação das trocas, de acordo com o modelo de Heckscher-Ohlin

Tendo presentes as relações fundamentais e os pressupostos acima descritos, Heckscher e Ohlin postularam que: *"Cada país tem vantagem comparativa e deve especializar-se na produção do bem em cuja função de produção se incorpora relativamente mais o fator em que o país é relativamente mais abundante."*

De facto, se determinado país é relativamente abundante em K, terá um preço relativo mais baixo (em autarcia) para o seu produto K-intensivo. Se o outro país é relativamente abundante em L, terá um preço relativamente mais baixo em autarcia para o seu produto L-intensivo. Uma vez que os preços em autarcia são distintos, há ganhos potenciais na troca. Quando esta se verifica os preços equilibram-se entre os países. Em cada país a produção altera-se: cada país especializa-se na produção e exportação do bem que produz relativamente mais barato, o que significa que o país irá exportar o bem que usa mais intensivamente o fator em que é relativamente abundante.

De seguida, desenvolve-se o modo de aplicação e a explicação deste resultado. O primeiro passo consiste em classificar os bens em termos de intensidade fatorial e os países em termos de abundância fatorial.

A intensidade fatorial: classificação das indústrias/bens

Para ser válido, o modelo requer que um bem seja L-intensivo relativamente ao outro. Por exemplo, admitindo o seguinte exemplo para os bens Vestuário e Máquinas – onde por simplicidade se consideram coeficientes de produção fixos (uma única técnica de produção):

Tabela 2.16: Quantidade de fator por unidade de produto

	Trabalho, L	Capital, K
Vestuário	6	2
Máquinas	8	4

resulta que $(K/L)_{Vesutário} = 2/6 = 1/3$ e $(K/L)_{Máquinas} = 4/8 = 1/2$. Assim, pode concluir-se que a produção de Máquinas é relativamente intensiva em K face à produção de Vestuário. Ou seja, por unidade de L, a produção de Máquinas requer mais unidades de K que a produção de Vestuário. Consequentemente, o Vestuário é L-intensivo relativamente às Máquinas.[18]

A abundância fatorial e classificação dos países

Dada a universalidade da tecnologia e a neutralidade da procura, os conceitos de dotações fatoriais físicas e de dotações fatoriais económicas, embora não idênticos, conduzem à mesma classificação dos países.

O critério físico (lado da oferta) determina a abundância fatorial dos países na base das quantidades físicas de K e L existentes. Assim, por exemplo, se $(K/L)_A > (K/L)_B$ diz-se que, com base na abundância fatorial em termos físicos, A é relativamente abundante em K pois possui uma maior quantidade de K por unidade de L.

O critério económico atende à oferta e à procura ao classificar os países com base na comparação de w/r em autarcia. Assim, por exemplo, se $(w/r)_A > (w/r)_B$ diz-se que, com base na abundância fatorial em termos económicos, A é relativamente abundante em K porque este fator é relativamente mais barato do que em B. Isto porque a maior remuneração relativa do fator trabalho em A reflete a maior escassez relativa do fator neste país.

Repare-se que, no caso de não se verificar neutralidade da procura, a diferença pode ser significativa. Imagine-se que Portugal é relativamente L-abundante quando comparado com Espanha em termos físicos e que

---

[18] Se existirem coeficientes de produção variáveis, é porque existem várias técnicas de produção para cada um dos bens. No entanto, mesmo existindo diferentes técnicas, o pressuposto de concorrência perfeita obriga a que todos os produtos de uma indústria escolham a mesma técnica, a mais eficiente. Será esta técnica que permite construir o quadro acima. A técnica óptima é aquela que permite igualar a TMST ao rácio dos custos unitários dos fatores: $TMST_{K/lL} = w/r$. O pressuposto da irreversibilidade fatorial garante que a intensidade definida no quadro acima não se inverte.

ambos produzem dois bens, Vestuário (relativamente L-intensivo) e Máquinas (relativamente K-intensivo). Neste caso seria normal que o Vestuário fosse relativamente mais barato em Portugal que em Espanha. Contudo, a consideração das condicionantes da procura leva necessariamente a assumir a possibilidade de os consumidores portugueses terem uma preferência tão grande por Vestuário que os preços relativos dos bens nos dois países não sejam os atrás apontados. Ou seja, uma grande procura de Vestuário em Portugal pode implicar grande produção de Vestuário e, por isso, grande procura de L e elevado w/r. Ou seja, em termos económicos Portugal seria relativamente abundante em capital.

Intensidade e abundância fatorial, formulação e explicação teórica da proposta do modelo

Da consideração da abundância fatorial resulta uma classificação dos países e da consideração da intensidade fatorial, resulta uma classificação das indústrias/ /bens. A conjugação das duas informações permite aplicar o enunciado do teorema de Heckscher-Ohlin: o país relativamente K-abundante tem vantagem comparativa e deve especializar-se no bem relativamente K-intensivo; o país relativamente L-abundante tem vantagem comparativa e deve especializar-se no bem relativamente L-intensivo.

No modelo, se o país é relativamente K-abundante, em autarcia w/r é maior, isto é, K terá um preço relativamente menor. Assim, esse país conseguirá produzir mais barato o bem que utiliza K de forma relativamente mais intensiva. Os ganhos da troca resultam do facto destas diferentes dotações de fatores resultarem em diferentes preços de autarcia dos dois bens. Desta forma, o país vai especializar-se na produção do bem que usa de forma relativamente mais intensiva o seu fator relativamente mais abundante (mais barato), pois possui vantagem comparativa nesse bem. A especialização não é, contudo, geralmente completa (total). *O princípio da vantagem comparativa mantém-se.* Contudo, enquanto em Ricardo a(s) vantagem(ns) comparativa(s) dependem dos custos em trabalho, aqui dependem dos custos em trabalho e capital.

Estes elementos podem ser observados com ajuda do denominado diagrama de Harrod-Johnson, constante da figura 2.10.

COMÉRCIO INTERNACIONAL

Figura 2.10: Diagrama de Harrod-Johnson

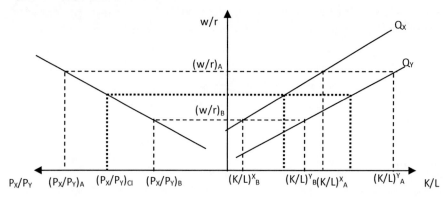

A parte direita do diagrama mostra a relação entre a remuneração relativa dos fatores e a proporção fatorial (intensidade fatorial de cada indústria). Se w/r aumenta então K/L aumenta, isto é, se o preço relativo de uma fator aumenta a indústria tenderá a recorrer mais ao fator cujo preço não aumentou. A parte esquerda do diagrama ilustra a relação entre a remuneração relativa dos fatores e o preço dos bens. Assim, a figura relaciona os preços relativos dos bens com as intensidades fatoriais relativas, através das remunerações relativas dos fatores.

O país A é relativamente mais abundante em K uma vez que K/L é superior em qualquer das indústrias relativamente ao país B (que é então relativamente abundante em L). Visto de outra forma, o país A é relativamente abundante em K, uma vez que a remuneração relativa do fator trabalho é aí relativamente mais elevado.

O bem Y é relativamente intensivo em K e o bem X é relativamente intensivo em L (quer em A quer em B). De facto, qualquer que seja a remuneração relativa do trabalho (w/r), a proporção usada de K/L é maior em Y que em X.

Assim, pelo modelo de Heckscher-Ohlin, A deve especializar-se em Y e B em X. A observação dos preços em autarcia torna evidente este sentido de especialização: Y é relativamente mais barato em A, pelo que é nesse bem que o país se deve especializar. Existindo diferentes preços em autarcia, há um claro incentivo à troca.

Os três corolários do modelo: consequências/efeitos da abertura à troca

O modelo/teorema de Heckscher-Ohlin aponta para a diferença nas dotações de fatores como razão para a existência de interesse nas trocas para ambos os países. A partir do mesmo quadro teórico foram estabelecidos três corolários, que apontam para importantes consequências ou efeitos da abertura à troca.

(1) A igualização internacional do preço dos fatores: o teorema de Samuelson (1949)

Pretende este teorema demonstrar que se entre dois países, A e B, que produzem dois bens, X e Y, para os quais apresentam funções de produção idênticas, não houver restrições ao comércio nem custos de transporte, *a remuneração dos fatores, relativa e absoluta, é a mesma nos dois países*. Esta igualdade verifica-se mesmo que os fatores sejam imóveis internacionalmente e existam diferentes dotações fatoriais entre os países. Basta para tal que o número de bens comercializados seja pelo menos igual ao número de fatores de produção.

Ou seja, como consequência do comércio internacional produz-se uma tendência para a igualização dos preços dos fatores. Nesse sentido, o comércio internacional de bens funcionaria como um substituto perfeito da mobilidade internacional de fatores. Ou seja, na sua essência, o modelo de Heckscher-Ohlin estabeleceria uma troca indireta de fatores entre os países. Exportando o bem relativamente L-intensivo em troca do bem relativamente K-intensivo, o país relativamente abundante em L exporta indiretamente uma quantidade de L e importa uma quantidade de K. Esta troca indireta de fatores aumenta a remuneração de L no país relativamente L-abundante e baixa-a no país relativamente K-abundante, enquanto que, em termos relativos, a remuneração de K, r/w, aumenta no país relativamente K-abundante e diminui no país relativamente L-abundante.

Assim sendo, o comércio internacional, ao originar a igualização dos preços dos produtos nos dois países, produz o mesmo resultado para os preços dos fatores, atendendo a que as funções de produção são idênticas. A demonstração deste resultado pode ser feita através do diagrama de Harrod-Johnson. Em particular, com a abertura ao comércio internacional, a arbitragem assegura que o preço relativo dos bens converge para um preço de equilíbrio. Então, considerando as funções de produção idênticas, fica assegurado que w/r é igual nos dois países e que os rácios K/L são idênticos nos dois países relativamente a cada indústria.

Em termos de remuneração absoluta, constata-se que, em concorrência perfeita, estas correspondem às produtividades marginais dos fatores, w e r. Estas dependem apenas da proporção K/L usada na produção dos bens, a qual é igual nos dois países. Assim sendo, em equilíbrio com troca internacional, as produtividades marginais serão iguais e, consequentemente, o mesmo sucederá com as remunerações.

Embora este teorema seja logicamente correto, as suas conclusões podem parecer contrariadas pelo que se observa no mundo real. Tal verifica-se porque o teorema só é válido sob certos pressupostos, como o comércio livre, homogeneidade do produto e dos fatores e a identidade de tecnologia ao nível mundial, situações que hoje estão bem longe de suceder, pelo que existirão distintas remunerações relativas e absolutas dos fatores nos diferentes países. Entre outros fatores, os custos de transporte, as tarifas, os subsídios e outras políticas económicas contribuem para diferentes preços dos produtos entre os países. Ora, se os preços dos produtos não são os mesmos, então também não é de esperar que as remunerações relativas e absolutas dos fatores sejam as mesmas. Todavia, o teorema é um ponto de partida para a explicação das diferenças de salários reais entre os países e a forma como o comércio livre tende a reduzir tais disparidades.

(2) A repartição interna dos rendimentos e o teorema de Stolper-Samuelson (1941)

O teorema de Stolper-Samuelson indica a forma como as alterações dos preços relativos dos bens, derivadas da abertura à troca, afetam os preços relativos dos fatores. Sabe-se já que se os termos de troca p_X/p_Y se elevam, o output de Y diminui e o do X aumenta. Atendendo à relação entre os preços relativos e as remunerações relativas dos fatores, se X relativamente L-intensivo, observar-se que w/r aumenta; ou seja, o preço relativo de L eleva-se, enquanto K se torna relativamente mais barato. Por outras palavras, *verificando-se um aumento no preço relativo de um bem, então o fator em que ele é relativamente intensivo vê subir o seu preço relativo e o outro fator vê diminuir a sua remuneração.*

A lógica deste resultado revela-se claramente a partir do que anteriormente se disse sobre o modo como o valor de um bem ou de um fator provém da sua escassez. Quando o preço relativo de um bem sobe, tal reflete um aumento na sua procura pelos indivíduos, isto é, um aumento da escassez relativa desse bem. Este, por seu turno, reflete um aumento na escassez dos fatores que entram na sua produção. De facto, para produzir mais do bem, aproveitando a sua subida de preço, os produtores terão de utilizar mais fatores, elevando a sua procura e dispondo-se a oferecer maior remuneração. Assim sendo, quanto mais intensivamente for um fator utilizado na produção do bem em causa, mais aumentará o seu preço (remuneração) relativamente ao outro fator.

E o que dizer quanto à remuneração absoluta? Sendo X relativamente L-intensivo e Y relativamente K-intensivo, então $p_X/p_Y \uparrow \Rightarrow K/L \uparrow \Rightarrow$ cada unidade de L tem mais K ao seu dispor $\Rightarrow Pmg_L \uparrow$ e, portanto, w $\uparrow$, o contrário sucedendo com r.

Em suma, a livre troca beneficia, em cada país, apenas os detentores do fator de produção em que o país é relativamente abundante. Assim, ao contrário do que a teoria clássica implicitamente assumia, o comércio internacional pode não ser benéfico para toda a gente.[19] Este resultado é consistente com o que se disse a propósito do teorema de Samuelson, i.e., que em condições ótimas (segundo os pressupostos do modelo), o comércio livre torna-se um substituto perfeito da livre circulação de fatores. Assim sendo, abrir ao comércio é equivalente a aumentar a oferta do fator escasso, que necessariamente se traduz numa redução do seu preço.

Numa sociedade em que as classes detentoras dos fatores estão claramente definidas, o comércio livre, embora beneficie a economia como um todo, tem efeitos distintos nas várias classes de cidadãos. Por exemplo, considerando os bens Tecido e Automóvel, a imposição duma tarifa sobre a importação de Tecido leva a um aumento do preço do Tecido em relação ao Automóvel. Em resposta a alterações dos preços relativos, os produtores de Tecido vão aumentar a sua produção. Assim, vai haver lugar a uma alteração da distribuição de fatores: a indústria Automóvel vai libertar fatores que serão transferidos para o Tecido. Contudo, a indústria Automóvel liberta mais K do que o Tecido pode absorver, uma vez que supostamente o Tecido é relativamente L-intensivo. Desta forma, verificar-se-á um excesso de oferta de K e excesso de procura de L, pelo que w/r aumentará, beneficiando L e prejudicando K. Esta situação justificará a atuação do *lobby* ligado aos trabalhadores em favor do protecionismo.

(3) A livre troca e o crescimento económico e o teorema de Rybczynski[20]
Este teorema postula que *quando os coeficientes de produção (K/L) são constantes, um aumento na dotação de um fator aumenta o output do bem que usa esse fator intensivamente e reduz o output do outro bem.* Trata-se de um teorema que faz a 'ponte' entre o comércio internacional e o crescimento económico, observando os

---

[19] Escreveu-se "pode não ser", porque os detentores de L também podem deter K. Por isso, a perda registada com um fator pode ser (mais do que) compensada com o ganho no outro. Acresce que a troca permite aceder a uma curva de indiferença mais à direita.

[20] Este teorema será retomado na subsecção 4.4.1.

COMÉRCIO INTERNACIONAL

efeitos da alteração das dotações fatoriais (crescimento), mantendo-se constantes os termos de troca.

Para se comprovar este resultado, note-se que se os termos de troca se mantiverem, os preços relativos dos fatores não se alteram, quaisquer que sejam as dotações fatoriais dos países (teorema da igualização dos preços dos fatores). Assim sendo, a alteração da dotação fatorial de um país não terá efeito sobre w/r desde que os termos de troca se mantenham. Mantendo-se w/r, também se manterá K/L em ambas as indústrias.

O que sucede então com o output total das duas indústrias quando aumenta a oferta de um fator, considerando constante o rácio K/L? Admitindo, por exemplo, o aumento da dotação de capital num dado país, verificar-se-á nesse país o aumento da produção do bem relativamente K-intensivo e a redução da produção do outro.

Veja-se algebricamente. Sabe-se que: $\dfrac{K_Y}{L_Y}\dfrac{L_Y}{L} + \dfrac{K_X}{L_X}\dfrac{L_X}{L} = \dfrac{K}{L}$, pelo que sendo dados K_Y/L_Y e K_X/L_X, a única forma de manter verdadeira a expressão quando K se eleva (determinando a subida de K/L) será dando um maior peso à indústria com maior K/L, isto é, a Y. Ou seja, o output ótimo inclui uma maior quantidade de Y, mas isso não é possível sem reduzir X, já que o K (novo) tem que ser combinado com alguma quantidade de trabalho, que tem de ser libertada por X – veja-se a figura 4.6, na secção 4.

A explicação é simples, tendo em conta que um dos pressupostos da escola neoclássica é a manutenção do pleno emprego. Ora, partindo de uma situação inicial de equilíbrio, caso se verifique um aumento da dotação de capital no país, este terá de ser absorvido de forma a manter o pleno emprego. Caso os termos de troca se mantenham, também não variam as remunerações relativas dos fatores e as proporções fatoriais em cada indústria. Se o capital se repartisse por ambas as indústrias, seria necessário, para que K/L se mantivesse, mais trabalho em cada um dos ramos. Isto é impossível dado que a dotação em L não aumenta. Assim, o capital suplementar é empregue na indústria K-intensiva, provocando a necessidade de reafetação de L (e de mais K) da outra indústria. Na indústria relativamente K-intensiva, haverá maior uso de K e de L, logo maior produção, o contrário sucedendo na outra indústria.

Relevância dos teoremas estudados

Os teoremas/corolários ao modelo de Heckscher-Ohlin fornecem importante informação sobre o sentido da especialização, os efeitos da abertura do país à troca e a forma como os padrões da troca variam ao longo do tempo.

Por exemplo, os teoremas de Samuelson e de Stolper-Samuelson predizem o que irá acontecer às remunerações dos fatores após a abertura à troca.

Por outro lado, à medida que a troca se desenvolve, estes teoremas auxiliam também o entendimento do tipo de alterações que se espera ao longo do tempo. Por exemplo, o teorema de Rybczynski descreve a forma como o padrão de troca pode variar à medida que o país cresce. Considere-se um país em que se está a verificar um grande aumento da força de trabalho e a ter relativamente pouco investimento. O rácio K/L estará a decrescer sucessivamente e se este país continuar a enfrentar os termos de trocas constantes (como será o caso de uma economia pequena), este teorema prediz um aumento da produção de bens relativamente L-intensivos mais do que proporcional ao de outros países, enquanto que a produção de bens relativamente K-intensivos subirá proporcionalmente menos ou mesmo decrescerá. Suponha-se que o país já exportava inicialmente o bem relativamente L-intensivo e importava o bem relativamente K-intensivo. Assim, à medida que a força de trabalho do país aumenta, o país exportará mais e mais o bem relativamente L-intensivo e importará mais o bem relativamente K-capital (isto supondo sempre que a composição da procura interna não se altera).

Consequências da não verificação de alguns pressupostos[21]

- Violação da hipótese da irreversibilidade fatorial

O pressuposto da irreversibilidade fatorial, i.e. de que um dos bens é sempre relativamente L-intensivo e o outro é sempre relativamente K-intensivo, qualquer que seja a remuneração relativa dos fatores, é essencial à aplicação dos teoremas de Hecksher-Ohlin e de Samuelson. De facto, admitindo que a intensidade fatorial é alterada para remunerações relativas dos fatores acima de um determinado nível, então:

(i) o modelo de Heckscher-Ohlin deixa de poder ser aplicado, dada a impossibilidade de proceder a uma classificação definitiva dos bens em matéria de intensidade fatorial. O modelo de Heckscher-Ohlin não está preparado para prever o bem exportado, baseado na relativa abundância fatorial. Um país respeitará as previsões do modelo, mas o outro não.

---

[21] Mais à frente, no módulo consagrado ao comércio internacional sob concorrência imperfeita, ver-se-ão as consequências da violação da hipótese de rendimentos constantes à escala e concorrência perfeita.

(ii) o teorema de Samuelson deixa de ser válido: com a livre troca, os preços relativos dos bens são iguais nos dois países, mas o mesmo não sucede com as remunerações relativas dos fatores.

(iii) os restantes teoremas continuam a ser válidos, já que não envolvem comparações entre países.

Com a ajuda do diagrama de Harrod-Johnson, veja-se o que sucede no caso de se observar reversibilidade das intensidades fatoriais. No caso seguinte, quando $w/r<(w/r)n$ (ponto de reversibilidade), então o produto X é relativamente L-intensivo e Y é relativamente K-intensivo; já quando $w/r>(w/r)n$ verifica-se o inverso. Portanto, p_X/p_Y apenas é função crescente do rácio w/r se X for relativamente L-intensivo, o que implica a quebra da correspondência unívoca (ao mesmo rácio de preços, p_X/p_Y, correspondem dois valores para a remuneração relativa dos fatores, w/r). Na medida em que p_X/p_Y é menor em B do que em A, neste país Y é relativamente L-intensivo, havendo tendência a aumentar a remuneração relativa dos fatores $(w/r)_A$. Em B, X é relativamente L-intensivo, havendo tendência ao aumento de $(w/r)_B$.

Não é possível fazer uma classificação única das indústrias, pelo que o teorema de Heckscher-Ohlin deixa de poder ser aplicado. Tal situação conduz ainda à possibilidade de haver igualização dos preços relativos dos bens, sem que tal ocorra ao nível das remunerações relativas dos fatores, ou seja, à não verificação do resultado previsto no teorema de Samuelson.

De facto, sendo p_X/p_Y menor em B do que em A, em situação de autarcia, verificam-se incentivos à troca, com A a especializar-se em Y e B a especializar-se em X. Ou seja, o país A, que é relativamente K-abundante (tendo remuneração relativa do trabalho superior em autarcia), especializa-se no bem relativamente L-intensivo, resultado contrário ao do teorema de Heckscher-Ohlin. Este apenas é consistente com o que sucede no país B. Por sua vez, com a abertura à troca, (p_X/p_Y) sobe em B e reduz-se em A, conduzindo, assim, a um aumento da remuneração relativa do trabalho em B, mas também em A, o que contraria o teorema de Samuelson.

Figura 2.11: Diagrama de Harrod-Johnson – caso de reversibilidade fatorial

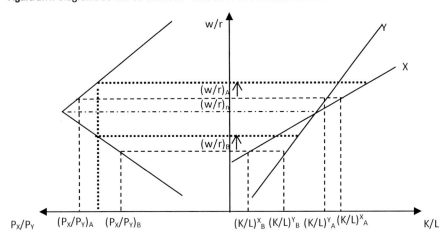

- Violação da hipótese da neutralidade da procura

Como implícito na análise efetuada, se a procura não for neutral então há a possibilidade de inviabilização dos resultados previstos pelo modelo de Heckscher-Ohlin. Com efeito, com a violação desta hipótese a dotação física dos países pode ser diferente da dotação económica.

Veja-se o seguinte exemplo. Considere-se que A é relativamente K-abundante, que Y é relativamente K-intensivo e que a procura em A é fortemente orientada para Y. Neste caso, o preço relativo deste bem é atualmente mais elevado do que em B (L-abundante). Com a abertura à troca, A exporta X e importa Y pois este é mais barato a preços internacionais. Em B acontece exatamente o contrário. Este padrão de comércio é o oposto do previsto pelo modelo de Heckscher-Ohlin, levando a remuneração relativa de K a diminuir em A e a remuneração relativa de L a diminuir em B, contrariando o previsto. A importância da procura remete para a subsecção seguinte que a considera como o determinante das trocas.

2.1.2.4. A PROCURA COMO DETERMINANTE DAS TROCAS

Assuma-se que a única diferença que existe entre dois países é nas condições da procura, ou seja, admite-se (i) dotações de fatores idênticas; (ii) funções produção idênticas; (iii) rendimentos constantes à escala; (iv) concorrência perfeita; (v) um enviesamento das preferências em cada país por um dos bens (Y no caso de A e X no caso de B).

Nestas condições, as curvas de possibilidade de produção são idênticas para os dois países, mas os mapas de indiferença da comunidade são distintos, sendo as curvas de indiferença menos inclinadas no caso do país A.

Figura 2.12: A procura como determinante das trocas

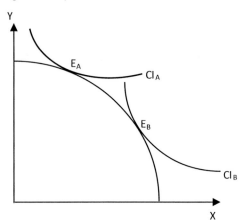

Em autarcia, o equilíbrio ocorre em E_A para A e E_B para B, sendo o bem Y relativamente mais caro no país A e o bem X relativamente mais caro no país B, devido à diferença significativa na preferência por cada um dos bens. Com a abertura à troca, os consumidores do país A observam que o bem Y é relativamente mais barato no país B, pelo que passarão a importá-lo, em parte, deste país (e vice-versa para o país B e o bem X).

Destas deslocações na procura resulta a alteração do ponto de produção, que se move ao longo da CPP. O movimento ocorre até que não haja incentivo para os consumidores de qualquer país em importar quantidades adicionais do outro país, isto é, quando houver igualização dos preços relativos dos bens entre os dois países. O ponto de produção será o mesmo, já que a função de produção é igual nos dois países.

Figura 2.13: A procura como determinante das trocas

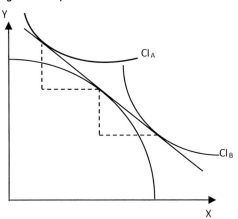

Como se observa na figura 2.13, o país A importará o bem Y e exportará o bem X, o contrário sucedendo para o país B. Ou seja, cada país especializa-se e exporta o bem para o qual a preferência é relativamente menos intensa.

2.1.3. A COMPROVAÇÃO EMPÍRICA DOS MODELOS DE BASE

Apesar da lógica associada a qualquer modelo ser frequentemente difícil de contestar, o verdadeiro teste de fogo é necessariamente a sua comprovação empírica. Contudo, testar os modelos teóricos é uma tarefa complexa, quer pela necessidade de adaptar os modelos à realidade, quer pela dificuldade em obter a informação necessária. Isso explicará que, apesar de generalizadamente aceite como válido por todos os economistas clássicos, o modelo Ricardiano foi testado pela primeira vez apenas muitos anos mais tarde.

Os primeiros testes aos modelos de base voltaram-se para a verificação dos dois principais determinantes das trocas em que os mesmos se basearam: as diferenças de produtividade do trabalho (tecnologia), no caso de Ricardo, e as diferenças de dotações fatoriais, no caso de Heckscher-Ohlin.

Se os primeiros testes realizados no sentido de verificar a análise de Ricardo (em que medida as diferenças na produtividade relativa do trabalho e nos custos de produção, para as indústrias de produtos manufacturados, se refletem nas performances relativas de exportação de dois países) conduziram a resultados satisfatórios, já o grande teste efectuado ao modelo de Heckscher-Ohlin por Leontief (1953) conduziu a resultados bastante

COMÉRCIO INTERNACIONAL

distintos do esperado, originando o chamado "paradoxo de Leontief", que levantou acesos debates e controvérsias de que resultariam aprofundamentos empíricos e teóricos no quadro das "novas abordagens" dos determinantes da troca (que serão referidos adiante).

Teste de MacDougall ao modelo de Ricardo:

As dificuldades maiores que se levantam a testar a teoria clássica do comércio internacional prendem-se em grande medida com o irrealismo de alguns pressupostos e, por consequência, conclusões. Desde logo, o modelo Ricardiano: (i) prevê um grau de especialização extremo que não se observa no mundo real; (ii) ignora o papel que outros fatores poderão ter na organização do comércio mundial, nomeadamente dotações fatoriais ou economias de escala.

Apesar das deficiências do modelo, a teoria Ricardiana parece ter encontrado algum suporte nos testes empíricos realizados. A primeira tentativa séria para testar o modelo Ricardiano (e a teoria clássica) foi desenvolvida por MacDougall, em 1951, tendo outros testes relevantes sido realizados por Stern em 1962 e por Balassa em 1963. Estes autores interpretaram o princípio das vantagens comparativas, considerando que um país deve exportar em pequenas quantidades os bens de produtividade relativamente fraca e exportar em força os bens de produtividade relativamente elevada.

O teste desenvolvido por MacDougall, por exemplo, considerou o comércio do Reino Unido e dos EUA em 1937. Porque o comércio bilateral era muito reduzido (sendo a maioria concretizado com países terceiros), devido à existência de grandes barreiras à importação (com muitas e diferentes tarifas), MacDougall fez o teste para as exportações totais de ambos os países.

MacDougall observou que em 1937 os salários dos EUA eram cerca do dobro dos salários no Reino Unido. Desta forma, a sua hipótese era de que os custos (monetários) de produção dos EUA seriam inferiores aos do Reino Unido se a sua produtividade (EUA) fosse mais do dobro da produtividade no Reino Unido. Ou seja, os EUA teriam vantagem nas indústrias em que o output por trabalhador fosse mais de duas vezes superior ao do Reino Unido.

Utilizando 25 indústrias, MacDougall considerou os rácios de exportação dos EUA e Reino Unido para o Resto do Mundo (X_{EUA}/X_{RU}) e os rácios de produtividade $\dfrac{(\frac{Q}{L})_{EUA}}{(\frac{Q}{L})_{RU}}$, sendo a sua expectativa que se este rácio fosse maior

que 2, então $X_{EUA}/X_{RU}>1$.

A sua conclusão foi que, quando o rácio de produtividade era superior a dois, os EUA tinham uma quota de exportação superior à do Reino Unido, acontecendo o inverso quando o rácio de produtividade era inferior a dois, o que apoiava as teses clássicas.

MacDougall não observou especialização completa, mas constatou que a quota de mercado aumentava com o incremento da vantagem comparada. MacDougall explicou esta diferença pela existência de mercados imperfeitos (monopólio e oligopólio), produtos não homogéneos, custos de transporte, etc., ou seja, elementos não previstos no modelo original. Por exemplo, cada um dos 25 grupos industriais estudados é um agregado de produtos relacionados mas, mesmo assim, diferentes.

Apesar de parecerem validar o modelo de Ricardo, os resultados obtidos por MacDougall não refutam as explicações de outros modelos. De facto, embora os dados não confirmem a especialização total nos bens em que cada país goza de vantagens comparadas, a conclusão geral é que não é errado relacionar estas com os custos relativos do fator trabalho, ou seja, há uma correlação entre a produtividade e as exportações, pelo que, do ponto de vista empírico, o modelo de Ricardo parece ter capacidade explicativa.

Teste de Leontief ao modelo de H.O:

Trata-se de um teste efetuado em 1953 utilizando dados de 1947 sobre a estrutura de comércio externo americano e a respectiva matriz input-output.[22] Leontief partiu da hipótese (lógica) de que a abundância fatorial dos Estados Unidos face aos demais países seria fundamentalmente em termos de capital, pelo que, de acordo com o teorema em causa, deveriam exportar bens relativamente intensivos em capital e importar bens relativamente intensivos em trabalho.

---

[22] Representa, de forma sintética, as contas de produção e exploração dos ramos de atividade. Situa-se, portanto, no interior do setor produtivo da economia e permite conhecer o conjunto de transações inter-ramo de atividade.

COMÉRCIO INTERNACIONAL

Dado o facto de não existirem matrizes de relações intersectoriais harmonizadas internacionalmente (o que leva à inexistência de dados quanto à quantidade de fatores incorporados nas importações), Leontief apenas pôde utilizar a matriz relativa aos Estados Unidos. Assim, as condições de produção associadas aos bens importados foram avaliadas a partir das produções nacionais substitutivas dessas importações e não a partir de dados provenientes dos respectivos países de origem (utilizou os inputs fatoriais requeridos pela mesma indústria nos EUA como estimativa dos verdadeiros valores). Ou seja, partiu do pressuposto (simplista mas consistente com os pressupostos neo-clássicos) de que a matriz input-output dos Estados Unidos é válida à escala mundial. O quadro final a que chegou seria, no entanto, contraditório com postulados acima referidos.

Tabela 2.17: Resultados do teste de Leontief

Bens	Capital (US$)	Trabalho (Homens/ano)	Rácio capital/trabalho
Exportados	2550	182	2550/182=13.99
Substitutivos das importações	3091	170	3091/170=18.18

Os valores na Tabela 2.17 apresentam as quantidades de fatores (inputs) necessárias a produzir adicionalmente um milhão de US$ dos bens em causa. Para que o teorema de Heckscher-Ohlin se verificasse, seria necessário que se tivesse $(K_{imp}/L_{imp})<(K_{exp}/L_{exp})$. Contudo, tem-se $(K_{imp}/L_{imp})>(K_{exp}/L_{exp})$: 18.2>14. Isto significa que as importações concorrenciais incorporam relativamente mais capital que as exportações, isto é, embora relativamente abundantes em capital, os Estados Unidos estariam a exportar bens relativamente intensivos em trabalho. Este resultado ficou conhecido como o "Paradoxo de Leontief", traduzindo uma inversão da lógica do modelo de Heckscher-Ohlin, tendo sido muito relevante na teoria do comércio internacional, pela discussão e aprofundamento teórico e empírico a que conduziu. Testes realizados posteriormente por Leontief (1956) e por Baldwin (1971) conduziram a resultados algo similares (tabela 2.18).

2 · TEORIAS DO COMÉRCIO INTERNACIONAL

Tabela 2.18: Resultados de outros testes realizados

	Leontief (1954) Dados: 1947	Leontief (1956) Dados: 1951 Todas as indústrias	Baldwin (1971) Dados: 1962 Todas as indústrias
Capital			
Exportações	2551	2257	1876
Importações	3091	2303	2132
Trabalho			
Exportações	182	174	131
Importações	170	168	119
Rácio capital/trabalho			
Exportações	14.0	13.0	14.2
Importações	18.1	13.7	18.0

Em qualquer caso, a validade do teste deve ser confrontada com algumas limitações, de que se destaca: (i) a medida mais adequada para os fatores produtivos, questão sobretudo problemática no caso do capital; (ii) o pressuposto de que as importações americanas são produzidas no resto do mundo nas mesmas condições dos EUA, hipótese que, embora conforme aos pressupostos neoclássicos, não deixa de ser bastante limitativa; (iii) a inclusão de diversas indústrias muito utilizadoras de recursos naturais, possível elemento de distorção dos resultados.

Explicações do paradoxo de Leontief

A importância do resultado do teste de Leontief pode ver-se, desde logo, pela forte discussão a que o mesmo conduziu, tendo diversas explicações sido avançadas para o "paradoxo". Algumas dessas explicações estiveram na base de novas tentativas de explicação teórica da troca internacional. Vejam-se algumas dessas explicações.

- **Eficiência do trabalho nos EUA, ou seja, diferentes níveis de qualificação do trabalho**

O argumento (apresentado pelo próprio Leontief) é o de que cada trabalhador nos EUA "vale" por três trabalhadores estrangeiros, por razões ligadas com a capacidade empresarial, mais eficiente gestão e organização e um mais

COMÉRCIO INTERNACIONAL

favorável ambiente industrial etc., pelo que a abundância dos EUA em capital seria uma ilusão, sendo este país efetivamente trabalho abundante e, portanto, deveriam exportar bens trabalho intensivos.

Como possíveis contra-argumentos, podem avançar-se: (i) o valor de "três" é apresentado de modo totalmente *ad-hoc* isto é, sem qualquer justificação; (ii) as capacidades mencionadas melhoram a produtividade não só do trabalho mas também do capital, pelo que em princípio não alterariam o rácio K/L – estudos dos anos 1960 que analisaram as capacidades dos trabalhadores dos EUA, concluíram que os trabalhadores americanos são cerca de 25% a 30% mais produtivos mas não 300%; ora os valores 25% ou 30% não são suficientes para converter os EUA num país relativamente abundante em trabalho.

Em todo o caso, a possibilidade de o fator trabalho ser heterogéneo seria retomada por outros autores, que vão desagregar o fator trabalho em diferentes categorias, notando-se grandes disparidades de capacidades entre os vários trabalhadores. Estes autores apontam para a relevância do que geralmente se designa por capital humano, obtido através de investimento em educação e treino profissional. Assim sendo, o investimento em capital humano é uma alternativa ao investimento em capital físico para aumentar o nível de output.

Ao aceitar-se a heterogeneidade do fator trabalho está-se a entrar numa abordagem neo-fatorial, que corresponde a uma evolução do modelo original de Heckscher-Ohlin (ver secção 2.3.1) que elabora sobre a questão da mão-de--obra, introduzindo a noção de capital humano: mão-de-obra com educação, formação profissional, treino, etc e admite a participação de mais do que dois fatores no processo produtivo. Desta forma, pode ser argumentado que o valor desse capital humano deve ser somado ao valor do capital físico para averiguar a intensidade fatorial. Nestas circunstâncias as exportações americanas seriam capital intensivas e não se verificaria o paradoxo.

Uma outra alternativa consiste em considerar que o capital humano é um fator de produção autónomo, já que o seu grau de substituibilidade com o capital físico não é muito elevado. Esta perspetiva também permite a reconciliação dos resultados de Leontief com o modelo de Heckscher--Ohlin (agora com três ou mais fatores de produção): os EUA, relativamente abundantes em capital humano, exportariam bens que usam esse capital humano de forma relativamente intensiva, isto é, trabalho especializado, enquanto as suas importações seriam relativamente intensivas em trabalho não especializado.

• Enviezamento do mercado (padrões de consumo)

O argumento, neste caso, é o de que se o consumo nos EUA for predominantemente de bens capital intensivos, tal conduz a uma diminuição do preço relativo do trabalho em autarcia nos EUA e, portanto, à exportação de bens mão-de-obra intensivos.

Como principais contra-argumentos, contam-se: (i) estudos empíricos existentes sugerem que a procura é semelhante para a maioria dos países (desenvolvidos); (ii) nos países mais desenvolvidos o desvio no consumo é a favor de produtos mais mão-de-obra intensivos – serviços – o que acentuaria o paradoxo.

• Reversões fatoriais

Este argumento sustenta que a reversibilidade fatorial acontece em várias indústrias. A ser verdade, tal invalidaria todo o modelo de Hechscher-Ohlin, uma vez que a irreversibilidade fatorial é fundamental na sua demonstração. De facto, se determinados bens passarem a ser mão-de-obra intensivos para altos rácios w/r (ex., aço capital intensivo para baixos w/r e trabalho intensivo para alto w/r), os produtos exportados podem ser mão-de-obra intensivos nos países capital intensivos e vice-versa.

O principal contra argumento foi apresentado por Bhagwati (1969), o qual notou que, embora as reversões fatoriais possam existir, elas não são suficientemente fortes para justificar a dimensão do paradoxo. Analisando 210 indústrias nos EUA e Indía, Bhagwati encontrou apenas 18 situações de reversibilidade fatorial.

• Tarifas e outras distorções

Segundo alguns autores as proteções comerciais americanas são tradicionalmente mais fortes relativamente às indústrias que concorrem com as importações – produtos mão-de-obra intensivos – o que conduziria a uma distorção das importações a favor de produtos intensivos em capital. Por sua vez, outros autores alertaram para o impacto das importações resultantes do Investimento Direto Estrangeiro (IDE) americano no estrangeiro.

Esta hipótese foi contestada, por exemplo, por Baldwin (1971). Este autor verificou que com a remoção das tarifas o rácio capital/trabalho das importações dos EUA desceria apenas de 5%, o que seria claramente insuficiente para explicar o paradoxo.

- **Recursos naturais**

De acordo com esta explicação, um modelo com dois fatores é muito restrito, havendo necessidade de introduzir o papel do terceiro fator, os recursos naturais, nos quais os EUA são escassos relativamente ao resto do mundo. Os recursos naturais (zinco, cobre, etc.) requerem a utilização de muito capital (físico), isto é, os recursos naturais e capital são fatores complementares. Concentrando-se em dois fatores apenas, os EUA acabariam por importar muito capital, ligado à importação de recursos naturais.

Importará notar, a propósito deste argumento, que embora Leontief (1956) tenha conseguido reverter o paradoxo excluindo os produtos intensivos em recursos naturais, tais resultados foram contestados por Baldwin (1971).

2.2. O MODELO DE RICARDO EM TERMOS MONETÁRIOS

2.2.1. SALÁRIOS RELATIVOS E ESPECIALIZAÇÃO

Conforme se referiu no ponto anterior, foram várias as reações às ideias de David Ricardo. Em particular, procurou-se tornar o modelo mais realista/ /adaptado à realidade, tendo em conta que são os preços monetários e não o trabalho incorporado que determinam o sentido do comércio. Nesta perspetiva, torna-se necessário conciliar a explicação das trocas internacionais pela estrutura das vantagens comparativas nacionais com a ideia de que são os preços monetários os elementos de apreciação dos agentes económicos. Apesar de, na análise do modelo clássico, se terem ignorado as questões monetárias, na realidade não é possível realizar trocas internacionais antes de os preços estarem formados em moeda comum. Com efeito, a capacidade de exportar e a iniciativa de importar passam em grande medida pelas comparações dos níveis de preços. Esta extensão deu origem ao denominado "modelo de Ricardo com moeda".

Este modelo assenta em alguns fatores essenciais:

1) Assume-se que são os preços, em moeda comum, os elementos utilizados para comparação no mercado mundial, ou seja, os agentes económicos comparam preços dos bens (em moeda comum) e não os seus custos em tempo de trabalho.

2) Os preços de produção de um bem num determinado país dependem não só de questões técnicas (nº de horas por unidade de produção –

2 · TEORIAS DO COMÉRCIO INTERNACIONAL

produtividade), mas também dos salários monetários determinados na economia nacional.

3) A fixação de uma taxa de câmbio é prévia às trocas e necessária à formação dos preços. A taxa de câmbio vai fazer a ligação entre as economias, ou seja, permite expressar o valor dos bens numa moeda comum, possibilitando a troca, constituindo-se num mecanismo orientador dos fluxos de comércio através duma possível tradução das diferenças de custos relativos em vantagens absolutas de preços.

Por forma a mostrar como é que o modelo ricardiano se pode tornar mais realista incorporando os salários e a taxa de câmbio, considere-se a matriz de custos unitários que consta da tabela 2.19, e que exprime uma determinada estrutura de vantagens comparativas.

Tabela 2.19: Matriz de custos unitários – exemplo

	Custos unitários (horas de trabalho) = 1/Produtividade	
	X	Y
País A	2	4
País B	3	5

Calculando o custo de oportunidade (CO) dos bens nos dois países, conclui-se que o país A tem vantagem comparativa na produção do bem X e o país B tem vantagem comparativa na produção do bem Y.[23] Tal significa que o país A se deverá especializar na produção do bem X e o país B no bem Y. Contudo, uma vez que os agentes económicos comparam preços e não custos, este padrão de especialização só se concretizará se, efetivamente, quando expresso na mesma moeda, o preço do bem X no país A for inferior ao preço do bem X no país B e o preço do bem Y no país B inferior ao preço do bem Y no país A (condição de exportação).

Admitindo, por simplificação, que o preço é função do custo unitário em horas de trabalho (C) e do respetivo salário (w), isto é, que os custos unitários em trabalho e os salários determinam diretamente os preços, então:

- país A exportará X se, quando expresso na mesma moeda (moeda de A), $P_X^A < P_X^B$ (vantagem absoluta de A em termos do preço do bem X);

---

[23] $CO_X^A=0.5$ e $CO_X^B=0.6$ enquanto $CO_Y^A=2$ e $CO_X^B=1.67$.

- país B exportará Y se, quando expresso na mesma moeda (moeda de A), $P_Y{}^B < P_Y{}^A$ (vantagem absoluta de B em termos do preço do bem Y).

Admitindo que e representa a taxa de câmbio do país B na moeda de A, cotada ao incerto (isto é, e unidades de moeda de B compram uma unidade de moeda de A), então, as duas condições anteriores, designadas por condições de exportação, transformam-se no seguinte:

$$P_X^A < P_X^B \Leftrightarrow w^A C_X^A < \frac{w^B}{e} C_X^B$$

$$P_Y^B < P_Y^A \Leftrightarrow \frac{w^B}{e} C_Y^B < w^A C_Y^A$$

$\frac{w^B}{e}$ exprime o valor dos salários do país B expressos em unidades monetárias do país A.

Note-se que estas condições de exportação constituem uma forma útil de examinar os potenciais fluxos de comércio: a capacidade para exportar depende não apenas da produtividade relativa do fator, mas também dos salários relativos e da taxa de câmbio que faz a ligação entre as duas economias. Uma vez que os custos unitários correspondem ao inverso das produtividades, as duas condições anteriores podem ser rearranjadas conduzindo ao seguinte:

$$\frac{w^A * e}{w^B} < \frac{Prod_X^A}{Prod_X^B}$$

$$\frac{w^A * e}{w^B} > \frac{Prod_Y^A}{Prod_Y^B}$$

Ou, de outra forma:

$$\frac{Prod_Y^A}{Prod_Y^B} < \frac{w^A * e}{w^B} < \frac{Prod_X^A}{Prod_X^B} \tag{2.1}$$

A condição anterior evidencia que a relação dos salários em moeda comum $\frac{w^A * e}{w^B}$ deverá situar-se entre a relação das produtividades:

- Se a relação dos salários em moeda comum exceder a relação das produtividades próprias dos países na produção do mesmo bem (caso do bem Y), esse bem será importado pelo país A (país indicado no numerador), porque os seus custos salariais unitários são maiores do que os do país B;

- Se a relação dos salários em moeda comum for inferior ao rácio das produtividades próprias dos países na produção do mesmo bem (caso do bem X), esse bem será exportado pelo país A.

Constata-se, pois, que os sistemas de preços nacionais e as taxas de câmbio determinam os preços internacionais, os quais orientam os fluxos de comércio internacional através da partição que fazem entre os bens exportados e os bens importados. Retomando o exemplo anterior, onde se constatou que o país A tem vantagem comparativa na produção do bem X e o país B tem vantagem comparativa na produção do bem Y, para que este sentido de especialização se concretize será necessário que a relação dos salários em moeda comum se situe dentro dos limites definidos abaixo:

$$1.25 < \frac{w^A * e}{w^B} < 1.5$$

Note-se que, no exemplo, o país A é mais eficiente a produzir ambos os bens, ou seja, tem uma vantagem absoluta na produção de ambos os bens. Os limites acima definidos mostram que o país ganha com a troca se os seus salários forem entre 25% e 50% maiores que os salários do país B: um rácio maior que 1.5 anula a vantagem de produtividade mesmo na indústria em que o país é relativamente mais eficiente (indústria X); um rácio menor que 1.25 faria com que ambos os bens fossem mais baratos no país A do que no país B, impedindo o comércio internacional e, como tal, eliminando os ganhos potenciais.

Suponha-se que a e b são, respetivamente, as unidades monetárias do país A e do país B. Considere-se ainda que w^A=50a e que e=2.8 (ao incerto para b). Com base nesta informação, e por forma a que o país B possa participar no comércio internacional, os seus salários deverão respeitar os seguintes limites: $93.3 < w^B < 112$ na respetiva moeda ou $33.3 < w^B < 40$ quando expressos na moeda de A. Ou seja, devido à menor produtividade, os salários no país B terão que ser inferiores aos do país A. Alternativamente, considere-se a informação seguinte relativa aos salários nos dois países: w^A=50a e w^B=100b.

Dada esta informação, a taxa de câmbio passa a ser a variável de ajustamento, sendo possível determinar os limites para a taxa de câmbio que garantem que

COMÉRCIO INTERNACIONAL

o sentido da especialização se mantém. Esses limites são dados por: 2.5<e<3. Admitindo, por exemplo que e=2.8, então a relação dos salários em moeda comum é:

$$\frac{w^A * e}{w^B} = \frac{50 * 2.8}{100} = 1.4$$

Esta relação está compreendida entre as relações de produtividade do bem Y (1.25) e do bem X (1.50) determinada acima. Por sua vez, a tabela 2.20 apresenta os preços dos dois bens em moeda comum (moeda de A), nos dois países.

Tabela 2.20: Preços dos bens, moeda de A

	Preço do bem X	Preço do bem Y
País A	100	200
País B	107	179

Constata-se, pois, que cada país apresenta vantagem absoluta em termos de preços no bem em que goza de vantagem comparativa, ou seja, das vantagens comparadas em termos de custos unitários, obtém-se, via preços, uma ligação às vantagens absolutas.

2.2.2. TAXA DE CÂMBIO, RAZÃO DE TROCA INTERNACIONAL (RTI) E GANHOS DA TROCA

Sendo fixada a taxa de câmbio, e dado o sistema de preços nacionais, a RTI virá automaticamente determinada e, com ela, a repartição dos ganhos da troca. Exemplificando com os dados anteriores, considerando que o país A exporta o bem X (e importa o bem Y) e o país B exporta Y (e importa X), a $RTI_{Y/1X}$ será:

$$RTI_{Y/1X} = \frac{Comércio\ Y}{Comércio\ X} = \frac{P_X^A}{P_Y^B} = \frac{100}{179} = 0.56$$

A $RTI_{Y/1X}$ situa-se efetivamente entre as Razões de Troca em Autarcia (RTA) dos dois países (note-se que $RTA_{Y/1X}{}^A$=0.5 e $RTA_{Y/1X}{}^B$=0.6). Constata-se, pois, que por cada unidade de X, o país A consegue obter 0.56 unidades de Y no mercado internacional (no mercado interno obtinha 0.5). Por seu lado, o país B cede 0.56 unidades de Y para obter uma unidade adicional de X (no mercado interno cedia 0.6). Alternativamente:

$$RTI_{X/1Y} = \frac{Comércio\ X}{Comércio\ Y} = \frac{P_Y^B}{P_X^A} = \frac{179}{100} = 1.79$$

A $RTI_{X/1Y}$ situa-se efetivamente entre as razões de troca em autarcia dos dois países ($RTA_{X/1Y}^A$=2 e $RTA_{X/1Y}^B$=1.67). Por cada unidade de Y, o país B consegue obter 1.79 unidades de X no mercado internacional, enquanto que no mercado interno obtinha 1.67. Por seu lado, o país A abdica de 1.67 unidades de X para obter uma unidade adicional de Y (no mercado interno abdicava de 2 unidades).

O confronto entre a RTI e as RTAs permite evidenciar os ganhos que a troca proporciona aos países envolvidos. Recorde-se que quanto mais afastada a RTI da razão de troca em autarcia, maiores os ganhos obtidos com essa troca.

2.2.3. IMPACTO DE ALTERAÇÕES NA TAXA DE CÂMBIO

Note-se que a taxa de câmbio pode sofrer alterações, o que irá refletir-se no preço dos bens e, consequentemente, na repartição dos ganhos da troca. Suponha-se, por exemplo, que a moeda de B tende para o limite de máxima valorização que permite o comércio internacional ($e{\rightarrow}2.5$) ou da máxima desvalorização ($e{\rightarrow}3$). Mantendo-se os salários definidos anteriormente (w^A=50a e w^B=50b), tal refletir-se-á no preço dos bens, tal como mostra a tabela 2.21.

Tabela 2.21: Efeitos de alterações na taxa de câmbio

Preço dos bens (na moeda de A)	$e{\rightarrow}2.5$ (máxima valorização)	$e{\rightarrow}3$ (máxima desvalorização)
P_X^A	100	100
P_Y^B	200 (aumenta)	166 (diminui)
$RTI_{X/1Y}$	0.5 (=$RTA_{X/1Y}A$)	0.6 (=$RTA_{X/1Y}^B$)

Como se pode constatar, quando a taxa de câmbio tende para o limite da máxima valorização o valor da RTI tende para a razão de troca em autarcia do país A. Logo, ganha mais o país B, aquele cuja RTA mais se afasta da RTI. Ou seja, quanto mais valorizada a moeda do país B maiores os seus ganhos da troca (porque maior o preço do bem Y – exportado por B – em moeda de A, melhoram os termos de troca para o país B). Neste caso particular, todos os ganhos com a troca seriam apropriados por B.

COMÉRCIO INTERNACIONAL

Se a moeda de B tender para o limite da máxima desvalorização, ou seja, máxima valorização para A, (e→3), o valor da RTI tende para a RT em autarcia do país B e, portanto, o país A será o país ganhador. Todos os potenciais ganhos seriam apropriados pelo país A.[24]

Resumindo, quanto mais valorizada (desvalorizada) estiver a moeda do país maiores (menores) os seus ganhos da troca, mas dentro dos limites que permitem manter o sentido esperado da especialização, ou seja, desde que a taxa de câmbio permita o comercio internacional.

2.2.4. IMPACTO DE ALTERAÇÕES NOS CUSTOS UNITÁRIOS

Suponha-se que, no país A, em resultado do aumento da produtividade da produção do bem X, os custos unitários diminuem. Por exemplo, se a produtividade duplicar tal significa que o custo unitário passa para metade, como evidenciado pela tabela 2.22.

Tabela 2.22: Matriz de custos unitários

	Custos unitários (horas de trabalho) = 1/Produtividade	
	X	Y
País A	1	4
País B	3	5

Calculando o custo de oportunidade dos bens nos dois países, facilmente se concluí que o país A reforça a vantagem comparativa na produção do bem X e o país B mantém vantagem comparativa na produção do bem Y.[25] Este aumento da produtividade do bem X no país A pode refletir-se, ou não, em aumentos de salários no país. Assim, o impacto da alteração na produtividade pode ser analisado admitindo duas situações extremas: i) mantendo-se a taxa de câmbio e os salários nominais ou ii) mantendo-se a taxa de câmbio e os termos de troca.

---

[24] Alternativamente os ganhos poderiam ser evidenciados calculando a $RTI_{Y/IX}$.

[25] $CO_X^A=0.25$ e $CO_X^B=0.6$ enquanto $CO_Y^A=4$ e $CO_X^B=1.67$.

i) Mantendo-se a taxa de câmbio e os salários nominais

Nesta situação os ganhos de produtividade do país A refletem-se integralmente em baixa dos preços (no país em que se verifica o aumento da produtividade). Assim, significa que $p_X^A=1*50=50$ (note-se que anteriormente era 100). [Relembre-se que $w^A=50$; $w^B=100$; $e=2.8$]

A redução de p_X^A conduz a uma alteração dos termos de troca que passam a ser mais favoráveis a B. Com efeito, $RTI_{Y/1X}=50/179=0.28$ o que significa que os ganhos vão, quase na totalidade, para o país B, apesar do aumento da produtividade de X em A. O país B que em autarcia sacrificava 0.6 unidades de Y para obter uma unidade de X, cede agora apenas 0.28 unidades de Y para obter uma unidade de X no comércio internacional. Por seu lado, o país A obtinha, em autarcia, 0.25 unidades de Y por cada uma de X e com o comércio internacional obtém 0.28 unidades de Y.[26]

ii) Mantendo-se a taxa de câmbio e os termos de troca

Nesta situação os ganhos de produtividade do país A são inteiramente repercutidos em aumentos de salários em A. Desta forma, e uma vez que a produtividade duplica, o mesmo se passa com os salários, ou seja, $w^A=100$. Taxa de câmbio e salários de B mantêm-se em 2.8 e 100, respetivamente. Assim, e quando expressos na moeda de A:

$$p_X^A=1*100=100; \ p_Y^B=5*100/2.8=179$$

Por conseguinte, os termos de troca não se alteram, ou seja, $RTI_{Y/1X}=100/179=0.56$ (ou $RTI_{X/1Y}=179/100=1.79$). Nesta situação o país A vai poder apropriar-se da maior parte dos ganhos resultantes do seu próprio aumento de produtividade. O país A, que em autarcia obtinha 0.25 unidades de Y por cada unidade de X que sacrificava, obtém agora 0.56 unidades de Y por cada unidade de X que cede no comércio internacional. Os ganhos de produtividade realizados pelo país A são integralmente apropriados por este.

Qual das duas alternativas (i) ou (ii) é mais provável?

Tudo depende da forma de regulamentação interna do país que experimenta os ganhos de produtividade. Contudo, o modo como o mercado de trabalho

---

[26] Alternativamente, $RTI_{X/1Y}=179/50=3.6$. Em autarcia o país A precisava de 4 unidades de X para obter uma de Y; com o comércio internacional precisa de 3.6. Por sua vez, o país B, em autarcia, obtinha, com uma unidade de Y, 1.67 de X; com o comércio internacional obtém 3.6 unidades de X.

COMÉRCIO INTERNACIONAL

está organizado faz a segunda alternativa parecer mais razoável (atendendo ao peso dos sindicatos). Há, contudo, outros fatores a ter em consideração:

- Considere-se a situação (i) em que o aumento de produtividade se reflete numa redução dos preços, em particular, $\downarrow p_X{}^A$. Esta traduz-se num aumento do rendimento real em B, o que induzirá um aumento das importações (porque estas são função positiva do nível de rendimento) e consequente défice da balança comercial. Por sua vez, este défice gera pressões no sentido da desvalorização da moeda de B, significando que, a prazo, o país A pode apropriar-se dos ganhos de produtividade, mesmo que não se tenham refletido em aumentos de salários.

- Considere-se agora a situação (ii) em que o aumento de produtividade se reflete num aumento de salários no país A. O aumento dos salários, e consequente elevação do rendimento, induzirá o crescimento das importações e, consequentemente, um aumento da procura da moeda de B, a qual tenderá a valorizar-se (desvalorização da moeda de A). Esta situação permitirá a B apropriar-se parcialmente dos ganhos de produtividade que A gerou.

2.2.5. MODELO DE RICARDO COM MOEDA – GENERALIZAÇÃO A N BENS

Em todas as análises realizadas até ao momento, assumiu-se um "mundo" constituído por apenas dois países que produzem (e consomem) apenas dois bens, o que é demasiado irrealista. Por forma a tornar a análise mais próxima da realidade, torna-se necessário considerar a produção de vários bens, mantendo o enquadramento de dois países.

Relembrando o resultado obtido com 2 bens, dado pela equação (2.1), tal traduzia um menor preço do país A no bem X e do país B no bem Y. O resultado pode ser generalizado, podendo dizer-se que o país A terá um preço inferior ao do país B sempre que:

$$\frac{w^A * e}{w^B} < \frac{Prod_Z^A}{Prod_Z^B}$$

Por sua vez, o país B terá um preço inferior ao de A sempre que:

$$\frac{w^A * e}{w^B} > \frac{Prod_Z^A}{Prod_Z^B}$$

Assim, considerando a existência de n bens, pode estabelecer-se uma cadeia de produtividades relativas (alternativamente, poderia ser construída uma cadeia de custos relativos):

$$\frac{Prod_1^A}{Prod_1^B} < \frac{Prod_2^A}{Prod_2^B} < \cdots < \frac{Prod_{n-1}^A}{Prod_{n-1}^B} < \frac{Prod_n^A}{Prod_n^B}$$

Os bens estão ordenados da menor para a maior produtividade do país A relativamente ao país B, pelo que esta cadeia mostra que:
- o país B tem uma vantagem comparativa mais forte no bem 1, seguido do bem 2, e assim sucessivamente;
- o país A tem uma vantagem comparativa mais forte no bem n, seguido do bem n-1, e assim sucessivamente.

Os custos relativos (ou produtividades relativas) apenas determinam uma ordem de classificação dos diversos bens. A composição exata das exportações de cada país fica dependente da introdução da taxa de câmbio e dos níveis salariais em presença. Ou seja, o ponto exato em que se dividirão os 2 grupos de bens (exportados por A e exportados por B) depende dos níveis salariais e da taxa de câmbio. Conhecendo os salários nos dois países e a taxa de câmbio entre as duas moedas, ou seja, conhecendo a relação dos salários em moeda comum, identificam-se os bens em que cada país tem um preço mais baixo e que, por isso, irá exportar.

Suponha-se que:

$$\frac{Prod_1^A}{Prod_1^B} < \frac{Prod_2^A}{Prod_2^B} < \cdots \frac{Prod_{n-2}^A}{Prod_{n-2}^B} < \frac{W^A * e}{W^B} < \frac{Prod_{n-1}^A}{Prod_{n-1}^B} < \frac{Prod_n^A}{Prod_n^B}$$

Na situação apresentada:
- país A exportará os bens à direita do rácio de salários (bens n-1 e n), pois o preço desses bens no país A é inferior ao de B; ou seja, o país A apresenta competitividade preço nos bens n-1 e n.
- país B exportará os bens à esquerda do rácio de salários (bens 1 a n-2), pois o preço desses bens no país B é inferior ao de A; ou seja, o país B apresenta competitividade preço nos bens 1 a n-2.

COMÉRCIO INTERNACIONAL

A cadeia anterior permire ainda constatar que variações cambiais conjugadas com variações salariais são suscetíveis de alterar o padrão de especialização dos países. Com efeito, alterações da taxa de câmbio e e/ou alterações dos salários w^A ou w^B, alterarão a relação $\frac{w^A*e}{w^B}$. Esta poderá deslocar-se para a esquerda (por exemplo, devido a uma redução da taxa de câmbio – desvalorização da moeda de A, redução de w^A ou aumento de w^B), significando um aumento de competitividade preço do país A em alguns bens (redução de competitividade preço por parte do país B). Por sua vez, a relação $\frac{w^A*e}{w^B}$ deslocar-se-á para a direita devido, por exemplo, a um aumento da taxa de câmbio – valorização da moeda de A, aumento de w^A ou redução de w^B), significando uma redução de competitividade preço do país A em alguns bens (aumento de competitividade preço por parte do país B), significando que o país A passaria a exportar um menor número de bens.

Modelo de Ricardo com moeda e n bens – implicações de política

Na perspetiva de um dos países (por exemplo o país A), pode, por exemplo, analisar-se os previsíveis efeitos da inflação. Uma vez que os salários incluídos no modelo são salários nominais, se o país registar inflação acima da dos seus parceiros comerciais, é provável que os salários nominais subam mais rápido que os dos seus parceiros. Assim, *ceteris paribus*, o rácio de salários deslocar-se-á para a direita, traduzindo perda de competitividade preço em alguns bens. Esta perda de competitividade pode coexistir com uma diminuição dos salários reais no país A: basta os salários nominais subirem mais do que os dos parceiros mas menos do que a inflação.

Uma forma de compensar a evolução dos salários descrita acima será desvalorizando a moeda. A desvalorização da moeda significa que, os salários de B, medidos em moeda de A (w^B/e), aumentam, compensando desta forma a maior subida nominal dos salários de A. Contudo, a desvalorização significa também que os produtos importados de B passam a ser mais caros e, como tal, corresponde a uma perda de poder de compra internacional por parte do país A.

Assim, a forma mais sustentada de melhorar a competitividade do país A será aumentando a produtividade. Se o país A conseguir aumentar a produtividade, por exemplo, do produto n-2, tal corresponde, *ceteris paribus*, a deslocar o rácio de salários para a esquerda, podendo determinar que o país ganha competitividade preço neste bem (n-2). Noutra perspetiva, o aumento da produtividade poderá permitir aumentar os salários (e com eles o bem estar) sem perdas de competitividade. Contudo, aumentar a produtividade é geralmente uma tarefa complexa na medida em que requer medidas com impacto que não é imediato mas cujos custos económicos e políticos podem ser elevados, tornando-as pouco apelativas para políticos eleitos.

Note-se ainda que a opção de compensar uma subida dos salários nominais pela via da desvalorização da moeda não está disponível para países que integrem uma união monetária, como é o caso de Portugal no contexto da área euro. Neste caso, o país deixou de dispor da taxa de câmbio enquanto instrumento de política económica, pelo que a manutenção de uma relação adequada entre a variação dos salários e a evolução da produtividade é ainda mais relevante, sob pena de perda de competitividade.

O crescimento da produtividade assume-se então como mais fundamental, só ele permitindo uma melhoria das condições de remuneração dos trabalhadores sem afetar negativamente a competitividade. Neste contexto, a concretização de reformas estruturais, que visem o crescimento da produtividade, assume particular realce, podendo constituir, todavia, uma tarefa complexa como acima se refere.

Modelo de Ricardo com 2 bens e n países

À semelhança do modelo com n bens, pode construir-se uma cadeia de vantagens comparadas:

$$\frac{C_X^1}{C_Y^1} < \frac{C_X^2}{C_Y^2} < \cdots < \frac{C_X^i}{C_Y^i} < \cdots < \frac{C_X^{n-1}}{C_Y^{n-1}} < \frac{C_X^n}{C_Y^n}$$

onde 1, 2, ..., n são países e X, Y os dois bens.

A cadeia mostra o custo relativo de X (face a Y). Como tal, evidencia que o país 1 é o que tem mais fortes vantagens comparadas na produção do bem X, e o país n na produção do bem Y. Se o país i produzir X, também produzem todos os países para a sua esquerda. No máximo, um país produz os dois bens. Neste caso, a RTI vai ser igual à sua RTA, e o país não ganhará nada com a troca.

COMÉRCIO INTERNACIONAL

Claro que a situação mais realista seria considerar muitos países e muitos bens. Neste caso a análise torna-se bastante mais complexa, mas o princípio subjacente à cadeia de especialização mantém-se. Cada país vai produzir alguns dos bens para os quais a RTI seja superior à sua RTA.

2.3. OUTRAS TEORIAS EXPLICATIVAS DO COMÉRCIO INTERNACIONAL

Na sequência dos resultados imperfeitos dos testes da primeira geração, houve, como se disse, um aprofundamento teórico-empírico da questão dos determinantes das trocas, observando-se o surgir de novas correntes, integradas ou não nos determinantes considerados por autores clássicos e neoclássicos.

No seguimento das teorias neoclássicas e clássicas, inicialmente observa-se, respetivamente, as abordagens neo-fatoriais (subsecção 2.3.1) e neo-tecnológicas (subsecção 2.3.2). As primeiras permanecem no quadro inicial do modelo de Heckscher-Ohlin (não abandono da intuição base), pretendendo reformulá--lo, considerando sobretudo mais fatores de produção, cuja dotação relativa explicará as trocas. Levam em conta em particular a heterogeneidade do fator trabalho (trabalho qualificado/trabalho não qualificado), o que permite diferenciá-las em outros tantos fatores, e consideram a tecnologia homogénea e universalmente acessível, detida, embora, em maior ou menor quantidade pelos países envolvidos. Na medida em que permanecem no tal quadro inicial, distinguem-se claramente das abordagens neo-tecnológicas que partem de uma intuição de base ricardiana para explicar as vantagens comparativas dinâmicas, assentes no carácter custoso e não livre da tecnologia, que geram o comércio internacional a partir do progresso técnico. Embora ambos os tipos de abordagens integrem a dimensão tecnológica, fazem-no de forma distinta.

Mas o comércio internacional pode não ser o resultado da vantagem comparativa. Pode ser motivado pela procura (subsecção 2.3.3) e pode ainda decorrer de rendimentos crescentes à escala, isto é, da tendência para a diminuição dos custos médios com o aumento do *output*. As economias de escala dão aos países incentivos para se especializarem e trocarem, mesmo na ausência de diferenças entre os países, quer ao nível de recursos ou tecnologia. As economias de escala internas têm de ser analisadas usando modelos de concorrência imperfeita. Um importante modelo é o de concorrência monopolística (subsecção 2.3.4). As economias de escala externas são consistentes com a concorrência perfeita e dão um importante papel à história ou acaso na determinação do padrão do comércio, que pode desvirtuar o sentido da especialização baseado na vantagem comparativa (subsecção 2.3.5). O mesmo ocorre num contexto de economias de escala dinâmicas, baseadas em processos de aprendizagem.

2.3.1. DIFERENÇA NAS DOTAÇÕES FATORIAIS: ABORDAGENS NEO-FATORIAIS

Na explicação do paradoxo de Leontief, viram-se algumas abordagens que procuraram explicar o paradoxo, sugerindo a inclusão de outros fatores de produção além de trabalho, L, e capital, K, homogéneos, como considerado pela teoria neoclássica. Surgem assim as abordagens neo-fatoriais:
- Fatoriais, porque a explicação para as trocas assenta na vantagem comparativa baseada nas diferenças de dotações de fatores;
- Neo, porque introduzem diferenças significativas relativamente ao modelo neoclássico.

Esta abordagem sugere a inclusão de outros fatores de produção, para além de K e L, ou diferentes categorias de K e L (uma vez que estes fatores, sobretudo L, não são homogéneos), existindo duas linhas fundamentais de desenvolvimento:
1) Existência de fatores específicos: recursos naturais e trabalho qualificado não transferíveis entre indústrias.
2) Introdução do conceito de "capital humano".

Considerando a existência de fatores específicos (i.e., a consideração de fatores que não são transferíveis livremente entre indústrias, como sucede no modelo neoclássico), há que considerar, por um lado, que os recursos naturais (zinco, cobre, etc.) requerem a utilização de muito capital (físico), podendo afirmar-se que, de facto, os recursos naturais e o capital são fatores complementares. Ora, por exemplo, concentrando-se em dois fatores, os EUA acabam por importar muito capital (ligado à importação de recursos naturais). Por outro lado, há que atender à possibilidade de existência de diferentes níveis de qualificação do fator trabalho.

A este propósito, Keesing (1966), por exemplo, divide o trabalho em oito categorias. Com dados de 1962, comparou o conteúdo em trabalho das exportações e importações dos EUA com a de outros países e concluiu que as exportações dos EUA incorporavam uma maior proporção de trabalhadores

COMÉRCIO INTERNACIONAL

qualificados (cientistas, engenheiros) e uma menor proporção de trabalhadores não-qualificados, enquanto as importações incorporavam uma maior proporção destes últimos.

Por sua vez, a introdução do conceito de "capital humano" (*stock* de educação "incluído" nos trabalhadores), acomodando a mão-de-obra com educação, formação profissional, treino, requer investimento e torna o trabalho num fator não homogéneo. Tal determina diferenças importantes na produtividade do trabalho, sobretudo entre trabalho especializado e trabalho não-especializado.

O capital humano pode ser tratado de duas formas: (i) como valor somado ao montante do capital físico para averiguar a intensidade fatorial, sendo que neste caso as exportações americanas passariam a ser capital intensivas; (ii) como fator de produção autónomo, atendendo a que o seu grau de substituibilidade com o capital físico não é muito elevado, perspetiva que permite a reconciliação dos resultados do teste de Leontief com o modelo de Heckscher-Ohlin, agora com 3 ou mais fatores. Bhagwati (1971), Stern e Mastens (1981) obtiveram resultados que suportam este ponto de vista: tomando os EUA como relativamente abundantes em capital humano, então exportam bens relativamente intensivos nesse fator, o que está de acordo com o previsto pelo modelo de Hechscher-Ohlin.

Stern e Mastens (1981) demonstraram ainda que essa evidência é mais forte para 1958 que em 1972. Poderá estar de acordo com a observação, não comprovada em termos formais, de que, nos anos 70, o Japão e a Europa haviam já evoluído de forma significativa em termos de formação da sua mão-de-obra. A relativa abundância dos EUA em capital humano havia diminuído em relação ao Japão e à Europa. Ainda mais favoráveis ao modelo de Heckscher-Ohlin foram os testes realizados para países em desenvolvimento. Nestes países as importações parecem ser significativamente mais intensivas em capital humano que as exportações.

Um importante estudo nesta linha foi desenvolvido por Bowen et al. (1987). Usando uma amostra de 27 países e 12 fatores de produção, estes autores demonstraram que, para cerca de 2/3 dos fatores, o tipo de bens exportados estava de acordo com a relativa abundância fatorial. Estes autores basearam-se na ideia de que a troca de bens é uma forma indireta de trocar fatores de produção. Calculando os fatores de produção incorporados nas exportações e importações dos países resultaria que os país são exportadores líquidos de fatores de produção em que são relativamente abundantes e importadores líquidos de fatores de produção cuja dotação é relativamente pobre.

Em conclusão, as abordagens neo-fatoriais têm por base o modelo de Heckscher-Ohlin, pretendendo reformulá-lo no sentido de considerar a heterogeneidade do fator trabalho e o impacto dos recursos naturais. Os teoremas de Hechscher-Ohlin, Samuelson e Stolper-Samuelson mantêm-se válidos. A vantagem comparativa continua a ser determinada por diferenças nas dotações fatoriais, embora não em termos de dois fatores, K e L, mas de vários fatores. O número ótimo de fatores a considerar é, contudo, uma dificuldade empírica.

2.3.2. DIFERENÇA NA TECNOLOGIA: ABORDAGENS NEO-TECNOLÓGICAS

Os principais testes empíricos realizados ao modelo de Heckscher-Ohlin resultaram bem mais fracos que os testes do modelo de Ricardo. Assim sendo, muitos economistas, com destaque para Posner e Vernon, sugeriram, a partir dos anos 60, o retorno à ideia ricardiana de que o grande motor do comércio internacional, a fonte da vantagem comparativa, são as diferenças de tecnologia.

Estas abordagens partem então de uma intuição de base ricardiana, mas não se trata de uma simples reformulação da abordagem de Ricardo. A via neo-tecnológica pretende explicar as vantagens comparativas que geram o comércio internacional a partir do progresso técnico. A vantagem comparativa resultante deste progresso técnico é dinâmica e é-o de duas formas: é originada pelo crescimento económico e assenta num monopólio instantâneo da empresa ou do país inovador. À medida que a nova tecnologia se vai difundindo, a vantagem vai-se perdendo e deverá ser permanentemente reconstruída pela procura de novas técnicas e novos produtos que continuem a assegurar um monopólio. Nesse sentido, as vantagens comparativas são temporárias, dado que a difusão do progresso técnico e a imitação vão fazer com que o país perca o poder tecnológico inicial.

Em suma, as abordagens neo-tecnológicas, são:
- Tecnológicas, porque a explicação para as trocas assenta na vantagem comparativa baseada nas diferenças de tecnologia;
- Neo, porque introduzem diferenças significativas relativamente ao pensamento ricardiano, ao considerar a tecnologia dinâmica.

As abordagens neo-tecnológicas reconhecem que a tecnologia não é um fator livre e gratuito. Tem um custo e não é homogénea. Daí o papel funda-

COMÉRCIO INTERNACIONAL

mental atribuído à Investigação e Desenvolvimento (I&D) na aquisição de vantagens comparativas.

Surgem-nos duas análises fundamentais ao nível desta corrente, o desvio tecnológico de Posner (1961) e a teoria do ciclo de vida do produto de Vernon (1966).

a) Desvio tecnológico de Posner (1961)

Este autor salienta que mesmo países com dotações fatoriais relativas próximas podem manter um comércio ativo entre eles. Este facto explica-se pela inovação: criando processos e/ou produtos novos, certos países podem tornar-se exportadores, independentemente das suas vantagens em dotações fatoriais.

O avanço tecnológico adquirido num sector confere um monopólio de exportação para os produtos do sector. Através da inovação, as empresas criam um monopólio temporário para si e para o seu país, sendo que os desenvolvimentos tecnológicos são resultado de investimento contínuo (I&D). À medida que o novo produto estabiliza no mercado interno, a empresa inovadora procura explorar a sua vantagem nos mercados externos, iniciando um fluxo crescente de exportações. Este fluxo poderá, contudo, vir a cessar pois os lucros obtidos pela empresa inovadora nos mercados externos irão possivelmente atrair imitadores locais. À medida que os estes têm sucesso na imitação, as importações vão sendo substituídas por produção local. Uma vez desaparecido o *desvio* tecnológico, a troca internacional nesse bem desaparece e outras inovações deverão surgir, gerando novas fontes de vantagem comparativa para o país e novos fluxos de troca internacional. Ou seja, a vantagem comparativa é dinâmica e instável/temporária.

No modelo de Posner, a troca internacional depende da existência de dois *lags*/atrasos temporais – um "atraso no consumo" (*demand/consumption lag*) e um "atraso na imitação" (*imitation lag*). O comércio, devido ao desvio tecnológico, emerge quando os consumidores estrangeiros exprimirem uma procura de novos bens, ao fim de um certo prazo (*demand/consumption lag*). Este "*lag*" representa pois o periodo de tempo que medeia entre o primeiro consumo no país de origem (inovador) e o primeiro consumo do bem no país imitador, podendo considerar-se curto entre países com níveis de desenvolvimento semelhante. Esse comércio desaparece progressivamente quando os produtores estrangeiros se empenham no fabrico dos mesmos bens, o que também necessita de um certo tempo (*imitation lag*). Este "*lag*" representa o período de tempo que decorre da primeira produção no país inovador e a produção do país imitador, sendo, por isso, o período de tempo que permite a situação de monopólio temporário (figura 2.14).

Figura 2.14: Desvio na produção e no consumo e comércio internacional

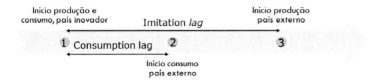

Segundo este autor, o avanço tecnológico de um país ou de uma indústria deve-se sobretudo às distintas taxas de investimento, que permitem a descoberta de novos processos de produção, que conferem vantagens comparativas. Estas inovações permitem produzir novos produtos que asseguram o monopólio momentâneo na sua exploração e exportação. O desvio tecnológico será a fonte da troca até à imitação do processo ou do produto por produtores estrangeiros. Uma vez esgotado o avanço tecnológico, outras inovações deverão surgir por forma a manter uma vantagem comparativa, a qual é dinâmica mas instável. A teoria do desvio tecnológico propõe, pois, que as diferenças tecnológicas são temporárias, sendo uma parte apenas de um processo dinâmico em que a tecnologia evolui através de uma sequência de inovações e invenções. Note-se que no modelo de Ricardo as diferenças tecnológicas eram perpétuas.

Quando um novo produto é desenvolvido e se torna lucrativo no mercado nacional proporciona ao país inovador uma vantagem comparativa. Assim sendo, o monopólio temporário, proporcionado pela inovação, permite um fácil acesso aos mercados externos, mas exige I&D. A teoria falha, no entanto, na explicação do que é exactamente o desvio, porque é que ele acontece, e que razões exactas determinam a sua dimensão.

b) Teoria do ciclo de vida do produto de Vernon (1966)
Introduzida por Vernon (1966), prolonga a teoria do desvio tecnológico, analisando as causas da inovação e as modalidades da sua difusão internacional, sendo que o objectivo inicial era a explicação do comportamento das multinacionais dos EUA. Também postula uma vantagem comparativa dinâmica, dividindo o ciclo de vida de um novo produto em 3 etapas/fases: (i) produto novo (Introdução); (ii) produto maduro

COMÉRCIO INTERNACIONAL

(Crescimento); (iii) produto estandardizado (Maturidade). Estudos na área do *marketing* sugerem uma 4ª fase (Declínio). De acordo com esta abordagem, as funções de produção (tecnologia) e a procura dos bens variam ao longo do seu ciclo de vida, i.e., ao longo das várias fases, o que vai afetar as intensidades fatoriais, a localização da produção, a evolução da vantagem comparativa e o comércio internacional.

Tabela 2.23: Fases do ciclo de vida do produto

Fase	Preço	Intensidade fatorial
Produto novo	Elevado	I&D e trabalho qualificado
Crescimento	Diminui	Cada vez mais capital
Maturidade	Diminui	Capital e trabalho não qualificado
Declínio	Diminui	Trabalho não qualificado

Porque a transformação de conhecimentos científicos em inovação requer a presença de mão-de-obra qualificada, empresas especializadas e um vasto e rico mercado capaz de absorver o novo produto, para Vernon, os EUA seriam o país inovador e os países da Europa Ocidental os primeiros imitadores – hipótese perfeitamente credível no período em que a teoria foi desenvolvida (finais dos anos 50 e anos 60).

Detalhando cada uma das fases pode afirmar-se o que se segue.[27]

Introdução/arranque do produto novo

Vernon (1966) argumentava que vários países poderiam ter acesso ao conhecimento científico em idênticas circunstâncias (como acontecia no mundo ocidental após a 2ª guerra mundial), havendo, contudo, uma diferença entre possuir o conhecimento científico e ser capaz de o transformar num produto

---

[27] Para várias gerações de um mesmo tipo de produto, os ciclos de vida serão repartidos de acordo com a posição do país estudado na hierarquia das nações. Assim, um produto obsoleto nos EUA poderá ser novo em países em vias de desenvolvimento, enquanto um produto novo na Europa poderá já estar em maturidade nos EUA e não estar ainda presente no mercado dos países em vias de desenvolvimento.

2 · TEORIAS DO COMÉRCIO INTERNACIONAL

vendável. Segundo o autor, tal requer a intervenção de um empresário, o que pressupõe a existência de um clima empresarial favorável à inovação.

Contudo, e seguindo uma ideia muito próxima da teoria da procura desenvolvida por Linder (1961), que será abordada na subsecção seguinte, a existência de uma procura doméstica potencial é igualmente importante porque reduz o risco do negócio. Com efeito, os empresários conhecem melhor o mercado doméstico, o que facilita a existência de *feedback* entre produção e consumo, facilitando o ajustamento do seu produto às exigências do mercado.

Nesta fase, as técnicas de produção são muito instáveis, a inovação é uma regra, sendo maior ou menor a sua adaptabilidade ao fabrico do produto. Novas combinações de fatores são incessantemente testadas até que o resultado desejado seja encontrado. A produção é muito intensiva em trabalhadores qualificados (engenheiros, cientistas). A concepção, os testes, os acertos finais, o *design*, por exemplo, necessitam nesta fase de um grande trabalho de I&D. A importância do pessoal altamente qualificado e das despesas de I&D torna-se evidente. Algumas investigações fundamentais podem estender-se por várias dezenas de anos antes de se chegar à elaboração de um novo produto, podendo mesmo acontecer que este não chegue a sobreviver à sua fase de desenvolvimento.

As séries de fabrico são curtas, o produto é ainda um protótipo e a sua finalização é dispendiosa e incerta; as próprias máquinas utilizadas são específicas e muito caras, não permitindo o fabrico em cadeia. Sendo ainda desconhecido, o produto não pode esperar ocupar desde logo um mercado de grande dimensão e, nestas condições, só se podem encarar séries curtas, sucessivas e diferentes umas das outras.

O preço de venda é elevado, sendo que incorpora ainda importantes despesas de publicidade e ccomercialização – o consumidor paga a novidade. Assim, o nível de rendimento associado à procura é elevado, pelo que apenas se destina aos detentores de um rendimento elevado, cultivando o gosto da novidade e considerando-se como uma elite capaz de lançar modas e de as propagar. A elasticidade preço da procura do produto novo é fraca (procura inelástica) e a inexistência de substitutos próximos não permite que os consumidores direccionem a procura para outros produtos susceptíveis de conduzirem à mesma satisfação.

Um monopólio temporário relativamente ao produto considerado é detido pela empresa inovadora. Tal monopólio, ilustrado pela posse de um *know--how*, confere à empresa um direito de propriedade sobre a tecnologia, o qual pode ser mais ou menos bem protegido através de um sistema de patentes. Assim, o número de empresas será tanto mais fraco quanto mais recente seja o sector de actividade. As barreiras à entrada são elevadas na medida em que a concorrência se faz sobre um produto cuja elaboração é dispendiosa.

Esta fase não gera comércio internacional. O produto é fabricado e consumido no país de origem da inovação (EUA). Só o país inovador possui uma população detentora de rendimentos suficientemente elevados para comprar o novo produto. Admite-se, pois, que alto nível tecnológico e alto rendimento são elementos paralelos no país inovador. O mercado interno é o mais apto para servir de "mercado-teste" para os novos produtos. Sendo o produto ainda instável na sua tecnologia e na sua qualidade, testá-lo junto dos consumidores locais, onde a distância física e psicológica entre vendedor e comprador é mais reduzida, limita os desperdícios de informação e os custos de transporte. As vendas no mercado local permitem observar de mais próximo o comportamento dos consumidores e modificar mais rapidamente as primeiras versões do produto se a procura assim o determinar.

Crescimento

O sucesso do produto no mercado nacional leva a empresa inovador a progressivamente testá-lo nos mercados estrangeiros. Contudo, o crescente sucesso nos mercados nacional e estrangeiro vai inevitavelmente atrair, a médio prazo, novos produtores. Por outro lado, o aumento da procura incentiva a busca de técnicas de produção mais eficientes e automáticas, bem como uma crescente estandardização do produto.

Uma vez testados no mercado e aumentando a procura, o volume de produção aumenta, verificando-se uma tendência para a descida do preço, até porque o produto começa a ser produzido em condições mais mecanizadas. Emerge a produção e o consumo de massa (procura mais elástica), permitindo o aproveitamento de economias de escala e a progressiva redução do preço. O processo produtivo torna-se intensivo em capital (mecanização) e sucessivas novas empresas entram no mercado, produzindo sucedâneos e contribuindo também para a descida do preço. As empresas mais avançadas penetram no mercado externo de forma decisiva, aproveitando o facto de ainda aí manterem uma posição de monopólio, dado que a difusão tecnológica não foi realizada por empresas externas.

2 · TEORIAS DO COMÉRCIO INTERNACIONAL

Se, durante a primeira fase e o início da segunda, o país inovador monopolizava a produção mundial, numa fase posterior as empresas que lançaram o produto novo começam a ser substituídas nos mercados dos restantes países desenvolvidos por produtores locais, que não têm que suportar custos de transporte. O aparecimento destes novos produtores pode ainda ser incentivado através de políticas comerciais protectoras das indústrias nacionais nascentes (ver secção 3.2.2).

À medida que a tecnologia se estabiliza, o bem torna-se estandardizado e passa a ser produzido em grandes séries, respondendo a uma procura crescente. A produção torna-se fortemente capital-intensiva e os processos de I&D dirigem-se progressivamente para outros bens. A qualidade do produto pode, ainda assim, melhorar mas será progressivamente necessário um menor número de trabalhadores qualificados e de I&D. As despesas de I&D desaparecem progressivamente, enquanto outras despesas (como as associadas à implantação das redes de comercialização ou à publicidade) diminuem. Em contrapartida, elevados investimentos em capital são essenciais para os equipamentos necessários à produção em série. Contudo, as economias de escala envolvidas neste tipo de produção levam à diminuição do custo médio de produção, o que permite uma redução progressiva do preço de venda.

Com a diminuição do preço a esfera de consumo alarga-se. O produto torna-se acessível a uma grande parte da população, sendo provável que o efeito imitação acelere este fenómeno. As expectativas e as exigências dos consumidores refinam-se, formando-se hábitos de consumo nos compradores, melhorando a sua informação sobre as performances do produto e sobre as de eventuais substitutos, crescendo a sua exigência sobre a qualidade. A elasticidade-preço aumenta; o aparecimento de substitutos próximos torna o consumo do primeiro produto mais sensível às variações de preço.

Com a perspetiva de lucros elevados, a diminuição do conteúdo tecnológico do produto e a difusão do *know-how*, numerosas empresas são atraídas para o sector. Instala-se uma estrutura oligopolista instável, aparecendo no mercado imitações do primeiro produto. Intensifica-se a luta pela conquista de quotas de mercado, acentuando-se a instabilidade do sector e surgindo falências e fusões. A concorrência efetua-se através da diferenciação dos produtos mas, sobretudo pela baixa do preço. Contudo, num esforço de diferenciação para adquirir quota de mercado, pode verificar-se que os custos de diferenciação se substituam nos orçamentos publicitários aos custos de informação relativos à existência do novo produto.

COMÉRCIO INTERNACIONAL

Estando o seu produto estabilizado e tendo o seu preço diminuído, o produtor vai procurar estender o seu mercado. Surgem, assim, e multiplicam-se as exportações do país inovador em direção aos seus parceiros desenvolvidos (com níveis de rendimento aproximados). A empresa inovadora vai, desta forma, tentar prolongar o seu monopólio temporário sendo a primeira a explorar os mercados estrangeiros. No seu território as imitações aparecem e o seu mercado interno é alvo de ataques. Dada a sua primeira experiência, a empresa vai aproveitar o seu avanço através de uma nova situação de monopólio na venda para o exterior.

Os consumidores estrangeiros de altos rendimentos procuram o produto. As exportações serão tanto mais favoráveis quanto mais os consumidores estrangeiros emitam uma procura relativamente ao produto que seja o resultado de uma informação que lhes tenha chegado sobre a sua existência, as suas capacidades e o seu preço. A balança comercial do país inovador para o novo produto torna-se crescentemente excedentária e a dos outros países desenvolvidos fortemente deficitária. Quanto aos países em vias de desenvolvimento, uma fraca importação do bem tende a surgir.

Maturidade

Cada vez mais a mecanização impera e cada vez mais é possível recorrer a trabalhadores menos qualificados. O produto está agora banalizado e o seu processo de produção estandardizado. O seu custo de produção tende a diminuir, pois o bem é mais fácil de produzir e menos diferenciado. A possibilidade de obter economias de escala é, agora, um fator decisivo de competitividade, pelo que não é de estranhar que o processo produtivo seja cada vez mais intensivo em capital e, dada a sua banalização, também em trabalho pouco qualificado.

Nesta fase verifica-se uma progressiva deslocalização do processo produtivo do país que inicialmente desenvolveu o produto para localizações com menores custos de produção, fazendo com que esse país passe de exportador a importador.

No mercado externo, verifica-se a concorrência por imitação, notando-se também a retirada do mercado das empresas inovadoras em benefício de outras ou a deslocalização das suas unidades de produção, as quais se centram agora noutros países, aproveitando os baixos custos em termos de trabalho. Há uma inversão das correntes comerciais: o país inovador passa a importar o produto e se não voltar a entrar num processo de arranque (através do investimento em I&D que dê origem a novos produtos) poderá registar uma balança comercial global fortemente deficitária.

A tecnologia do produto banaliza-se e as técnicas de fabrico são conhecidas de todos. Cresce a proporção de trabalhadores não qualificados e semiqualificados na produção, as operações de montagem e embalagem assumem uma importância cada vez maior no conjunto do processo produtivo. A dimensão das unidades de produção aumenta, generalizam-se as séries longas de produção com técnicas estáveis, a intensidade em capital persiste elevada, as economias de escala são activamente procuradas com vista a reduzir ao máximo os custos.

A procura é cada vez mais elástica em relação ao preço, o consumo relativo a uma marca de produto torna-se muito instável na sequência do desenvolvimento de substitutos, aviva-se a concorrência pelos preços, a diferenciação perde importância aos olhos do comprador devido à banalização do produto. O consumo do produto toca a população de mais baixo nível de rendimento, mas deixa de interessar à de alto nível de rendimento. O produto torna-se um bem de consumo corrente, perdendo o seu aspecto de novidade e envelhecendo as suas características tecnológicas. Se for possível desenvolver uma nova geração de produtos suscetíveis de preencherem as mesmas funções, estes vão atrair de novo os consumidores de mais alto nível de rendimento. Em qualquer dos casos, o consumo do bem atinge a saturação, estagnando a quantidade vendida do conjunto dos produtos similares.

O oligopólio estabiliza-se, param os movimentos de saídas e entradas da segunda fase, apenas ficando no setor as empresas que souberam captar uma significativa quota de mercado e desenvolver gamas em volta do novo produto. Tendo desaparecido as barreiras tecnológicas, exercem pleno efeito as barreiras ligadas ao processo de aprendizagem, à curva de experiência. Banalizando-se o produto, a concorrência centra-se cada vez mais nos preços. Os esforços no sentido da sua redução passam pela racionalização dos processos produtivos num quadro em que surge uma ligeira sobrecapacidade de produção. A procura sistemática da redução de custos provoca um aumento da dimensão das empresas instaladas, as quais aumentam assim a sua capacidade para desenvolverem economias de escala. O mercado torna-se saturado e o aumento de quotas de mercado muito incerto. Ensaiam-se esforços no sentido de prolongar o ciclo de vida. Com vista a rentabilizarem ainda o produto, algumas empresas tentam prolongar a sua fase de crescimento ou de maturidade, através da publicidade ou da investigação, embora agora num contexto de sobrecapacidade e de margens de lucro reduzidas.

O fluxo das trocas inverte-se mais e mais. No país inovador, o mercado nacional vai-se saturando e a produção torna-se cada vez mais inferior ao consumo já que os custos em capital e em trabalho semi-qualificado são mais elevados do que no exterior. Em resultado da concorrência crescente, os produtores do país de origem reduzem a produção nacional, transferindo uma parte para o estrangeiro, sobretudo para outros países desenvolvidos. O consumo passa assim a ser parcialmente satisfeito por importações. Nos países desenvolvidos imitadores, a produção local cresce mais rapidamente do que o consumo, os produtores dos países de origem deslocalizam para estes países uma parte da sua produção e os produtores locais começam igualmente a imitar a empresa inovadora, conquistando quotas de mercado no seu próprio território e exportando eventualmente para o país inovador. Um fluxo de exportações podem também verificar-se em direcção dos países em vias de desenvolvimento. Deste modo, os países desenvolvidos tornam-se largamente exportadores.

Declínio

Confirma-se a obsolescência do produto. O produto envelhece, estando a sua tecnologia ultrapassada. O aparecimento de várias novas gerações de produtos torna a sua obsolescência ainda mais flagrante. Cresce a intensidade em trabalho não qualificado e não são realizados mais investimentos com vista ao fabrico deste produto. A mão-de-obra não qualificada torna-se o principal fator de produção devido à importância nos custos das tarefas de montagem, embalagem e transporte. A quantidade consumida do produto diminui. A procura é cada vez mais elástica.

A estrutura do setor desestabiliza-se novamente. Numerosas empresas abandonam o setor ou param de fabricar o produto em favor de novos bens. Outras empresas, pequenas e anteriormente subcontratadas, podem ser conduzidas a avançar e a fabricar produtos de frequente menor qualidade. O mercado encontra-se em situação de forte sobrecapacidade, baixando fortemente a procura, e as produções rapidamente se tornam excedentárias. As margens de lucro reduzem-se consideravelmente. Os preços e a qualidade prosseguem a sua baixa.

Os países desenvolvidos (inovadores e imitadores) são importadores e os países em vias de desenvolvimento tornam-se exportadores. Esta nova inversão da tendência das trocas internacionais do produto considerado decorreu do facto da produção reduzida nos países imitadores levar a que as empresas dos países desenvolvidos comecem a abandonar o produto ou a deslocalizar o seu fabrico para os países em vias de desenvolvimento onde a mão-de-obra não qualificada é mais barata. A produção acentua-se nos países em vias de desenvolvimento, ultrapassando o consumo local. Este fenómeno decorre parcialmente da deslocalização das empresas estrangeiras para estes países com vista a reexportar para os mercados dos países desenvolvidos.

As trocas comerciais e a deslocalização da produção

Às diferentes fases do ciclo do produto vão corresponder diferentes fluxos de troca internacionais entre o país de origem do novo produto e os seus parceiros comerciais. A teoria do ciclo de vida do produto é assim aplicada às trocas internacionais, sendo cada fase do ciclo caracterizada por um dado estado da balança comercial do produto. Vernon propôs a distinção de três categorias de países: os EUA, país líder, situado no topo da hierarquia tecnológica e do qual emanam todas as inovações; países desenvolvidos, "seguidores" (imitadores), e países em vias de desenvolvimento, situados no ponto mais baixo da hierarquia. A abordagem em termos de ciclo de vida contém igualmente uma explicação dos investimentos estrangeiros e da multinacionalização das empresas, podendo distinguir-se duas causas para a deslocalização da produção: uma para os países desenvolvidos e outra para os países em vias de desenvolvimento.

Deslocalização da produção para países desenvolvidos: fim 2ª fase e princípio da terceira

A deslocalização explica-se pela concorrência oligopolista. A empresa inovadora perde progressivamente o seu monopólio temporário. Nos seus mercados externos, ela passa a estar sujeita quer à concorrência de empresas do seu país de origem quer à concorrência das firmas do país de destino que conseguem imitar o produto. Por reacção de defesa, a primeira empresa vai deslocalizar, e não exportar, uma parte da sua produção para o país de destino. Através desta estratégia ela deve poder retirar os seguintes proveitos: (i) melhor controlo

COMÉRCIO INTERNACIONAL

do mercado de destino, elevando assim barreiras à entrada (publicidade, disponibilidade em capitais, economias de escala), com vista a limitar o número de empresas concorrentes no mesmo segmento; (ii) melhor conhecimento do mercado de destino e melhor exploração das suas capacidades (redução dos custos de informação, transporte, melhor conhecimento da procura local, utilização dos fatores de produção locais); (iii) ultrapassagem das outras empresas do seu país nesta nova acção e consequente prolongamento do seu avanço.

Deslocalização da produção para países em vias de desenvolvimento: fim 3ª fase e 4ª fase

Nas duas últimas fases do ciclo, os custos em trabalho não qualificado assumem uma importância muito particular. Ao deslocalizarem-se para os países em vias de desenvolvimentos as empresas esperam retirar as seguintes vantagens: (i) redução dos custos de fabrico e do preço, utilizando uma mão-de-obra abundante e barata; (ii) exploração, a partir dessa base, do remanescente de procura nos países desenvolvidos, mas também da procura local; (iii)preservação, a menores custos, da gama baixa dos seus produtos, com vista a fidelizar uma procura que, consumindo primeiramente os produtos banalizados da gama, poderá seguidamente dirigir-se a produtos mais sofisticados; (iv) alargamento da esfera de influência a nível mundial, adoptando uma estratégia e uma decomposição dos processos de produção completamente multinacionalizada.

Em suma, em termos de trocas internacionais, a teoria do ciclo de vida do produto materializa-se na proposta sintetizada na tabela 2.24.

Tabela 2.24: Ciclo de vida do produto e comércio internacional

	EUA	Outros países desenvolvidos	Países em desenvolvimento
Produto novo	Começa gradulamente a exportar	Importações	Importações marginais
Produto maduro	Exportações significativas	Importações significativas	Importações
Produto estandardizado	Importações	Exportações	Exportações depois de certa fase
Produto em declíneo	Importações significativas	Importações	Exportações significativas

140

Notas finais

Vernon procurou explicar as razões que levam alguns países a ser "melhores" que os outros na criação de novos produtos e na sua introdução com sucesso no mercado. A resposta estaria numa combinação de elementos favoráveis tanto do lado da oferta como do lado da procura. O êxito dos EUA resultaria, em grande medida, da sua capacidade em transformar conhecimento científico em produtos "vendáveis", o que requeria uma combinação de vários elementos: instituições científicas e recursos humanos altamente qualificados, empresários *risk-taking*, um ambiente negocial propício à inovação, uma procura interna relevante e sofisticada, que permita testar eficientemente novos produtos.

A teoria do ciclo de vida parece explicar o paradoxo de Leontief pois os novos produtos são intensivos em trabalho especializado/altamente qualificado e não em capital. Na primeira fase o automatismo é mínimo. Sendo os EUA o país inovador por excelência (pelo menos nos anos 50 e 60), a teoria do ciclo de vida do produto leva-nos a prever que as exportações dos EUA são intensivas em trabalho (especializado).

A abordagem do ciclo de vida do produto não deixa de ter o seu interesse, apesar de ser mais uma teoria da troca do produto novo que uma teoria das bases da troca do conjunto dos produtos. O seu ponto de partida está sempre centrado, de qualquer modo, numa diferença de tecnologia. É, no entanto, limitativa porque considera que todos os produtos novos são introduzidos nos EUA. A teoria pode ser útil para explicar o padrão de comércio internacional durante o período de dominação americana, mas a sua relevância no mundo moderno parece limitada. A globalização torna a teoria menos válida. O seu determinismo, isto é, a ideia de que todos os produtos passariam pelas diferentes fases do ciclo é limitativo. Numerosos produtos parecem não atingir nunca a fase de declínio ou mesmo não terem conhecido a fase de maturidade ou crescimento. Acresce que, por vezes, as empresas conseguem prolongar a duração de uma fase e, portanto, a teoria perde generalidade.

COMÉRCIO INTERNACIONAL

2.3.3. O PAPEL DA PROCURA: TEORIA DE LINDER (1961)

Nos vários modelos já estudados a procura assumiu um papel relevante nas soluções encontradas. Em Ricardo permitiria determinar a exacta RTI.[28] No modelo de Heckscher-Ohlin (original ou generalizado), a procura é um elemento potencialmente perturbador uma vez que poderia inverter o sentido esperado da especialização. Também nas análises neo-tecnológicas a procura doméstica aparecia, por exemplo, como a base de ensaios para potenciais exportações ou a motivação para as primeiras exportações terem por destino outros países desenvolvidos.

Na realidade, e como se tem vindo a referir, o papel da procura no comércio internacional inspira-se em grande parte no trabalho de Linder. Este atribui à procura o papel de determinante principal da troca, substitutivo dos outros. Linder tentou rejeitar a teoria das proporções fatoriais e estabelecer uma nova teoria das trocas, apoiando-se principalmente numa tentativa de explicação das trocas de produtos manufacturados entre países de desenvolvimento semelhante (os países desenvolvidos), trocas que constituem a maior parte do comércio actual. Para Linder, a teoria de Heckscher-Ohlin só poderia explicar as trocas inter-ramos entre países muito diferentes, pelo que seria necessário procurar uma causa para o comércio para além das dotações fatoriais. De acordo com o autor, a troca cruzada de produtos manufacturados entre países desenvolvidos não se explica pelas dotações fatoriais, mas pelos comportamentos da procura.

A teoria de Linder, por vezes designada por "teoria do alastramento", baseia-se nas seguintes proposições:
- As condições de produção não são independentes das condições de procura (procura eficiente requer produção eficiente): quanto maior a procura mais eficiente poderá ser a produção;
- Um novo produto só será introduzido se o empresário acreditar que existe procura potencial suficiente (deve existir uma procura significativa pelo produto).

---

[28] A elasticidade preço da procura de importações iria determinar se a RTI seria mais próxima da RTA de um ou de outro país, e desta forma influenciar os ganhos com a troca (quanto maior a procura de bens importáveis por parte de um dado país, mais a RTI se aproximará da RTA e menos o país ganhará com a troca).

142

2 · TEORIAS DO COMÉRCIO INTERNACIONAL

Numa primeira fase os empresários procuram responder aos impulsos essencialmente da procura interna pois é com esta que estão mais familiarizados; além de normal isto reduz a incerteza e o risco do negócio. Assim sendo, o leque de produtos exportáveis terá de sair do leque de produtos inicialmente fabricados para o mercado interno. Isto é, a existência de uma procura doméstica representativa é condição necessária, embora não suficiente, para que o bem considerado seja exportável (susceptível de ser exportado). Resulta, contudo, que os bens exportáveis de uns serão também os bens exportáveis dos outros. Deste modo, Linder obteve uma explicação para o facto do comércio internacional se processar sobretudo entre países desenvolvidos e para a importância das trocas intra-ramo. Os países com padrões de procura próximos tendem a ser aqueles com rendimentos *per capita* semelhantes. Sendo a gama dos bens exportáveis idêntica, os produtos exportados poderão ser os mesmos, diferenciados apenas pelas suas qualidades ou pelo seu grau de sofisticação, processando-se a troca fundamentalmente intra-ramo.

O raciocínio de Linder leva-o a contrariar as previsões do modelo de Heckscher-Ohlin. Para Linder, os primeiros importadores serão países com um nível de desenvolvimento semelhante ao país exportador (só assim podem procurar bens semelhantes). Por outro lado, quanto maior for a semelhança entre a procura de dois países, maior será a semelhança dos seus sistemas produtivos. Por isso, os bens exportáveis de uns serão também os de outros.

A teoria de Linder é, contudo, incompleta. Não explica, por exemplo, quais os bens que, do leque de exportáveis, têm condições para se tornarem exportações, nem porque é que uns se tornam e outros não (chega mesmo a referir o acaso histórico como explicação). Como reconhecer pois as vantagens comparadas de cada país? Previsões acerca de quais os produtos que um país vai exportar são difíceis de fazer. Bhagwati argumenta que Linder não explicou a estrutura ou natureza (padrão) das trocas, mas apenas o seu volume, que é influenciado pela proximidade geográfica e/ou cultural. Por outro lado, há claramente um grande número de bens exportados por alguns países sem que exista qualquer procura interna. Linder, em todo o caso, sempre pretendeu explicar apenas as trocas de manufaturas, excluindo os bens agrícolas, que dependeriam das dotações fatoriais.

COMÉRCIO INTERNACIONAL

2.3.4. O PAPEL DAS ECONOMIAS DE ESCALA INTERNAS E A CONCORRÊNCIA IMPERFEITA

2.3.4.1. INTRODUÇÃO

Em capítulos anteriores identificaram-se duas razões principais para a especialização e troca: diferentes tecnologias (modelo de Ricardo, abordagens neo-tecnológicas), diferentes recursos fatoriais (modelo de Heckscher-Ohlin, abordagens neo-fatoriais). Nestes casos os modelos procuravam explicar o que poderia estar na origem de vantagens comparativas entre países, procurando desta forma explicar a razão e o sentido dos fluxos comerciais internacionais. Explorou-se, portanto, as vias explicativas do comércio centradas na diferença, isto é, no conceito de vantagem comparada (ora assente nas produtividades fatoriais, ora assente em dotações fatoriais). Os modelos de vantagens comparativas analisados baseavam-se na hipótese de rendimentos constantes à escala.

Na presente subsecção parte-se da observação de que os países não trocam apenas aquilo que sabem produzir melhor que os outros (vantagens comparadas). Assim, introduz-se uma fonte de trocas internacionais independente do conceito de vantagem comparada e assente na presença de economias de escala ou de rendimentos crescentes na produção. Nesse sentido, acaba por responder-se a questões como o que poderá, além das vantagens comparadas, levar as empresas a envolverem-se em trocas além fronteiras. O que é que poderá explicar fenómenos como, por exemplo, as trocas intra-ramo?

Na base desta subsecção vai estar algo rejeitado pelos pressupostos clássicos e neoclássicos, ou seja, a possibilidade do alargamento dos mercados permitir um melhor aproveitamento de eventuais economias de escala (ou rendimentos crescentes), tão frequentes em produtos industriais.

Como se compreenderá melhor adiante, a existência de economias de escala internas; i.e., a diminuição do custo médio de produção com o aumento do volume de produção da empresa, independentemente da dimensão da indústria, favorece o aparecimento de grandes empresas, com poder para influenciar o mercado, sejam monopolistas ou oligopolistas. Ou seja, as economias de escala (internas) estão na base de mercados de concorrência imperfeita. Outra característica frequente em mercados industriais é a capacidade das empresas em diferenciar os produtos que fabricam e vendem. A diferenciação do produto é também base para modelos de concorrência imperfeita e justifica o fenómeno das trocas intra-ramo.

2.3.4.2. TIPOS DE ECONOMIAS DE ESCALA E IMPACTO NA ESTRUTURA DE MERCADO

Economias de escala externas (ou externalidades positivas na produção)

Estas economias de escala consistem na diminuição do custo médio de produção do bem com o aumento do volume de produção da indústria/sector, independentemente da dimensão das empresas. Por isso se classificam de externas à empresa. Resultam de várias situações que, dizendo respeito à indústria como um todo, permitem reduzir os custos unitários de produção de cada unidade produtiva (empresa) sem alterações no volume de output individual. A concentração da produção de uma indústria numa ou poucas localizações reduz os custos da indústria, mesmo que as empresas permaneçam pequenas: concentração de serviços especializados que suportem as operações da indústria; mercado flexível e especializado em mão-de-obra, por exemplo.

Que situações as potenciam? O aumento do número de produtos, sem que a dimensão média se altere permite ganhos de vária ordem: infraestruturas, formação da mão-de-obra, maior e melhor acesso à tecnologia, publicidade, possibilidade de mais eficiente acesso à matéria prima se, por exemplo, for importada, ganhos com integração vertical. A concentração geográfica pode originar o aparecimento de todo um leque de serviços de apoio que reduzem os custos de toda a indústria, sem qualquer ligação à escala de produção individual. Estes ganhos são, contudo, muito difíceis de medir, sendo frequente as economias de escala externas serem ignoradas por dificuldade de modelização. São também bem menos pacíficas, já que sendo difíceis de medir é também difícil convencer os agentes económicos da sua existência/presença.

Economias de escala internas

Fala-se de economias de escala internas, quando os custos unitários de produção se reduzem à medida que se eleva o nível de produção da empresa, independentemente da dimensão do setor. Estas são as mais "tradicionais" economias de escala. Trata-se de acréscimos de eficácia dos processos produtivos introduzidos pela empresa no decurso do seu processo de crescimento. A sua designação de internas resulta do facto de serem exclusivamente do foro interno da empresa. Resultam normalmente de questões técnicas do processo produtivo; em particular:

COMÉRCIO INTERNACIONAL

- Indivisibilidade dos fatores: por exemplo, pode ter-se uma pessoa a operar num computador e pode encontrar-se outra pessoa para operar noutro computador; contudo, não se pode ter meia pessoa a operar em meio computador.
- Ganhos com divisão/especialização do trabalho.

Economias de escala, estruturas de mercado e troca internacional

O principal interesse resultante da distinção entre economias de escala externas e internas está relacionado com a estrutura de mercado. Assim, uma indústria que beneficie exclusivamente de economias de escala externas pode organizar-se em concorrência perfeita. Economias de escala externas são independentes da dimensão de cada empresa e o mais provável é que a indústria se caracterize por muitas pequenas empresas, situação perfeitamente compatível com a concorrência perfeita.

Economias de escala internas, pelo contrário, levam ao aparecimento de grandes empresas, que gozam de vantagens em termos de custos relativamente às empresas mais pequenas. Assim sendo, economias de escala internas estão normalmente na base de estruturas de mercado de concorrência imperfeita.

Como se verá de seguida, ambos os tipos de economias de escala podem ser importantes na explicação do comércio internacional.

2.3.4.3. ECONOMIAS DE ESCALA INTERNAS E COMÉRCIO INTERNACIONAL

Um exemplo simples ajuda-nos a entender a importância das economias de escala (internas) para o comércio internacional. A Tabela 2.25 mostra a relação entre *inputs* e *output* de uma indústria hipotética. Suponha-se que o bem é produzido apenas com um *input*, o trabalho. A Tabela mostra como é que a quantidade de trabalho requerida depende da quantidade do bem produzida.

O aumento do *output* de 10 para 20, por exemplo, pode resultar de uma duplicação do número de empresas, mantendo a produção de cada uma, ou da duplicação da produção de uma empresa, aumentando a respectiva produção. Neste último caso, a quantidade de trabalho utilizada passaria de 15 para 25, pelo que não seria necessário duplicar. A existência de economias de escala (internas) também pode ser vista pela quantidade média de trabalho usada para produzir cada unidade de *output*.

Tabela 2.25: Relação entre inputs e output – exemplo

Output	Input total de trabalho	Input médio de trabalho
5	10	2
10	**15**	**1.5**
15	20	1.33
20	**25**	**1.25**
25	30	1.2
30	35	1.17
35	40	1.14
40	45	1.125

Este exemplo pode ser usado para compreender como as economias de escala (internas) providenciam um incentivo ao comércio internacional. Imagine-se um mundo constituído por apenas dois países, A e B, ambos possuindo a mesma tecnologia para produzir o bem em causa, e suponha-se que inicialmente cada país produz 10 unidades. Em autarcia cada país necessitaria de 15 horas de trabalho, pelo que no mundo como um todo necessitaria de 30 horas para produzir 20 unidades do bem. Concentrando a produção numa única empresa de um país (A, por exemplo), com 30 horas de trabalho seria possível produzir 25 unidades; ou seja, a mesma quantidade de trabalho de autarcia obteria mais 25% de produção.

Mas onde é que o país A encontra a quantidade de trabalho extra para produzir o bem, e o que acontece aos trabalhadores que estavam empregados na indústria do bem no país B? Para obter a força de trabalho necessária à expansão da produção de alguns bens, o país A tem de diminuir ou abandonar a produção de outros. Estes bens serão então produzidos no país B, usando o trabalho antes empregue nas indústrias cuja produção se expandiu no país A. Imagine-se que existem vários bens sujeitos a economias de escala (internas) na produção. Para tirar vantagens das economias de escala, cada um dos países tem de concentrar-se apenas na produção de um número limitado de bens. Por exemplo, o país A poderia produzir os bens 1, 3, 5, enquanto o país B produzia os bens 2, 4, 6. Se cada país produz apenas alguns dos bens então

COMÉRCIO INTERNACIONAL

cada bem pode ser produzido numa escala maior do que aconteceria se cada país tentasse produzir todos os bens e, consequentemente, a economia como um todo pode produzir mais de cada bem.

Suponha-se, agora, que os consumidores de cada país desejarão consumir uma variedade de bens. Se o bem 1 é produzido no país A e o bem 2 no país B, os consumidores do país A do bem 2 terão de comprar bens importados do país B, enquanto os consumidores do país B do bem 1 terão de o importar do país A. O comércio internacional tem um papel fundamental: torna possível a cada país produzir um número mais restrito de bens e tirar vantagem das economias de escala internas sem sacrificar a variedade de bens disponíveis para consumo. Além disso, como se verá, o comércio internacional normalmente conduz a um aumento do número de variedades disponíveis em cada país.

Se as economias de escala forem internas, o número de empresas no setor tende a ser reduzido (já que o aumento do volume de produção permite reduzir os custos unitários e, logo, vender a preço inferior), gerando estruturas de mercado de concorrência imperfeita: oligopólios ou mesmo monopólios. As empresas que, por alguma razão, forem as mais bem sucedidas a aumentar a escala de produção, afastam os concorrentes de menor dimensão, organizando-se num mercado oligopolista ou mesmo monopolista. A análise do comércio internacional, que permite o aproveitamento de economias de escala, torna-se assim um estudo de mercados oligopolistas, com a particularidade de várias empresas se localizarem em países distintos. Em modelos oligopolistas as empresas têm capacidade para influenciar os preços e mercados. Contudo, têm que agir tendo em conta as possíveis reacções dos seus concorrentes, já que também afectam os mercados com as suas próprias decisões.

2.3.4.4. DIFERENCIAÇÃO DO PRODUTO E CONCORRÊNCIA IMPERFEITA – MODELO DE KRUGMAN

A capacidade que, num grande número de mercados, as empresas têm para diferenciar os seus produtos dos dos seus concorrentes está na origem de uma estrutura de mercados distinta quer do oligopólio/monopólio, quer da concorrência perfeita. Essa estrutura é a concorrência monopolística.

Neste caso, a diferenciação do produto assume que cada empresa detém um monopólio na produção dos seus produtos. Contudo, e ao contrário do que acontece num verdadeiro monopólio, existem sucedâneos mais ou menos próximos desses produtos. Assim, os compradores não mudam de fornecedor como resposta a pequenas variações dos preços dos produtos (como acontece em concorrência perfeita), mas fá-lo-ão se as variações forem relativamente grandes. É ainda assumido que cada produtor assume o preço praticado pelos rivais constante, isto é, que eles não reagem às suas próprias decisões.

Um modelo de comércio internacional de concorrência monopolística assume implicitamente que a procura de bens inclui uma procura de variedade, isto é, os consumidores obtêm utilidade no simples facto de existirem vários sucedâneos distintos do mesmo bem. Isto pode ser justificado de várias maneiras: (i) os indivíduos gostam mesmo de variedade; (ii) a procura de um país é um conceito agregado, que representa a conjugação da procura de muitos indivíduos, e diferentes indivíduos têm diferentes preferências pelos vários bens.

Há fundamentalmente duas explicações para justificar o motivo pelo qual a preferência pela variedade gera comércio internacional: (i) diferentes variedades requerem diferentes proporções de fatores; (ii) existem economias de escala na produção. Uma vez que numa única economia não será possível produzir todas as variedades a preços satisfatórios para os consumidores, o papel do comércio é duplo: baixar os custos de produção e aumentar o número de variedades disponíveis no mercado, ambos contribuindo para a melhoria do bem estar. Os modelos de concorrência monopolística baseiam-se nestes pressupostos.

Pela relativa simplicidade apresenta-se o modelo de Krugman. Uma empresa em concorrência monopolística depara-se, em geral, com uma função procura do tipo:

- A procura é tanto maior quanto maior for a procura total da indústria;
- A procura será ainda tanto maior quanto maior for o preço praticado pelos rivais;
- A procura será também menor quanto maior for o número de empresas na indústria (concorrentes);
- A procura será inversamente proporcional ao preço praticado pela empresa.

Formalmente, as vendas de uma empresa, X, podem ser definidas como sendo:

$$X = S * \left[\frac{1}{n} - b * (P - \overline{P}) \right]$$

COMÉRCIO INTERNACIONAL

em que: S respresenta o total de vendas da indústria, n corresponde ao número de empresas na indústria, P é o preço praticado pela empresa, $\overline{P}$ é o preço (médio) praticado pela concorrência, b é a sensibilidade da procura às diferenças entre o preço da empresa e os preços dos concorrentes. Assim, se todas as empresas praticarem o mesmo preço as quotas individuais seriam idênticas, S/n, sendo que a empresa venderá menos se praticar preços acima da média e mais se vender por preços inferiores à média.

No modelo desenvolvido por Krugman é assumido por simplificação que todas as empresas têm condições de custos idênticas, isto é, são simétricas – a função procura e a função custo são idênticas para todas as empresas, logo que $P = \overline{P}$. Quanto à função custo temos que o custo total, CT, é uma função linear das vendas: $CT = \alpha + \beta X$, em que a representa o custo fixo (independente do *output* da empresa) e β o custo variável (marginal). Assim, o custo médio será $CM = \dfrac{\alpha}{X} + \beta = n * \dfrac{\alpha}{S} + \beta$, sendo que $X = \dfrac{S}{n}$ atendendo a que $P = \overline{P}$. Quanto maior o *output* por empresa menor o custo fixo por unidade. De modo a analisar os efeitos do comércio internacional nas empresas, há que determinar n e $\overline{P}$. Para isso, é necessário determinar duas relações fundamentais:

i) Relação entre o número de empresas e o custo médio

O custo médio aumenta quando aumenta o número de empresas, uma vez que diminui a quantidade produzida por cada uma – efeito negativo sobre as economias de escala. Uma vez que todas as empresas são simétricas, em equilíbrio, o preço será o mesmo, logo $P = \overline{P}$. Da curva das vendas tem-se então que $X = S/n$ e $CM = \dfrac{\alpha}{X} + \beta = n * \dfrac{\alpha}{S} + \beta$, logo o custo médio depende da dimensão do mercado, S, e do número de empresas na indústria: $\uparrow n \Rightarrow \uparrow CM$.

ii) Relação entre o número de empresas e o preço dos bens

Quanto ao preço, quanto maior for o número de concorrentes, maior é a pressão para a empresa reduzir o preço de venda. Repare-se que a curva da procura pode ser reescrita na forma $X = \dfrac{S}{n} + Sb\overline{P} - SbP$. Um dos pressupostos do modelo é que cada empresa assume os preços praticados pelas outras como independentes das suas próprias decisões, isto é, constantes. Assim, $X = C - SbP$, o que é uma curva da procura tradicional. A partir da curva da receita total $RT = PX$, a curva da receita marginal virá então dada por $Rmg = P - \dfrac{X}{Sb}$.

Como cada empresa em concorrência monopolística age como um monopolista, a sua decisão de produção resulta da relação $Rmg = Cmg$, em que $Cmg = \dfrac{dCT}{dX} = \beta$, vindo então $P = \beta + \dfrac{X}{Sb}$. Porém, se todas as empresas praticarem o mesmo preço, $X=S/n$, então $P = \beta + \dfrac{1}{nb}$; ou seja, $\uparrow n \Rightarrow \downarrow P$.

Com base nestas duas relações, é possível representar o equilíbrio no modelo de concorrência monopolística desenvolvido por Krugman.

Figura 2.15: Modelo de concorrência monopolística – equilíbrio

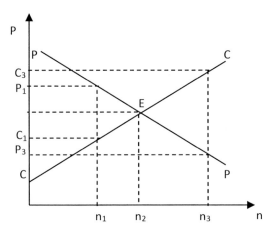

O número de empresas num mercado de concorrência monopolística e o preço praticado são determinados por duas relações. Por um lado, quanto mais empresas existirem, maior a concorrência entre elas e, consequentemente, mais baixo é o preço da indústria. Esta relação está representada por PP. Note-se que sendo um modelo monopolístico, o preço difere do custo médio, havendo lugar a ganhos extra-normais. Só assim é possível o preço descer com o aumento da concorrência. Por outro lado, quanto mais firmas há, menores as vendas de cada uma (menor a escala de produção individual) e, consequentemente, mais alto o seu custo médio. Esta relação está representada por CC.

Se o preço excede o custo médio, n_1, a indústria apresentará lucros e firmas adicionais entrarão na indústria. Isto conduzirá à redução da quantidade produzida por cada empresa e, consequentemente, ao aumento do custo médio. Se, por outro lado, o preço for inferior ao custo médio, n_3, a indústria

COMÉRCIO INTERNACIONAL

incorrerá em perdas e empresas deixarão a indústria. A quantidade produzida em cada uma das sobreviventes aumentará e o custo médio reduz-se. O preço de equilíbrio e o número de empresas ocorre quando o preço iguala o custo médio, na intersecção de *PP* e *CC*; ou seja, o equilíbrio resulta da conjugação de duas forças contraditórias. No ponto de equilíbrio os lucros serão nulos e o número de empresas tende para n_2.

O papel do comércio internacional em concorrência monopolística

Em indústrias em que existam economias de escala internas, a variedade de bens que um país pode produzir e a escala da sua produção estão limitadas pela dimensão do mercado. Através do comércio internacional, os países podem reduzir o número de variedades que produzem, beneficiando de economias de escala internas, produzindo mais das variedades remanescentes. Apesar disso, o número de variedades à disposição dos consumidores aumenta, através das importações. Estes dois factos correspondem a ganhos de bem estar. E, note-se, tal acontece mesmo quando os países não diferem em termos tecnológicos e em recursos.

Formalmente, a abertura do comércio pode ser analisada como um aumento na dimensão do mercado, que passa agora a englobar os dois países que se assume constituirem o "mundo". Neste caso, a curva de custo médio $CM = n * \dfrac{\alpha}{S} + \beta$ passa a ser representada pela expressão $CM = n * \dfrac{\alpha}{S + S'} + \beta$, em que S representa o mercado nacional e S' o mercado estrangeiro. Ou seja, o aumento do mercado reduz o custo médio de cada empresa individual. A razão é que, se o mercado cresce enquanto o número de empresas permanece constante, as vendas por empresa aumentam e, consequentemente, o custo médio de cada firma reduz-se. Por outro lado, a curva que relaciona o número de empresas com o preço não se altera, já que não depende da dimensão do mercado. Graficamente, esta situação representa-se por:

Figura 2.16: Modelo de concorrência monopolística – efeitos da abertura ao comércio

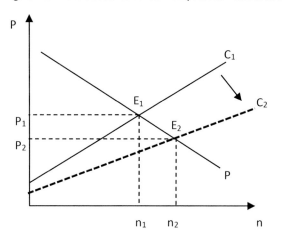

Ponto de equilíbrio inicial: P1 e n1

Ponto de equilíbrio após aumento da dimensão do mercado: P2 (menor que P1) e n2 (maior que n1). Neste ponto está disponível uma maior variedade de bens a um preço inferior.

A abertura ao comércio internacional resulta num ganho para os consumidores evidente, já que o preço diminui, aumentando simultaneamente o número de variedades.

Ganhos de um mercado integrado – exemplo numérico

Em linha com Krugman e Obstfeld (2005), suponha-se que no mercado automobilístico a produção faz-se em concorrência monopolística. A curva da procura que cada produtor enfrenta é a seguinte:

$$X = S * \left[\frac{1}{n} - \frac{1}{30000}(P - \overline{P}) \right]$$

em que: X é o número de automóveis vendido por cada empresa, S são as vendas totais da indústria, n representa o número de empresas, P é o preço cobrado pela empresa, $\overline{P}$ é o preço médio das outras empresas, e $b=1/30.000$. A função de custo total na produção automóvel é representada como segue: $C = 750.000.000 + 5.000X$, sendo que o custo fixo é então de 750.000.000, o custo marginal, β, de 5.000, pelo que o custo médio será $CM = \dfrac{750.000.000}{X} + 5.000$.

COMÉRCIO INTERNACIONAL

Os dois países, A e B, têm vendas anuais de, respectivamente, 900.000, S^A, e 1.600.000, S^B, de automóveis. Os dois países têm idênticos custos de produção.

Equilíbrio de longo prazo da indústria, em A e B, em autarcia.

País A:

$$\begin{cases} P = \beta + \dfrac{1}{bn} \\ Cmd = \dfrac{\dfrac{750.000.000}{X}}{} + 5.000 \\ X = \dfrac{S}{n} = \dfrac{900.000}{n} \end{cases} \Rightarrow \begin{cases} P = 5.000 + \dfrac{1}{\dfrac{1}{30.000} * n} \\ Cmd = n * \dfrac{750.000.000}{900.000} + 5.000 \end{cases} \Rightarrow$$

$$\begin{cases} P = 5.000 + \dfrac{30.000}{n} \\ Cmd = 5.000 + n * \dfrac{2.500}{3} \end{cases}$$

Equilíbrio: $P=Cmd$

$$5.000 + \dfrac{30.000}{n_A} = n_A \dfrac{2.500}{3} + 5.000 \Rightarrow n_A = 6$$

$$P_A = 5.000 + \dfrac{30.000}{6} = 10.000$$

$$X_A = \dfrac{900.000}{6} = 150.000$$

País B:

$$\begin{cases} P = 5.000 + \dfrac{30.000}{n} \\ Cmd = \dfrac{750.000.000}{1.600.000} * n + 5.000 \\ X = \dfrac{1.600.000}{n} \end{cases} \Rightarrow \begin{cases} n_B = 8 \\ P_B = 8.750 \\ X_B = 200.000 \end{cases}$$

Ganhos com a troca para os dois países

A criação de um único mercado resulta

$$Cmd = n * \frac{750.000.000}{900.000 + 1.600.000} + 5.000 \Rightarrow Cmd = 300 * n + 5.000$$

$$P = Cmd \Rightarrow 5.000 + \frac{30.000}{n} = 300 * n + 5.000 \Rightarrow n = 10$$

$$P = 5.000 + \frac{30.000}{10} = 8.000$$

$$X = \frac{2.500.000}{10} = 250.000$$

As empresas produzem em maior escala pelo que estão em condições de vender a um preço inferior. Por seu turno, os consumidores de ambos os países têm acesso a um número superior de variedades do bem, em comparação com a situação de autarcia (tabela 2.26).

Tabela 2.26: Equilíbrio antes e depois da troca

	Antes do comércio		Após comércio (em ambos os países)
	País A	País B	
Vendas totais	900.000	1.600.000	2.500.000
Nº empresas	6	8	10
Vendas por empresa	150.000	200.000	250.000
Custo médio (=preço)	10.000	8.750	8.000

Graficamente, os resultados apresenta-se na figura 2.17.

Figura 2.17: Modelo de concorrência monopolística – exemplo

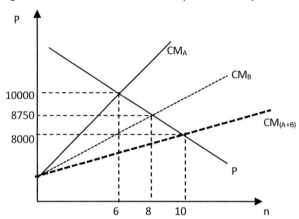

Existindo economias de escala internas na produção, a forma mais eficiente de produzir a variedade requerida é, num mundo de comércio livre, ter cada país a especializar-se na produção de algumas variedades. O papel do comércio é então reduzir os custos de produção e aumentar o número de variedades disponíveis no mercado.

Em suma, o comércio internacional permite aproveitar economias de escala. Quanto maior a preferência dos consumidores pela variedade, maior o potencial do comércio internacional em permitir ganhos de escala; o comércio internacional reduz o número de variedades produzidas por cada país, permitindo ganhos de escala na produção. Ao mesmo tempo, aumenta o número de variedades à disposição dos consumidores e reduz o preço.

O modelo de Krugman mostra que a conjugação de economias de escala internas com produtos diferenciados pode gerar comércio intra-sectorial, independente das vantagens comparadas. Não responde, todavia, à questão de onde (e porquê) se irá localizar a produção de cada uma das variedades do bem. A especialização não será nunca total, sendo ainda menor que o previsto no modelo de Heckscher-Ohlin. O padrão de comércio é imprevisível: a tradição e o acaso poderão mesmo ter um papel a desempenhar.

2.3.4.5. ECONOMIAS DE ESCALA E VANTAGEM COMPARATIVA

Conjugando os resultados do modelo de Krugman com os dos modelos de vantagens comparativas (por exemplo, o de Heckscher-Ohlin), torna-se possível determinar um pouco mais em detalhe o tipo de trocas que envolverão dois países.

Suponha-se assim que o país A é relativamente abundante em capital e o país B relativamente abundante em trabalho, sendo que produzem dois bens, um manufacturado (intensivo em capital) e um agro-alimentar (intensivo em trabalho). Considere-se que a indústria do bem manufacturado opera em concorrência monopolística com as empresas a produzirem bens diferenciados. Devido às economias de escala internas nenhum país está apto para produzir o intervalo completo de variedades do bem manufacturado, pelo que os dois países produzem variedades diferenciadas do bem.

Tabela 2.18: Comércio num mundo sem rendimentos crescentes (sem diferenciação)

Num mundo sem economias de escala internas existirá uma simples troca do bem manufacturado pelo bem alimentar assente na vantagem comparativa (comércio inter-sectorial), ou seja, o padrão de comércio é conhecido.

Tabela 2.19: Comércio com rendimentos crescentes e concorrência monopolística

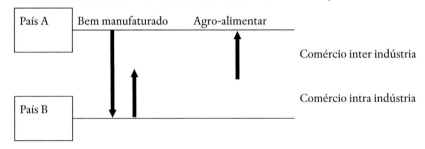

Se a indústria do bem manufacturado operar em concorrência monopolística, A e B produzirão produtos diferenciados. Como resultado, mesmo que A seja um exportador líquido do bem manufacturado, também importará variedade do bem (outras variedades desejadas pelos consumidores), conduzindo a comércio intra-ramo.

Economias de escala e vantagens comparadas

Uma forma mais realista de ver um mundo dominado por concorrência monopolística é que, na realidade e, em particular, no sector industrial existem dois
tipos de troca:

Comércio inter-sectorial (que reflecte as vantagens comparadas). É muito
improvável que os dois países sejam idênticos em termos tecnológicos e em
termos de dotações fatoriais. Assim sendo, os ensinamentos dos modelos de
Ricardo e Heckscher-Ohlin são válidos e assiste-se a alguma especialização
de acordo com as vantagens comparadas.

Comércio intra-sectorial (independente das vantagens comparadas). Mesmo
que os países tenham o mesmo rácio capital/trabalho, as suas empresas conti-
nuarão a produzir produtos diferenciados e a procura dos consumidores por
produtos produzidos no exterior continuará a gerar comércio intra-indústria.

A especialização não será nunca total (sendo ainda menor do que previa
Heckscher-Ohlin), já que, devido à presença de economias de escala internas
e à diferenciação dos produtos, mesmo após a igualização das remunerações
fatoriais há ainda incentivos à troca. Os consumidores vão sempre requerer
alguns produtos que, devido às economias de escala, não serão produzidos
no país, originando comércio intra-sectorial.

O padrão de comércio intra indústria é imprevisível

De que forma se vai estabelecer o comércio intra-sectorial (isto é, quem vai
produzir o quê) é imprevisível. Inclusivamente a tradição e o acaso têm um
papel importante em tal definição. Repare-se no contraste entre a impre-
visibilidade do padrão de comércio (ou da parte do comércio) que resulta
de economias de escala, com a relativa certeza do sentido de especialização
quando o comércio se deve a vantagens comparadas. A relativa importância
do comércio intra e inter-indústria depende de quanto os países são similares.
Quanto mais similares os rácios K/L e a tecnologia maior o nível de comércio
intra-indústria.

Importância do comércio intra-sectorial (o exemplo dos EUA)

As trocas intra-setoriais que representam já mais de 50% das trocas mundiais,
são particularmente importantes nos países desenvolvidos. Isto não deve
ser uma surpresa, uma vez que é sabido que as diferenças tecnológicas e de
dotação fatorial entre os países desenvolvidos são mínimas. Repare-se que se,

por exemplo, as dotações fatoriais forem muito distintas, os países tenderão a especializar-se totalmente de acordo com as vantagens comparadas, nada sobrando para comércio intra-sectorial.

Note-se que os setores onde o comércio intra-sectorial é mais importante tendem a ser aqueles onde há maiores economias de escala internas (sobretudo indústrias capital intensivas – bens manufacturados mais sofisticados). As indústrias com menor comércio intra-indústria são as tipicamente trabalho-intensivas. Estes são produtos que os EUA importam primeiramente de países menos desenvolvidos.

Exemplo: o comércio intra-setorial em acção – o "pacto automóvel" norte americano[29]

Um claro exemplo do papel das economias de escala internas em gerar comércio internacional benéfico é fornecido pelo crescimento do comércio automóvel entre os EUA e o Canadá durante a segunda metade da década de 60. Embora o caso não se ajuste perfeitamente ao modelo, mostra que os conceitos básicos desenvolvidos são úteis no mundo real. Antes de 1965, a protecção tarifária pelo Canadá e EUA produziu uma indústria canadiana que era auto-suficiente, não importando nem exportando muito. A indústria canadiana era controlada pelas mesmas empresas da indústria americana. Mas a indústria canadiana era uma versão, em miniatura, da indústria dos EUA.

As subsidiárias canadianas das empresas americanas constataram que a pequena escala era uma desvantagem substancial. Isto porque as máquinas americanas poderiam dedicar-se à produção de um único modelo ou componente, enquanto as máquinas canadianas teriam de produzir variadas coisas, pelo que as máquinas teriam de ser paradas periodicamente para alterar o modelo a produzir. A indústria automóvel canadiana tinha uma produtividade do trabalho cerca de 30% inferior à dos EUA.

Num esforço de resolver estes problemas, em 1964, os EUA e o Canadá acordaram em estabelecer uma área de comércio livre para os automóveis (sujeita a certas restrições). Isto conduziu as empresas a reorganizarem as suas produções. As subsidiárias canadianas das empresas de automóveis rapidamente reduziram o número de produtos produzidos no Canadá. Por exemplo, a *General Motors* reduziu para metade o número de modelos construídos no Canadá. Contudo, o nível global de produção e emprego no Canadá manteve-se. Isto foi conseguido importando dos EUA produtos que o Canadá deixou

---

[29] Baseado em Krugman e Obstfeld (2009).

de produzir e exportando para os EUA produtos que continuou a produzir. Em 1962, o Canadá exportou $16 milhões de produtos automóveis para os EUA enquanto importou $519 milhões. Em 1968 os números eram de $2.4 e $2.9 biliões, respectivamente. Por outras palavras, as importações e exportações aumentaram rapidamente: comércio intra-indústria em acção. Os ganhos parecem ter sido substanciais. No início dos anos 70 a indústria canadiana era comparável à dos EUA em termos de produtividade.

2.3.5. ECONOMIAS DE ESCALA EXTERNAS

Conforme atrás referido, há economias de escala externas quando os custos unitários de produção decrescem com o aumento da dimensão da indústria. O facto de as economias de escala estarem a nível da indústria e não da empresa faz com que não conduzam inevitavelmente à concorrência imperfeita. Além disso, o comércio na presença de economias de escala externas pode não beneficiar todos os participantes.

Fortes economias de escala externas tendem a confirmar o padrão atual de comércio inter-sectorial, independentemente da origem deste. Ou seja, mesmo após perder a vantagem relativa, um país pode manter-se como o produtor mundial de mais baixo custo devido ao efeito de economias de escala externas.

Veja-se o seguinte caso, que compara as indústrias "relojoeira Suíça e Tailandesa[30].

Figura 2.20: Economias de escala externas e vantagem comparativa

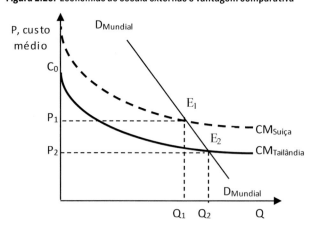

[30] Baseado em Krugman e Obstfeld (2009). Ver ainda subsecção 3.2.2.

A qualquer nível de produção a Tailândia pode produzir relógios mais baratos que a Suíça (devido, por exemplo, aos seus salários mais baixos). Mas, supondo que a Suíça, por razões históricas, estabeleceu a sua indústria de relógios primeiro, então, inicialmente o ponto de equilíbrio mundial será 1. A Suíça produz Q1 e vende ao preço P1. Se a Tailândia puder tomar o mercado mundial completo, o equilíbrio move-se para P2. Contudo, se não houver produção inicial da Tailândia, Q=0, cada firma tailandesa enfrentará um custo de produção de C_0, que está acima do preço a que a indústria Suíça estabelecida pode produzir, pelo que a Tailândia não terá condições de entrar na indústria.

Como mostra este exemplo, as economias de escala externas dão potencialmente um papel forte ao acaso histórico na determinação de quem produz o quê (padrão de comércio), e pode fazer com que padrões de especialização permaneçam mesmo contra a vantagem comparativa. A existência de economias de escala externas, apesar de compatível com a concorrência perfeita, pode desvirtuar o sentido da especialização baseada em vantagens comparadas. Em termos de ganho de bem-estar, a presença de economias de escala externas pode não permitir a maximização dos ganhos com o comércio. É que o país produtor mundial não é necessariamente o país mais eficiente (aquele que dispõe duma vantagem comparada).

Por outro lado, as economias de escala externas podem fazer com que, para um país individual, o protecionismo temporário gere uma situação preferível ao comércio internacional, se puder abastecer o seu próprio mercado a um preço inferior. Este aspeto (designado por argumento da indústria nascente) será abordado na secção 3.2.2.

O Caso das economias de escala dinâmicas

Uma forma particularmente importante de economias de escala externas respeita às economias de escala dinâmicas, frequentemente designadas por ganhos de aprendizagem. Baseiam-se no argumento de que quando uma empresa individual consegue, através da experiência, ganhos de produtividade, esse conhecimento tende a espalhar-se pelas restantes empresas do sector (através da movimentação de trabalhadores, por exemplo). Portanto, os custos de produção da empresa caiem quando a indústria acumula experiência. Os custos unitários são, assim, uma função negativa da produção acumulada da indústria desde a sua criação.

Quando uma empresa melhora as suas técnicas de produção, as outras empresas imitam-na e beneficiam do seu conhecimento. A curva (ou linha) de aprendizagem (Indústria X), L, em ambos os países, sendo que A é um país com tradição no setor (pioneiro) e B é um país que goza de vantagens comparadas, mas onde a indústria X é inexistente.

Figura 2.21.: Economias de escala dinâmicas

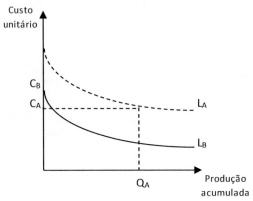

Por exemplo, a Tailândia tem menos experiência na produção pois, neste caso, os custos da indústria dependem da produção acumulada e não da produção corrente, como acontecia atrás. Esta relação é descrita pela curva de aprendizagem. Se isso acontecer, os custos de produção são uma função negativa da quantidade total produzida na indústria desde a sua criação, isto é, da produção acumulada.

O país B pode nunca entrar no mercado. No exemplo, o país A tem uma produção acumulada de Q_A, originando um custo de C_A, ou seja, tem uma experiência acumulada suficientemente grande, enquanto B nunca produziu o bem (o desfazamento de experiência entre os dois países é suficientemente grande). Então B terá um custo inicial de C_B que é maior que o custo unitário corrente, C_A, da indústria estabelecida. Aqui, mais uma vez, o argumento para a proteção de indústrias nascentes – proteger a indústria doméstica até conseguir um nível de experiência que lhe permita entrar no mercado mundial – poderá ter cabimento.

Capítulo 3
Política Comercial Externa

Designa-se por política comercial externa o conjunto de medidas de política económica que os governos adotam com o objetivo de influenciar, direta ou indiretamente, os fluxos de comércio – Importações e Exportações – entre a sua economia e o resto do mundo.

Neste capítulo apresentam-se os principais instrumentos de política comercial e os efeitos económicos que lhe estão associados, discutindo-se ainda a racionalidade económica (e política) que justifica a sua adoção.

Objetivos de aprendizagem:
- Identificar os efeitos de mercado dos vários instrumentos de política comercial;
- Avaliar os efeitos sobre o bem-estar e identificar quem ganha e quem perde com os vários instrumentos de política comercial;
- Enunciar argumentos a favor do livre comércio;
- Avaliar os argumentos a favor do protecionismo;
- Distinguir os diferentes níveis de de integração regional, num contexto de globalização da economia mundial;
- Identificar e analisar os efeitos estáticos e dinâmicos resultantes dos acordos de integração económica;
- Descrever a evolução do processo de integração económica europeia;
- Explicar o papel dos acordos e negociações internacionais na promoção do comércio mundial.

COMÉRCIO INTERNACIONAL

3.1. INSTRUMENTOS DE POLÍTICA COMERCIAL EXTERNA

São vários os instrumentos de política comercial externa que os governos podem implementar com o objetivo de alterar as importações e/ou as exportações da sua economia. Por forma a averiguar os respetivos efeitos, é usual partir de uma situação de comércio livre. Assim sendo, começa-se por derivar duas importantes curvas (a curva da procura de importações e a de oferta de exportações) e por determinar o equilíbrio na ausência de obstáculos ao comércio, partindo das seguintes hipóteses:

1) Dois países, A e B, de dimensão idêntica, em que o País A representa a economia nacional, enquanto o País B representa o resto do Mundo.
2) Os bens são produzidos em condições de concorrência perfeita.
3) Os custos de transporte são nulos.
4) Os preços são determinados na moeda de cada um dos países.
5) Em comércio livre a balança comercial está sempre equilibrada, isto é, as exportações igualam as importações em valor.
6) A taxa de câmbio mantém-se inalterada qualquer que seja a política comercial externa.
7) Não existe mobilidade internacional de fatores de produção e, simultaneamente, existe mobilidade perfeita entre setores produtivos.
8) Em autarcia, $P_X^A > P_X^B$ (expressos na mesma moeda). Por outras palavras, na ausência total de comércio, entre A e B, o preço a que o bem X é transacionado na economia A é superior ao preço a que esse bem é transacionado em B, ou seja, o bem X é produzido com maior eficiência na economia B do que em A. Esta diferença de preços indica que, na eventualidade de haver comércio livre, entre A e B, a economia A será importadora do bem X, enquanto a economia B será exportadora desse bem.

Neste contexto, a questão que se coloca é qual será o preço de equilíbrio em A e em B em comércio livre, e qual será a quantidade de bem X transacionada entre as duas economias. Para responder a esta questão tem de se derivar a curva de procura de importações do bem X (por A) e a curva de oferta de exportações do bem X (por B).

Refira-se que na análise dos efeitos da política comercial externa se adota uma análise de equilíbrio parcial, isto é, foca-se exclusivamente as características e ajustamentos que se registam no mercado de um dos bens – no caso, no mercado do bem X – e ignora-se as repercussões que as mesmas políticas possam ter no mercado do outro bem.

3.1.1. PROCURA DE IMPORTAÇÕES, OFERTA DE EXPORTAÇÕES E PREÇO DE EQUILÍBRIO MUNDIAL

Derivação da curva da procura de importações: Procura de importações (MD) = Procura interna – Oferta interna

Figura 3.1: Derivação da curva de procura de importações (MD) do país A

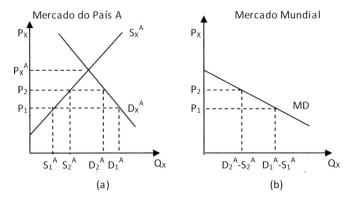

A curva de procura de importações (MD na figura 3.1 (b)) representa, para cada nível de preço, a quantidade do bem X procurada pelos consumidores de A no mercado internacional. Corresponde à diferença entre a procura interna e a oferta interna do bem X no país A ($D_X^A - S_X^A$, figura 3.1 (a)). Sendo P_X^A o preço de equilíbrio autárcico no mercado do bem X em A, verifica-se que, para preços inferiores a P_X^A, existe neste mercado um excesso de procura face à oferta interna. Assim, quanto menor for o preço, maior será o diferencial entre a quantidade procurada pelos consumidores e a quantidade oferecida pelos produtores nacionais: $P_1 < P_2 \Rightarrow D_1^A - S_1^A > D_2^A - S_2^A$, aumentando dessa forma a quantidade necessária de importação. Concluindo, neste mercado qualquer preço inferior a P_X^A só será de equilíbrio se for possível importar a quantidade do bem X correspondente ao excesso de procura.

COMÉRCIO INTERNACIONAL

Derivação da curva de oferta de exportações: Oferta de Exportações (XS) = Oferta/ /produção interna − Procura interna

Figura 3.2: Derivação da curva de oferta de exportações (XS) do país B

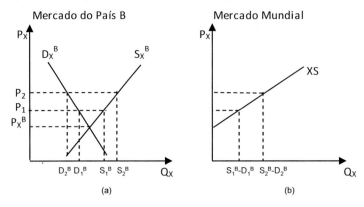

A curva de oferta de exportações (XS na figura 3.2 (b)) representa, para cada nível de preços, a quantidade do bem X oferecida pelos produtores de B no mercado internacional, e corresponde à diferença entre a oferta interna e a procura interna do bem X em B ($S_X^B - D_X^B$, figura 3.2 (a)). Na economia B o preço de equilíbrio autárcico no mercado de bem X é P_X^B, pelo que para preços superiores a P_X^B verifica-se neste mercado um excesso de oferta face à procura interna. Dessa forma, quanto maior for o preço do bem X maior será o diferencial entre as quantidades produzidas e as quantidades procuradas: $P_2 > P_1 \Rightarrow (S_2^B - D_2^B) > (S_1^B - D_1^B)$, aumentando assim as quantidades disponíveis para exportação. Concluindo, no mercado do bem X em *B*, qualquer preço superior ao preço autárcico só poderá ser de equilíbrio se for possível exportar a quantidade do bem correspondente ao excesso de oferta.

Equilíbrio mundial

No mercado mundial do bem X o equilíbrio ocorre quando a procura de importações iguala a oferta de exportações (MD=XS) para um dado preço P_W. Ao preço de equilíbrio mundial (P_W) o excesso de oferta do bem X em B é exatamente igual ao excesso de procura do bem X em A, e corresponde à quantidade Q_W – que representa em simultâneo as exportações de B e as importações de A. De modo equivalente, $(D^A - S^A) = (S^B - D^B)$, ou ainda

$(D^A + D^B) = (S^A + S^B) \Leftrightarrow D_W = S_W$. Ou seja, o equilíbrio em comércio livre corresponde à igualdade entre a procura mundial e a oferta mundial do bem em causa. Isto é, ao preço P_W existe equilíbrio simultâneo no mercado do bem X em A e em B.

Figura 3.3: Equilíbrio Mundial

Ajustamento entre equilíbrios: do equilíbrio autárcico ao equilíbrio do mercado mundial

Atendendo a que, em autarcia, $P_X^A > P_X^B$, ou seja, a economia A é menos eficiente que a economia B na produção do bem X, vai-se analisar os ajustamentos de mercado que ocorrem quando se passa de autarcia ao comércio livre. Nestas circunstâncias, a implementação de comércio livre entre as duas economias causa, temporariamente, um excesso de procura do bem X em B e um excesso de oferta do mesmo bem em A. Considerando que os consumidores ajustam-se mais rapidamente à nova situação do que os produtores, verifica-se que uma parte dos consumidores de A tenta adquirir o bem X a um preço mais baixo no mercado de B, causando, temporariamente, um excesso de procura neste mercado, e um excesso de oferta em A. Desta forma, o ajustamento no preço do bem X é fundamental à recuperação do equilíbrio de mercado em ambas as economias. Em B, o preço do bem X tenderá a subir levando ao aumento da produção deste bem; enquanto em A, o preço de mercado do bem X tenderá a descer levando à redução da produção. Ou seja, os preços praticados nos dois mercados convergem e este processo de ajustamento estabiliza quando o preço do bem X em A e B for igual (P_W), isto é, quando produtores e consumidores dos dois países tiverem ajustado totalmente as suas decisões às novas condições de mercado.

No exemplo apresentado, o comércio livre leva à integração perfeita, completa, do mercado do bem X entre as economias A e B. Inicialmente existiam dois mercados nacionais distintos, com preços de equilíbrio distintos, mas o comércio livre cria um novo equilíbrio em que existe um mercado único para o bem X que inclui/integra os agentes económicos dos dois países. Ao novo preço de equilíbrio, P_w, a quantidade procurada conjuntamente em A e B é igual à quantidade produzida em A e B.

3.1.2. TARIFA

Definição

A tarifa é um imposto que incide sobre o valor dos bens importados, e é o mais vulgar dos instrumentos de política comercial externa (PCE). Trata-se de um imposto alfandegário e, como tal, é cobrado quando os bens importados cruzam a fronteira nacional, elevando o seu preço final pelo valor da tarifa. Deste modo, no mercado nacional protegido pela tarifa, o bem importado é transacionado a um preço mais elevado que o respetivo preço no mercado internacional.

Tipos de tarifas

As tarifas podem ser de dois tipos: *ad-valorem* ou específicas. Uma tarifa *ad--valorem* é definida por um valor percentual que incide sobre o preço unitário do bem importado, excluindo o respetivo custo do transporte. Por sua vez, uma tarifa específica é um imposto de montante fixo por unidade do bem importado, independentemente do respetivo preço unitário de importação.

Exemplo 1: Tarifa *ad-valorem* versus tarifa específica

Importação de bicicletas: tarifa *ad-valorem* (10%) ou tarifa específica (10€);

Preço unitário de importação: 100 Euros, é o preço em vigor no mercado mundial;

Preço unitário das bicicletas importadas: 110 Euros, é o preço em vigor no mercado nacional do país em causa. Corresponde, no caso de uma tarifa *ad-valorem*, ao preço do mercado mundial acrescido do valor da tarifa $[100 \times (1 + t)]$.[31] No caso de uma tarifa específica, t_{esp}=10€, o preço unitário será igual a 100+tesp=110. Em qualquer das situações, neste exemplo a tarifa cobrada é de 10 Euros.

Neste contexto, podem identificar-se as principais diferenças que se verificam entre tarifas *ad-valorem* e específicas:

i) Para um bem com diferentes variedades, algumas mais baratas que outras, a tarifa *ad-valorem* é mais equitativa que uma tarifa específica. Com efeito, é fácil compreender que a tarifa *ad-valorem* faz subir os preços de todas as variedades na mesma proporção, contrariamente ao que acontece com a tarifa específica, que é regressiva, isto é, penaliza proporcionalmente mais as variedades de menor preço.

ii) O nível de proteção proporcionado por uma tarifa específica varia inversamente ao nível geral de preços, enquanto a tarifa *ad-valorem* proporciona sempre o mesmo nível de proteção. Ou seja, se a tarifa específica não for regularmente atualizada, a inflação faz com que o nível de proteção que ela proporciona aos produtores nacionais se degrada progressivamente.

Exemplo 2: Importação de bicicletas

Tarifa específica: 10 Euros por unidade;

Preço de importação inicial: 100 Euros;

Preço das bicicletas importadas: 110 Euros, que equivale a uma taxa de proteção efetiva de 10% (10/100).[32]

Existindo inflação, o preço de importação será agravado pela mesma, pelo que face à tarifa específica em vigor, se verifica uma efetiva redução da taxa de proteção. Assim, se o novo preço de importação for de 125 Euros, o preço

---

[31] Para um país de pequena dimensão.
[32] A taxa de proteção efetiva é expressa em percentagem do preço que vigoraria em comércio livre. No caso de uma tarifa *ad-valorem*, a própria tarifa corresponde à taxa de proteção. No caso de uma tarifa específica, a correspondente taxa de proteção obtém-se dividindo a tarifa pelo preço líquido da tarifa.

das bicicletas importadas será de 135 Euros, correspondente a uma taxa de proteção efetiva de 8% (10/125).

iii) Em termos administrativos, é muito fácil aplicar uma tarifa específica. A tarifa *ad-valorem*, entre outras dificuldades, só pode ser aplicada após determinado o preço do bem importado.

Objetivos das tarifas

As tarifas são o instrumento de política comercial mais antigo, sendo usadas principalmente para proteger a produção nacional da concorrência externa e, supletivamente, para elevar o rendimento do governo, isto é, como fonte de receitas para os orçamentos públicos. Na atualidade, este último aspeto revela-se ainda particularmente relevante para os países menos desenvolvidos, pois a reduzida dimensão da sua base produtiva faz com que os impostos sobre importações sejam uma das principais fontes de receitas do Estado.

Por sua vez, observa-se que os países desenvolvidos atualmente praticam um nível médio de tarifas muito baixo no comércio de bens industriais. Este é o resultado de um longo processo de liberalização do comércio internacional que, conforme referido no capítulo 1, decorre desde o pós II Guerra Mundial, em sucessivas rondas negociais e envolvendo um número crescente de países. No entanto, também é verdade que, neste processo, muitos governos têm recorrido a outras medidas, alternativas às tarifas, com o mesmo objetivo de proteger os seus produtores da concorrência externa.

Ainda assim, a compreensão dos efeitos económicos associados às tarifas mantém-se fundamental para o entendimento geral dos instrumentos de política comercial externa.

Efeitos de uma tarifa

Os efeitos em análise referem-se à imposição, pelo país A, de uma tarifa sobre as importações do bem X, partindo de uma situação inicial de comércio livre. Admite-se que se trata de uma tarifa específica, pois facilita a análise, com a vantagem de que as conclusões obtidas são as mesmas no caso de uma tarifa *ad-valorem*.

A imposição da tarifa tem o efeito imediato de elevar o preço dos bens importados sobre os quais incide, pelo que em consequência estes perdem competitividade ao entrar no mercado nacional em causa. Deste modo, a tarifa favorece o consumo de bens de produção "nacional" em detrimento dos bens importados, que são discriminados com a incidência daquele imposto. Adicionalmente, os produtores nacionais que concorrem com os bem(s) tarifado(s) ficam parcialmente protegidos da concorrência externa que é distorcida pela intervenção direta do governo na formação dos preços dos bens importados. Por fim, com esta opção de política comercial, o Estado consegue arrecadar uma receita fiscal que depende do nível das tarifas e do leque de bens abrangidos.

Assim, resulta claro que a imposição de uma tarifa tem múltiplos efeitos. A exposição que se segue apresenta uma análise sistemática e detalhada dos efeitos que estão associados à implementação de uma tarifa, sendo esta análise estruturada do seguinte modo:

- efeitos de mercado – preços, quantidades produzidas, consumidas e transacionadas internacionalmente;
- efeitos de bem-estar – excedentes de produtores e consumidores, e receitas fiscais;
- interpretação económica dos efeitos anteriores – eficiência económica e redistribuição do rendimento.

Caso 1: Imposição de uma tarifa por um país de pequena dimensão económica (país pequeno)

Ao quadro de análise definido anteriormente acrescenta-se a hipótese de que o país importador (A), que impõe a tarifa, é pequeno em termos económicos.

Em termos económicos, uma economia diz-se pequena quando não tem capacidade de alterar o preço de equilíbrio em vigor no mercado mundial (P_W). Isto acontece porque a sua quota no mercado mundial é tão reduzida que alterações nas suas importações ou exportações têm um efeito nulo no preço mundial, ou seja, para a economia pequena o preço de equilíbrio do mercado mundial é um dado. No caso de uma pequena economia importadora, esta situação significa que em termos económicos ela enfrenta uma oferta de exportações do bem x que é infinitamente elástica ao preço P_W (figura 3.4).

COMÉRCIO INTERNACIONAL

Efeitos de mercado

Os efeitos de mercado associados à imposição de uma tarifa são todas as alterações que se registam nos indicadores que caracterizam o equilíbrio de mercado: nível de preço, quantidades produzidas, consumidas, importadas ou exportadas. Procede-se para tal a uma análise de estática comparativa, isto é, comparando o equilíbrio final (pós-tarifa) com o equilíbrio inicial (pré-tarifa).

	Equilíbrio Inicial	Equilíbrio Final
Preço Interno	$P_1 = P_W$	$P_2 = P_W + t$
Procura	D_1^A	D_2^A
Oferta	S_1^A	S_2^A
Importações	$M_1^A = D_1^A - S_1^A$	$M_2^A = D_2^A - S_2^A$

Na situação inicial existe comércio livre, do bem X, entre A e B, e, como tal existe equilíbrio simultâneo dos mercados interno e externo ao preço P_W. Em comércio livre há uma integração plena dos mercados dos dois países, e portanto qualquer diferença de preço suscita um ajustamento imediato de consumidores e produtores, respetivamente – os consumidores tentarão adquirir o bem no mercado em que este é mais barato e os produtores tentarão vender no mercado que paga o preço mais alto, daqui resultando a igualização do preço inter-países. No equilíbrio inicial observam-se as seguintes igualdades:

- Mercado Mundial: Procura Mundial $(D_X^A + D_X^B)$ = Oferta Mundial $(S_X^A + S_X^B)$
- País A: Procura Interna = Oferta Interna + Oferta Exportações de B
- País B: Oferta Interna = Procura Interna + Procura de Importações de A

Em A, com a imposição da tarifa, o preço aumenta de P_1 para P_2, ou seja, a tarifa aumenta o preço do bem importado por um montante igual ao da tarifa, repercutindo-se integralmente no mercado interno (ver figura 3.4). Por sua vez, a produção aumenta de S_1^A para S_2^A e a quantidade procurada/consumo diminui de D_1^A para D_2^A, pelo que dessa forma as importações diminuem de M_1^A para M_2^A.

Figura 3.4: Efeitos da tarifa no caso de um país de pequena dimensão económica

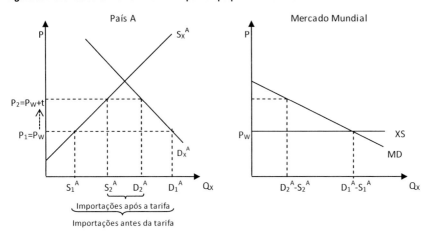

Após a imposição da tarifa, ao preço P_W regista-se um desequilíbrio no mercado do bem X no país importador (A) por escassez de oferta. Consequentemente, o ajustamento no sentido do reequilíbrio faz-se com a subida do preço. À medida que o preço interno vai subindo, os produtores de A são incentivados a aumentar a sua produção ($S_2^A > S_1^A$) enquanto os consumidores tenderão a reduzir o seu consumo ($D_2^A < D_1^A$). Deste modo, a quantidade procurada aproxima-se da quantidade oferecida, diminuindo assim as necessidades de importação ($M_2^A < M_1^A$). Este processo de ajustamento estabiliza, ou seja, o reequilíbrio do mercado dá-se a um preço que é superior ao do mercado mundial pelo montante da tarifa (P_W+t). Somente a este preço a quantidade procurada pelos consumidores de A iguala a quantidade oferecida pelos produtores nacionais e importações [Procura Interna=Oferta Interna+Oferta Exportações].

Efeitos de bem-estar

Neste caso pretende-se avaliar os custos e benefícios para os agentes económicos envolvidos (consumidores, produtores e Estado) decorrentes dos ajustamentos de mercado associados à tarifa. Para comparar estes custos e benefícios é necessário quantificá-los, e para esse efeito o método seguido

COMÉRCIO INTERNACIONAL

baseia-se em dois conceitos fundamentais de análise microeconómica: o excedente do consumidor e o excedente do produtor, que a seguir se descrevem

Produtores:

Figura 3.5: Efeito duma tarifa sobre o excedente do produtor

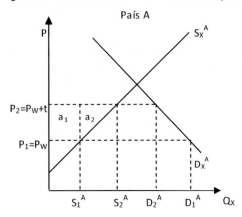

Com a imposição da tarifa, o excedente dos produtores do bem X aumenta, porque além de beneficiarem de um preço mais alto o seu nível de produção aumentou (ver figura 3.5).[33] O aumento do seu bem-estar tem duas componentes distintas: (1) a subida do preço de mercado beneficia mesmo a produção que já era realizada antes da imposição da tarifa, sendo esse benefício equivalente à área a_1 ($a_1 = S_1^A \times t$); (2) o aumento da produção que acompanha aquela subida do preço resulta num benefício adicional equivalente à área a_2 $[a_2 = (S_2^A - S_1^A) \times \frac{1}{2} \times t]$.[34]

---

[33] Mede o montante de ganho/benefício do produtor que está associado a uma dada transacção e é igual à diferença entre o preço unitário que efetivamente recebe e aquele que estaria disposto a receber por cada uma das unidades vendidas. O excedente do produtor pode ser derivado a partir da curva da oferta de mercado e corresponde à área que, estando acima da curva da oferta, está abaixo da "linha" do preço em vigor no mercado.

[34] $a_1 + a_2 = a$.

Consumidores:

Figura 3.6: Efeito duma tarifa sobre o bem-estar do consumidor

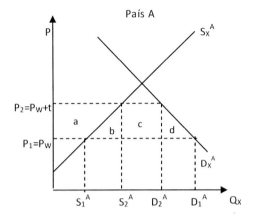

A imposição da tarifa resulta num acréscimo de custos para os consumidores do bem X. Assim, o nível de bem-estar dos consumidores é reduzido na medida em que o seu excedente também vem reduzido.[35] Na figura 3.6 verifica-se que a perda de excedente tem dois componentes: (1) comparativamente à situação inicial, o acréscimo de preço que incide sobre o consumo realizado representa um custo acrescido para os consumidores, equivalente às áreas a+b+c $[a+b+c=D_2^A \times t]$; (2) associado à subida do preço, observa-se uma redução no nível de consumo ($D_2^A < D_1^A$) que representa uma perda adicional para os consumidores equivalente à área d $[d = (D_1^A - D_2^A) \times t \times \frac{1}{2}]$.

Estado:

O Estado arrecada uma receita que resulta da aplicação da tarifa (t) ao volume de importações que se realizam ($M_2^A < M_1^A$), correspondendo em valor à área c $[c = M_2^A \times t]$ representada na figura 3.7.

---

[35] Mede o montante de ganho/benefício do consumidor que está associado a uma dada aquisição, e é igual à diferença entre o preço unitário que efetivamente paga e aquele que estaria disposto a pagar por cada unidade adquirida. O excedente do consumidor pode ser derivado a partir da curva da procura de mercado, correspondendo à área abaixo da curva da procura que está acima da "linha" do preço em vigor no mercado.

Figura 3.7: Efeito duma tarifa sobre as receitas do governo – país pequeno

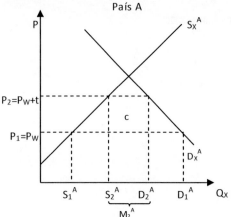

O balanço entre custos e benefícios associados à tarifa dá-nos o efeito líquido da tarifa no bem-estar da economia A, o qual é avaliado tomando conjuntamente o seu impacto sobre produtores, consumidores e Estado.

Perda de excedente dos consumidores:	-(a+b+c+d)
Ganho de excedente dos produtores:	+(a)
Estado (receita):	+(c)
Efeito líquido	-(b+d)

Globalmente verifica-se que os custos associados à imposição da tarifa são superiores aos benefícios gerados. Em concreto, as perdas no excedente dos consumidores são maiores que os acréscimos no excedente dos produtores e nas receitas do Estado por um montante equivalente às áreas (b+d), como evidenciado na figura 3.8. Em conclusão, a imposição da tarifa causa uma perda líquida no bem-estar da economia importadora (país A).

Importa compreender porque é que ocorre esta deterioração no bem--estar. Para o efeito é necessário haver um entendimento claro do significado económico das áreas (b) e (d). A base dos triângulos b e d representa, respetivamente, o aumento na produção, e a redução no consumo do bem X, que conjuntamente representam a quebra nas importações.

Figura 3.8: Efeito líquido duma tarifa sobre o bem-estar – país pequeno

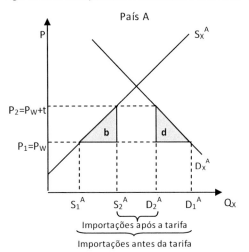

- A área b também é identificada como o efeito produção da tarifa. Representa a substituição que ocorre no consumo interno de produção eficiente do mercado mundial (ao preço P_w) por produção menos eficiente do mercado interno (ao preço P_w+t). Esta substituição traduz uma clara perda de eficiência económica na economia A, pois desperdiçam-se recursos produtivos a aumentar a produção de X com um custo de P_w+t quando esse bem pode ser adquirido no mercado mundial ao preço P_w. A área em questão representa assim uma perda líquida, porque é um custo suportado pelos consumidores que não beneficia nem os produtores nem o Estado.
- A área d também é identificada como o efeito consumo da tarifa. Representa a redução no consumo a que os consumidores ficam "obrigados" em virtude da subida de preço das importações, e, por arrastamento, do preço no mercado interno. Trata-se de uma perda líquida porque corresponde a um custo suportado pelos consumidores, mas que não beneficia nem os produtores nem o Estado. Tal como a área b, também representa uma perda de eficiência na utilização dos recursos de A. Ou seja, há uma distorção no consumo, pois a menor quantidade consumida resulta de uma subida forçada do preço do bem X que, no mercado mundial, continua a valer somente P_w.[36]

---

[36] É importante notar que toda esta avaliação supõe que 1€ de ganho/perda no excedente dos consumidores vale o mesmo que 1€ de ganho/perda no excedente dos produtores. Assim, se houvesse uma ponderação diferenciada entre uns e outros as conclusões anteriores viriam alteradas.

No quadro de análise definido pelas hipóteses adotadas, é possível assim enunciar duas conclusões quanto aos efeitos das tarifas:

1) Estas são, inequivocamente, pró-produtores e anti-consumidores – os primeiros são protegidos da concorrência externa, os segundos pagam preços mais elevados. Há uma redistribuição do rendimento interno dos consumidores do bem importado para os produtores nacionais desse bem e para o Estado.

2) A tarifa reduz a eficiência económica porque leva a uma menor racionalidade económica na utilização dos recursos da economia importadora, causando distorções tanto na produção como no consumo.

Caso 2: Imposição de uma tarifa por um País grande

Assume-se agora que A é um país grande em termos económicos e que impõe uma tarifa específica sobre as importações do bem X.

A questão relevante é saber em que medida a análise anterior é válida, ou não, neste caso. Em termos económicos, uma economia é grande se tiver uma quota do mercado mundial suficientemente elevada de forma que alterações na sua procura de importações (ou oferta de exportações) repercutem-se obrigatoriamente no preço de equilíbrio do mercado mundial. O país grande tem assim poder de monopsónio no mercado mundial, o que significa que tem capacidade, por decisão unilateral, de afetar economicamente o Resto do Mundo. Em termos práticos significa que a economia grande enfrenta uma oferta de exportações do bem X de inclinação positiva por parte do país B (resto do Mundo).

	Equilíbrio Inicial	Equilíbrio Final
Preço Interno	$P_1 = P_W$	$P_2 = P_W^* + t$
Procura	D_1^A	D_2^A
Oferta	S_1^A	S_2^A
Importações	$M_1^A = D_1^A - S_1^A$	$M_2^A = D_2^A - S_2^A$

Tal como no caso anterior, considera-se que no equilíbrio inicial existe comércio livre entre A e B, pelo que P_W é o preço de equilíbrio do mercado mundial e dos mercados internos dos dois países.

Efeitos de mercado:

País A – Com a imposição de uma tarifa específica (t) sobre as importações do bem X, o preço deste bem tende a subir por aquele montante no mercado interno de A. A subida do preço leva ao aumento da quantidade oferecida pelos produtores de X em A, e à redução da quantidade procurada pelos consumidores. Consequentemente, existe uma diminuição da quantidade procurada de importações.

País B – Esta política significa que o país A reduz a sua procura de importações no mercado mundial, gerando um excesso de oferta. Desta forma, o preço P_W deixa de ser de equilíbrio, quer no mercado mundial, quer no mercado interno do país B, o país exportador. O excesso de oferta leva à descida do preço, reduzindo as quantidades produzidas e aumentando as quantidades procuradas, pelo que as quantidades disponíveis para exportação serão progressivamente menores.

Globalmente, em A e B, o novo equilíbrio dá-se quando as importações necessárias em A coincidem com as quantidades produzidas para exportação em B. Neste ponto, a diferença de preços observada nos dois mercados corresponde ao valor da tarifa e o preço do mercado mundial é inferior ao preço inicial ($P_W^* < P_W$). Este último aspeto revela assim que o país grande "exporta" parte dos efeitos (de mercado) da tarifa para o exterior (ver figura 3.9).

Figura 3.9: Efeito duma tarifa – país grande

Efeitos no bem-estar Nacional da economia A:

Os efeitos sobre o bem-estar da economia A apresentam-se na figura 3.10.

Figura 3.10: Custos e benefícios duma tarifa – país de grande dimensão económica

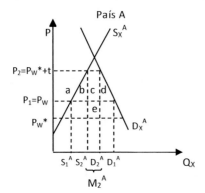

Consumidores: a subida no preço de mercado reduz o excedente dos consumidores pelo equivalente às áreas (a+b+c+d), sendo o seu significado económico idêntico ao do caso da economia pequena.

Produtores: vêem o seu excedente aumentar à medida que o preço sobe pelo equivalente à área (a), pois não só vendem a produção a um preço mais alto como expandem a própria produção. O aumento do seu excedente corresponde a parte do custo suportado pelos consumidores.

Estado: recebe as receitas de imposto pelo montante equivalente à área (c+e) = $M_2^A \times t$. Neste caso, e porque o preço do mercado mundial baixou, só uma parcela destes impostos (a área c) corresponde a um custo para os consumidores. A área (e) é um benefício líquido desta economia pois resulta da descida de preço na aquisição de importações, também identificado como o efeito nos termos de troca de A.

O balanço entre custos e benefícios associados à tarifa dá-nos o efeito líquido da tarifa no bem-estar da economia grande, o qual como anteriormente é avaliado tomando conjuntamente o seu respetivo impacto sobre produtores, consumidores e Estado.

Perda de excedente dos consumidores:	-(a+b+c+d)
Ganho de excedente dos produtores:	+(a)
Estado (receita):	+(c+e)
Efeito líquido	-(b+d)+(e)

No caso da economia grande, o saldo final desta política é indeterminado pois depende em cada caso da relação de grandeza entre os triângulos (b+d), que representam as perdas de eficiência económica já identificadas anteriormente para a economia pequena, e o rectângulo (e) que representa os ganhos nos termos de troca do país grande, como evidencia a figura 3.11.

Figura 3.11: Efeito líquido duma tarifa sobre o bem-estar – país de grande dimensão económica

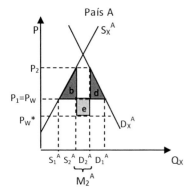

Desta forma, para uma economia grande é possível que a imposição da tarifa resulte num balanço positivo, no caso em que o ganho nos termos de troca supere as perdas de eficiência observadas na produção e no consumo. Mas caso aqueles dois efeitos sejam iguais, ou se as perdas de eficiência económica superam o ganho nos termos de troca, a tarifa causa um efeito neutro ou negativo, respetivamente.

3.1.3. QUOTA ÀS IMPORTAÇÕES

Uma quota às importações corresponde a uma restrição quantitativa das importações. A quota pode ser global (ou aberta) quando é definida a quantidade total a importar pelo país, sem especificar quem pode importar, ou

COMÉRCIO INTERNACIONAL

assumir a forma de licença de importação, quando é atribuída diretamente aos importadores (gratuitamente ou contra pagamento).

Ao restringir a quantidade que pode ser importada do bem, daí resultará um desequilíbrio no mercado interno ao preço Pw por excesso de procura. Deste modo, o preço tenderá a aumentar até que o desequilíbrio desapareça, ou seja, até que a quantidade oferecida internamente acrescida da quota iguale a quantidade procurada (ver figura 3.12).

Figura 3.12: Efeito de uma quota às importações – país de pequena dimensão económica

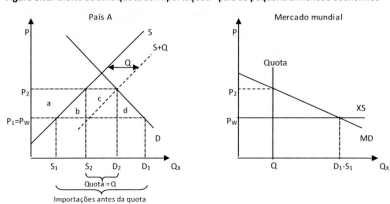

No caso de um país de grande dimensão económica, a aplicação da quota às importações também causará um desequlíbrio no mercado mundial ao preço Pw no sentido de um excesso de oferta. Assim, no mercado mundial, o preço tenderá a descer conforme evidencia a figura 3.13.

Figura 3.13: Efeito de uma quota às importações – país de grande dimensão económica

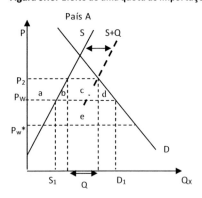

De referir que, para cada quota de importação, existe uma tarifa equivalente que teria exactamente o mesmo efeito de mercado. Contudo, o impacto sobre o bem-estar pode ser distinto, dependendo da forma como as quotas são atribuídas. Ou seja, dependendo de quem se apropria da receita da tarifa equivalente, o efeito líquido sobre o bem-estar poderá ser diferente. No que se refere à variação no excedente do consumidor e do produtor, na medida em que os efeitos de mercado são idênticos aos que seriam obtidos com uma tarifa equivalente, então a quota produz idêntica variação. A diferença reside assim nas receitas do estado: quem se apropria do rendimento da quota? O efeito final da quota e de uma tarifa equivalente só será idêntico se a diferença entre o preço interno do bem importado e o seu preço internacional reverter para os importadores nacionais (quando o governo atribui, gratuitamente, as licenças a agentes nacionais ou se o Governo vender as licenças a um preço igual a P_2-P_w^* (=$t_{esp.}$). Por sua vez, se a diferença entre o preço interno do bem importado e o seu preço internacional for apropriada por agentes externos (exportadores), o efeito final da quota poderá ser mais negativo que o efeito da tarifa.

Estes efeitos sobre o bem-estar encontram-se sintetizados abaixo:

	País pequeno	País grande
Perda de excedente dos consumidores	-(a+b+c+d)	-(a+b+c+d)
Ganho de excedente dos produtores	+(a)	+(a)
Estado (receita) (*)	+(c)	+(c+e)
Efeito líquido	-(b+d)	-(b+d)+(e)

(*) está implícito neste caso que o Estado se apropria dos rendimentos da quota, vendendo as licenças de importação

Constata-se, pois, que a aplicação de uma quota às importações gera perdas de eficiência correspondentes às áreas (b) e (d). Adicionalmente, no caso de um país de grande dimensão económica, verifica-se um efeito positivo nos termos de troca devido à descida do preço do bem X no mercado mundial, que é representado pela área e.

3.1.4. SUBSÍDIO ÀS EXPORTAÇÕES

Os subsídios às exportações são um instrumento utilizado, ainda que a OMC pretenda a sua eliminação, consistindo no pagamento de um determinado montante às empresas exportadoras por cada unidade exportada do bem. Tal como as tarifas, podem ser específicos ou *ad-valorem*.

À semelhança dos casos anteriores, o impacto em termos de mercado e de bem-estar depende da dimensão económica do país que recorre aos subsídios. Assim, tratando-se de um país de pequena dimensão, a atribuição de um subsídio (específico) à exportação irá provocar, temporariamente, uma escassez de oferta no mercado interno, ao preço inicial, que induzirá um aumento do preço pelo montante do subsídio (ver figura 3.14). Consequentemente, a produção interna aumenta e o consumo interno diminui, traduzindo-se num aumento das exportações. Em termos de bem-estar, o subsídio causa um aumento no excedente do produtor (áreas a+b+c) e uma redução do excedente do consumidor (áreas a+b), enquanto que o estado terá de pagar às empresas exportadoras o correspondente subsídio (b+c+d). Desta forma, o subsídio causará uma perda líquida de bem-estar para a economia, que é correspondente às perdas de eficiência dadas pelas áreas (b) e (d).

Figura 3.14: Efeito de um subsídio às exportações – país de pequena dimensão económica

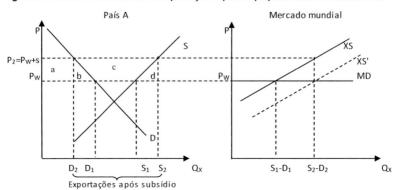

Efetuando esta análise para o caso de um país de grande dimensão, o subsídio causa um aumento do preço interno, mas por um montante inferior ao do subsídio na medida em que também produzirá efeitos no mercado mundial do bem em causa (ver figura 3.15). Com efeito, o subsídio causará, no mercado mundial (e do país importador), um excesso de oferta que fará diminuir o preço. O aumento do preço no mercado do país exportador conduzirá por sua vez a um aumento da produção e redução do consumo e consequente aumento das exportações.

No que se refere aos efeitos sobre o bem-estar, um país de grande dimensão perde, inequivocamente, com a atribuição de um subsídio às exportações. Tal acontece porque às perdas de eficiência resultantes da distorção na produção (área d) e no consumo (área b), acrescenta-se uma deterioração dos termos de troca dada pelas áreas (e+f+g), resultante da descida do preço do bem exportado no mercado mundial.

Figura 3.15: Efeito de um subsídio às exportações – país de grande dimensão económica

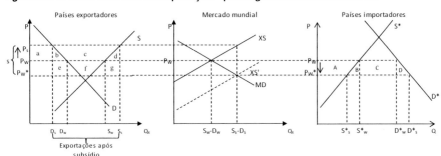

Verifica-se assim que os efeitos do subsídio são exatamente inversos aos de uma tarifa: redução do preço no país importador e aumento no país exportador. Desta forma, constitui uma medida que pode ser contraproducente se os países importadores impuserem uma tarifa exatamente igual ao subsídio atribuído às exportações, pois nesse caso o único efeito passará a ser uma transferência direta de rendimento do governo do país exportador para os governos dos países importadores. Há que referir, contudo, que o efeito líquido de um subsídio à exportação, atribuído por um país de grande dimensão, sobre o bem-estar do país importador é positivo: o excedente do consumidor aumenta pelas áreas A+B+C+D, enquanto o excedente do produtor diminui pela área A.

3.1.5. IMPOSTO ÀS EXPORTAÇÕES

Os impostos às exportações são raros nos países industrializados, mas frequentes em alguns países menos desenvolvidos. Estes impostos incidem sobre o valor dos bem exportados, aumentando o seu preço à saída do mercado nacional e podem ser específicos ou *ad-valorem*. Trata-se de uma medida que pode ter em vista vários objetivos: aumento das receitas do Estado, melhoria dos termos de troca, redistribuição interna do rendimento, combater pressões inflacionárias internas e incentivo ao processamento interno das matérias-primas. Este instrumento de política comercial externa é particularmente eficiente quando o país domina o mercado mundial de um qualquer produto, pois neste caso, restringindo as exportações é possível melhorar os seus termos de troca. No limite, o país exportador pode comportar-se como monopolista nos mercados internacionais, mesmo que a estrutura de mercado seja, no mercado doméstico, de concorrência perfeita.

Figura 3.16: Efeito de um imposto às exportações – país de grande dimensão económica

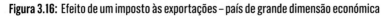
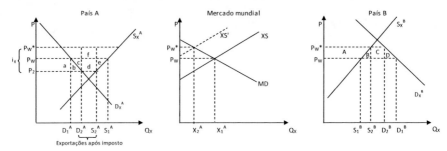

A imposição de impostos às exportações por um país de grande dimensão produzirá efeitos quer no mercado interno quer no mercado mundial (e do país importador) do bem em causa. Assim, no mercado interno, desencadeará um excesso de oferta ao preço inicial de equilíbrio, provocando uma descida do preço. Esta descida do preço será inferior ao montante do imposto na medida em que, dada a dimensão do país, a restrição das exportações causará, no mercado mundial, um excesso de procura que fará subir o preço. Por sua vez, a descida do preço no mercado interno levará a uma diminuição da produção e a um aumento do consumo, e consequentemente a uma redução da quantidade exportada.

Em termos de bem-estar, a imposição de impostos às exportações refletir-se-á numa redução no excedente do produtor (correspondente às áreas a+b+c+d+e da figura 3.16) e no aumento do excedente do consumidor (áreas a+b). Por sua vez, o estado arrecadará a receita do imposto, correspondente às áreas f+d. Desta forma, o efeito líquido sobre o bem-estar é indeterminado, dependendo da dimensão relativa das duas componentes: as perdas de eficiência (c+e) e o ganho nos termos de troca (f).

No caso de um país de pequena dimensão, uma vez que este não consegue influenciar o preço mundial do bem, o efeito líquido sobre o bem-estar será inequivocamente negativo, na medida em que se restringe às perdas de eficiência (áreas c + e da figura 3.17).

Figura 3.17: Efeito de um imposto às exportações – país de pequena dimensão económica

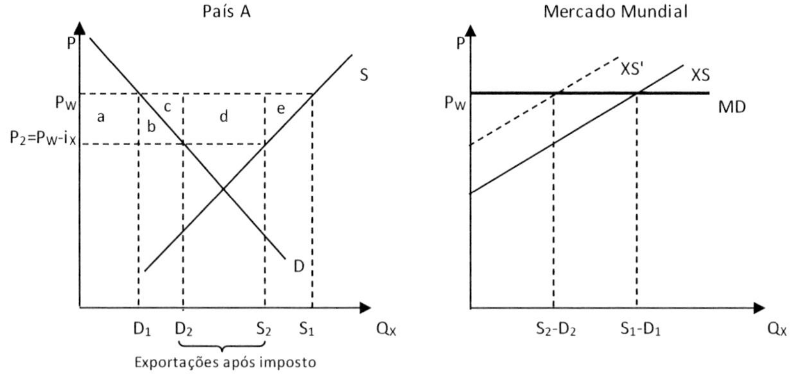

3.1.6. QUOTA ÀS EXPORTAÇÕES

As quotas às exportações consistem na limitação da quantidade (restrição quantitativa) que pode ser exportada, podendo ser globais ou abertas, ou assumir a forma de licenças de exportação. Este instrumento constitui uma das formas disponíveis para explorar posições monopolistas no mercado mundial quando a indústria nacional não está concentrada, permitindo atingir alguns objetivos: favorecer determinados exportadores e os consumidores (redistribuição interna do rendimento); aumentar a receita do Governo (vendendo as licenças); melhorar os termos de troca (país grande).

Em termos de efeitos de mercado, as quotas às exportações têm um efeito semelhante a um imposto (equivalente) sobre as exportações (isto é, existe sempre um imposto equivalente que teria o mesmo efeito sobre as exportações). Contudo, o efeito sobre o bem-estar pode ser diferente, pois como no caso de uma quota à importação o governo pode não conseguir obter qualquer rendimento. Adicionalmente, e tal como no caso do imposto às exportações, é uma medida que tem a desvantagem de desvirtuar o mecanismo de mercado,

COMÉRCIO INTERNACIONAL

com a agravante de não garantir que os produtores excluídos sejam os menos eficientes, o que poderá acentuar as perdas de eficiência.

Figura 3.18: Efeito de uma quota às exportações – país de pequena dimensão económica

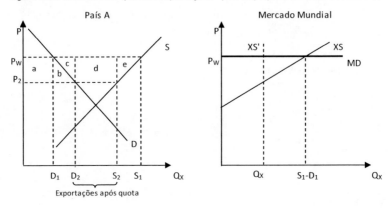

A aplicação de uma quota às exportações irá causar, no mercado interno, um excesso de oferta do bem que provocará a descida do preço. Consequentemente, produtores e consumidores ajustarão as suas decisões: ocorrerá uma descida da produção e um aumento do consumo, com a consequente redução das exportações. No caso de o país ser de grande dimensão económica, a aplicação da quota terá, também, repercussões no mercado mundial (e do país importador), causando um excesso de procura que fará subir o preço.

Figura 3.19: Efeito de uma quota às exportações – país de grande dimensão económica

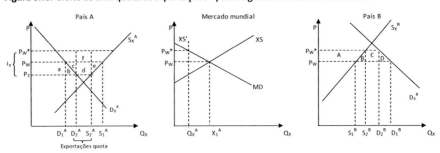

Os efeitos sobre o bem-estar são os seguintes:

	País pequeno	País grande
Ganho de excedente dos consumidores	+(a+b)	+(a+b)
Perda de excedente dos produtores	-(a+b+c+d+e)	-(a+b+c+d+e)
Estado (receita) (*)	+(d)	+(d+f)
Efeito líquido	-(c+e)	-(c+e)+(f)

(*): está implícito que o Estado se apropria dos rendimentos da quota, vendendo as licenças de exportação

Assim, a aplicação de uma quota às exportações gera perdas de eficiência correspondentes às áreas (c) e (e). Adicionalmente, e no caso de um país de grande dimensão económica, observa-se um efeito positivo nos termos de troca (área f) devido ao aumento do preço das suas exportações no mercado mundial, que poderá compensar, ou não, as perdas de eficiência económica.

3.1.7. RESTRIÇÃO VOLUNTÁRIA ÀS EXPORTAÇÕES (RVE)

Trata-se de uma limitação das exportações resultante, normalmente, de acordos internacionais ou negociações internacionais. As RVE podem concretizar-se através de impostos ou de quotas sobre as exportações.[37] São normalmente uma resposta dos países exportadores a pressões por parte dos países importadores, nomeadamente através de ameaças de imposição de tarifas,[38] apresentando desta forma algumas vantagens do ponto de vista legal e político. Para os países exportadores, as RVE são preferíveis às tarifas impostas pelos países importadores porque, deste modo, apropriam-se da receita da tarifa equivalente. Por sua vez, para os países importadores têm a vantagem de limitarem os custos políticos da imposição de restrições às importações. Do ponto de vista económico têm, para o país importador, os mesmos efeitos das quotas às importações quando as licenças são atribuídas ao governo do país exportador.

[37] O Acordo Multi-Fibras é o mais famoso conjunto de RVEs. Foi estabelecido em 1974 e vigorou até 2004, visando a aplicação de limitações, pelos países exportadores, das quantidades a serem exportadas de têxteis e vestuário.
[38] Desta forma, só tem sentido uma RVE no contexto de um país de grande dimensão económica que seja capaz de, restringindo as suas exportações, influenciar o mercado mundial do bem em causa.

COMÉRCIO INTERNACIONAL

Assim, a RVE tem, para o país importador, um custo mais elevado que uma tarifa que limitasse as importações em igual montante.

3.1.8. SÍNTESE DOS EFEITOS DOS VÁRIOS INSTRUMENTOS DE POLÍTICA COMERCIAL

As tabelas 3.1 e 3.2 sintetizam os efeitos de mercado e de bem estar, respetivamente, dos vários instrumentos de política comercial externa.

Tabela 3.1: Efeitos de mercado de políticas comerciais alternativas

	Tarifa às importações	Quota	Subsídio às exportações	Imposto às exportações	Quota às exportações	RVE**
Preço interno*	Aumenta	Aumenta	Aumenta	Diminui	Diminui	Diminui
Produção	Aumenta	Aumenta	Aumenta	Diminui	Diminui	Diminui
Consumo	Diminui	Diminui	Diminui	Aumenta	Aumenta	Aumenta
Quantidade transacionada internacionalmente	Diminui	Diminui	Aumenta	Diminui	Diminui	Diminui

* No caso de um país pequeno, o preço altera-se pelo montante da tarifa/imposto, enquanto que no caso de um país de grande dimensão a alteração é por um montante inferior.
** Apenas fazem sentido no caso de um país grande.

Tabela 3.2: Efeitos de bem-estar dos vários instrumentos de política comercial

	Tarifa às importações	Quota	Subsídio às exportações	Imposto às exportações	Quota às exportações	RVE
Excedente do produtor	Aumenta	Aumenta	Aumenta	Diminui	Diminui	Diminui
Excedente do consumidor	Diminui	Diminui	Diminui	Aumenta	Aumenta	Aumenta
Receitas do estado	Aumenta	?	Diminui	Aumenta	?	?
Efeito líquido País grande País pequeno	Ambíguo Diminui	Ambíguo Diminui	Diminui Diminui	Ambíguo Diminui	Ambíguo Diminui	Ambíguo -

3.1.9. OUTROS INSTRUMENTOS DE POLÍTICA COMERCIAL

i) Incorporação nacional mínima

Obriga a que uma parte do preço final de um bem represente valor acrescentado interno, por exemplo, correspondendo a salários pagos aos trabalhadores locais ou a inputs/componentes utilizados produzidos localmente. Neste caso os visados são normalmente empresas estrangeiras. Esta medida pode proteger as importações a dois níveis: por um lado, pode constituir uma barreira à importação de produtos que não satisfaçam as exigências estabelecidas; por outro lado, pode limitar as importações de materiais e componentes que, noutras circunstâncias, seriam usados na produção do bem final. Relativamente ao tipo de proteção conferido, é diferente consoante se trate dos produtores de componentes ou dos produtores de bens finais. Com efeito, o tipo de proteção conferido aos produtores de componentes é semelhante ao de uma quota de importação variável, dependendo da quantidade produzida pela empresa, enquanto que, no que se refere aos produtores do bem final, não há limites à importação (quanto mais importarem, mais terão de comprar no mercado interno).

ii) Política de consumo público

É frequente os governos (que são grandes consumidores e investidores) darem preferência aos produtores nacionais, o que constitui uma clara barreira às importações. Por exemplo, o *Buy American Act*" norte-americano estipulou que as agências governamentais federais comprassem os produtos a empresas americanas, desde que o preço não fosse superior em mais de 6% (12% para algumas compras do Departamento de Defesa) ao preço dos fornecedores estrangeiros.

iii) Créditos à exportação

Correspondem a um apoio financeiro concedido por uma agência governamental (financiamento direto, garantias, seguros, etc.) a compradores estrangeiros por forma a auxiliar no financiamento da aquisição de bens a exportadores nacionais.

COMÉRCIO INTERNACIONAL

iv) Outros instrumentos: regras administrativas ou legais

Há um grande número de regras administrativas ou legais que podem impedir o livre comércio, podendo assumir a forma de formalidades para desalfandegamento, regulamentos de segurança, legislação de proteção da saúde pública, regras de etiquetagem, marcas de origem ou especificações técnicas. Com estas regras os bens importados têm de suportar custos acrescidos o que aumenta o seu preço ao entrarem no mercado importador.

3.1.10. CASOS PRÁTICOS

Recentemente, o presidente dos EUA, Donald Trump, anunciou a imposição de tarifas sobre as importações de aço e alumínio, usando como argumento a segurança nacional. Uma vez que os EUA são o maior importador de aço do mundo, a imposição de tarifas à sua importação terá repercussões não apenas na economia norte-americana mas também no resto do mundo. Com efeito, e como evidenciado na secção 3.1.2., internamente (nos EUA) tal gerará uma escassez de oferta que fará subir o preço do aço, beneficiando os respetivos produtores mas prejudicando os consumidores, como é o caso da indústria automóvel. Por sua vez, a nível mundial esta medida tenderá a gerar um excesso de oferta que fará baixar os preços do aço no mercado mundial, prejudicando os produtores dos países exportadores (como é o caso do Canadá, China e alguns países da UE). Por esta razão, não é de estranhar que a medida anunciada por Donald Trump tenha sido fortemente criticada pela China e UE, que ameaçam com retaliação. Essa resposta por parte da China e da UE deverá consistir na aplicação de tarifas a vários produtos importados dos EUA, para além da apresentação de queixa à OMC, no quadro do mecanismo de resolução de conflitos (ver secção 3.4.1.). Note-se ainda que mesmo nos EUA esta medida não é consensual, em virtude dos efeitos que daí resultam sobre a indústria automóvel, que, enquanto consumidora deste produto, perderá competitividade.

Este exemplo de protecionismo não é caso único. Em 2009, foi a vez da União Europeia e dos EUA apresentarem queixa na OMC contra a China devido às restrições aplicadas por Pequim à exportação de algumas das suas matérias-primas. Também neste caso, devido à dimensão económica da China, a restrição das exportações, por exemplo, através de um imposto sobre as exportações produziria vários efeitos nos mercados europeu e americano

192

(Resto do Mundo), e consequentemente nos seus níveis de bem-estar. Com efeito, no Resto do Mundo, a limitação das exportações pela China faz com que, ao preço inicial, se registe uma escassez de oferta, que conduzirá ao aumento do preço. Este aumento causa uma redução do consumo e aumento da produção, com a consequente redução das importações. Em termos de bem-estar, o aumento do preço nos mercados europeu e americano provoca uma redução do excedente do consumidor e um aumento do excedente do produtor. Contudo, o efeito líquido é claramente negativo, resultante das distorções geradas na produção e no consumo e da deterioração observada nos termos de troca (em resultado do aumento do preço das importações).

3.2. PROTECIONISMO VERSUS COMÉRCIO LIVRE: CUSTOS E BENEFÍCIOS

Como evidenciado no capítulo anterior, o protecionismo tende a causar distorções nos mercados, gerando perdas de eficiência. Contudo, em determinadas circunstâncias pode gerar uma situação de bem estar superior ao comércio livre. No presente capítulo analisam-se os argumentos que podem ser usados para defender as duas posições.

3.2.1. ARGUMENTOS A FAVOR DO COMÉRCIO LIVRE

i. Comércio livre e eficiência

Como analisado anteriormente, o protecionismo gera ineficiências quer no consumo quer na produção. Mesmo no caso de países grandes, situações de ganho na sequência de restrições ao comércio são pouco frequentes. Assim, pode concluir-se que o comércio livre será gerador de eficiência, o que pode ser demonstrado analisando os efeitos da eliminação de uma tarifa (o que é exatamente o inverso da análise do impacto de uma tarifa). Desta forma, admitindo que está em vigor uma tarifa proibitiva (i.e., que elimina totalmente as importações), a remoção da tarifa irá causar um excesso de oferta que provoca a descida do preço (de P_1 para Pw, conforme a figura 3.20). Em termos de efeitos sobre o bem-estar, o ganho no excedente do consumidor área (a+b+c) utltrapassa a perda no excedente do produtor área (a), pelo que o efeito líquido é positivo pelas áreas b e c.

Figura 3.20: Efeitos da eliminação de uma tarifa proibitiva – país de pequena dimensão económica

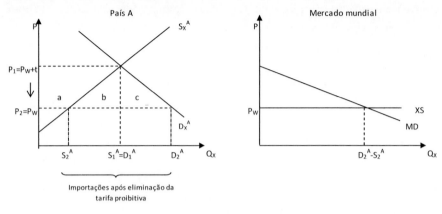

Na análise dos ganhos de eficiência associados ao comércio livre optou-se, por simplificação, por partir de uma situação de autarcia. No entanto, poderia-se ter assumido uma situação com comércio limitado (i.e., sujeito a tarifas, quotas ou outra restrição) e nesse caso, a análise seria simplesmente o inverso do que foi feito anteriormente – partindo do protecionismo para a livre troca (ver figura abaixo).

Figura 3.21: Efeitos da eliminação de uma tarifa – país de pequena dimensão económica

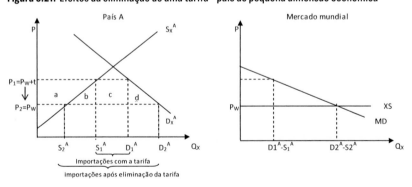

Neste contexto, deve ainda referir-se que a análise do impacto da liberalização dos mercados de bens de exportação seria muito semelhante a esta, embora simétrica.

ii. Ganhos adicionais (dinâmicos): oportunidades de aprendizagem e inovação e economias de escala na produção

A análise custos-benefícios clássica é estática, porque ignora o impacto da concorrência na inovação e na aprendizagem. Esta análise é contudo relevante na medida em que, por um lado, a concorrência, resultante do comércio livre, obriga a eliminar ineficiências e a inovar de forma a permitir competir com as importações ou exportar os seus produtos com sucesso para o mercado mundial. Adicionalmente, o efeito de imitação relativamente a produtores estrangeiros trará benefícios para as empresas e finalmente, o comércio livre contribuirá para a redução de custos e melhoria dos produtos, em resultado da acumulação de experiência produtiva e comercial.

Um segundo tipo de ganhos adicionais envolve a existência de economias de escala. Com efeito, verifica-se que economias de escala internas são importantes em vários setores, não podendo ser devidamente aproveitadas quando os mercados estão protegidos da concorrência externa. Isso acontece porque o protecionismo fragmenta os mercados, e como tal a produção mundial, conduzindo-a para uma escala ineficiente. Desta forma, o comércio livre permite aumentar a escala de produção e a eficiência, que resultam em preços mais baixos, para além de, como evidenciado no âmbito do modelo de concorrência monopolística de Krugman, aumentar as variedades do produto disponíveis no mercado.

iii. Argumento político

O argumento político em defesa do comércio livre considera que, na prática, as políticas comerciais são mais influenciadas por interesses particulares do que pela consideração dos custos e dos benefícios nacionais. Desta forma, o compromisso político com o comércio livre (isto é, a defesa do comércio livre sem exceções) pode ser uma boa ideia. Não se questionando o facto de uma política comercial ativa poder aumentar o bem-estar nacional, assume-se contudo que a tentativa da sua implementação poderá sempre ser desvirtuada pela pressão de grupos de interesse com fins puramente egoístas. Argumenta-se assim que o resultado final de uma política comercial protecionista dificilmente será ótimo, mesmo no caso de economias de grande dimensão, acabando por resultar numa redução do bem-estar nacional.

3.2.2. ARGUMENTOS A FAVOR DO PROTECIONISMO

São vários os argumentos que sustentam que uma política de livre comércio nem sempre é a melhor opção, podendo considerar-se mais usuais os seguintes:
i) Argumento dos termos de troca
ii) Argumento das falhas de mercado
iii) Argumento da indústria nascente
iv) Argumento da concorrência imperfeita
v) Outros argumentos

1. Argumento dos termos de troca

Este argumento foi inicialmente apresentado por Robert Torrens, em 1844. Assenta na ideia de que, no caso de um país grande, a restrição das importações pode aumentar o seu nível de bem-estar, diminuindo o preço das importações, o que, ceteris paribus, melhora os termos da troca (ou razão de troca internacional). Assim, este benefício deve ser comparado com os custos da tarifa (distorções de produção e consumo), sendo possível que aquele supere estes últimos. Caso isso aconteça, o comércio livre pode não se revelar a melhor política para um país de grande dimensão.

Neste contexto, é demonstrável que para valores positivos mas relativamente baixos da tarifa, aquele resultado é possível, existindo mesmo uma tarifa óptima, ou seja uma tarifa que maximiza a diferença entre o ganho nos termos de troca e as perdas de eficiência (conforme a figura 3.22 evidencia).

Figura 3.22: A tarifa ótima

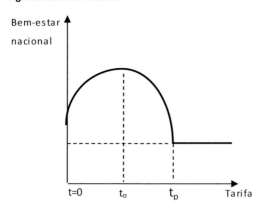

É de salientar que, apesar do saldo líquido ser positivo, a economia em causa regista perdas de eficiência económica, pois a tarifa distorce os incentivos que o sistema de preços dá aos produtores e consumidores, gerando assim perdas de eficiência na afetação dos respetivos recursos. Por outro lado, deve reconhecer-se que este ganho nos termos de troca é de natureza "predatória", pois correspondem a custos, no mesmo montante, suportados pelo Resto do Mundo, cujos termos de troca se deterioraram.

Finalmente, deve salientar-se que este argumento é igualmente válido no caso da restrição das exportações numa economia grande, porque faz subir o preço das exportações, melhorando assim os respetivos termos de troca, ainda que se continuem a gerar perdas de eficiência tanto na produção como no consumo.

O argumento dos termos de troca apresenta, contudo, algumas limitações. Por um lado, verifica-se que o efeito será tanto mais forte quanto maior for a parcela do mercado mundial do bem controlada pelo país, pelo que o argumento não se aplica aos países pequenos (para os quais a tarifa ótima é zero porque não pode afetar os seus termos de troca). Por outro lado, esta política é altamente conflituosa na medida em que, ao impor perdas nos termos de troca do resto do mundo, existe a possibilidade de retaliação por parte dos seus parceiros comerciais.

2. Argumento das falhas de mercado

A ideia base subjacente a este argumento é de que o valor privado de um bem (preço de mercado) pode não coincidir com o respetivo valor social. Neste caso, a produção/consumo do bem tem efeitos não considerados nas decisões tomadas por produtores e consumidores do mesmo, ou seja, a produção do bem tem associadas externalidades (positivas ou negativas).

Alguns exemplos de externalidades positivas:

- a produção local beneficia outras indústrias via transferência/difusão de conhecimento e tecnologia na produção, na gestão ou qualificação dos trabalhadores;
- a produção permite reduzir o desemprego;
- a produção aumenta a segurança nacional;
- a produção aumenta o orgulho nacional;
- a produção de um dado sector melhora a distribuição interna do rendimento.

Quando estes efeitos se verificam, tal significa que o mercado em causa não funciona plenamente, isto é, existem imperfeições/falhas que impedem a solução ótima/eficiente, e portanto que se produzam/consumam as quantidades que maximizam o bem-estar social (por exemplo, a rigidez no mercado de trabalho permite a existência de desemprego).

Neste contexto, várias políticas tentam eliminar e/ou reduzir estas ineficiências, sendo a política comercial externa uma delas (ainda que não seja a mais adequada para lidar com falhas no mercado interno, como se verá mais à frente).

Na presença de externalidades, constata-se que a análise custo-benefício em equilíbrio parcial não mede todos os custos/benefícios associados com a produção e o consumo de um bem, isto é, os custos e benefícios sociais da produção e consumo diferem dos custos e benefícios privados. Uma tarifa, por exemplo, pode melhorar o bem-estar se houver um benefício social marginal que não seja captado pela medida do excedente do produtor.

Como evidencia a figura 3.23, painel (a), em termos da análise custo-benefício conclui-se que a tarifa conduz a uma variação negativa no bem-estar social pelas áreas b+d. Admitindo que a produção adicional gera externalidades positivas, existindo assim um benefício marginal social (não contemplado no excedente do produtor) representado pela área z, então a variação de bem-estar social efetiva é dada pela área [- (b + d) + z].

Figura 3.23: Tarifa sobre as importações versus subsídio à produção

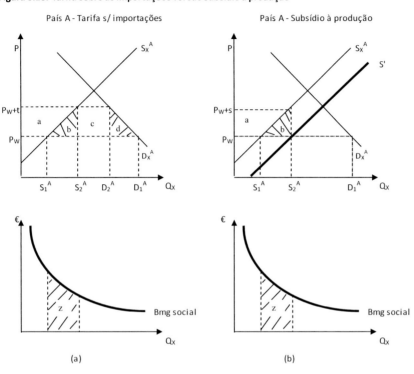

De igual forma, deve notar-se que a produção ou o consumo do bem podem acarretar externalidades negativas, como por exemplo poluição; utilização de recursos estratégicos; destruição de ambientes naturais de interesse nacional ou uma imagem internacional negativa para o país e seus cidadãos (e.g. drogas). Neste caso, o custo social da externalidade teria que ser incluído na análise de bem estar, pelo que desta forma, um aumento da produção em resultado de uma política comercial protecionista poderia ter custos superiores aos identificados numa análise custo-benefício tradicional.

O argumento da falha do mercado doméstico é um caso particular da teoria do segundo ótimo. Esta teoria considera que uma política sem interferências é desejável somente se todos os mercados funcionarem adequadamente. Assim, se um dos mercados falhar, uma intervenção do governo pode aumentar o bem-estar. Contudo, há quem argumente que mesmo na presença de falhas de mercado o comércio livre é preferível. Tal acontece porque as falhas de mercado são difíceis de diagnosticar e medir, significando que, na prática, há o risco da política comercial ser dominada por interesses particulares e não por questões de bem-estar nacional.

Por outro lado, constata-se que as falhas do mercado doméstico devem ser corrigidas por políticas domésticas, e não por políticas comerciais internacionais. Dessa forma, a utilização da política comercial externa com vista a eliminar falhas no mercado interno terá custos mais elevados do que a atuação ao nível local, não sendo assim a política ótima pois leva a novas distorções de incentivos na economia. Regra geral, a política ótima de intervenção deve ser o mais próximo possível da causa da dissociação entre custo privado e custo social. Assim, o governo deve atuar diretamente sobre a falha de mercado que gerou a necessidade de intervenção. Por exemplo, se o objetivo é eliminar o desemprego (falha no mercado de fatores), a política ótima é ao nível do mercado de trabalho, enquanto que se existe uma externalidade positiva ou negativa associada à produção, esta deve ser internalizada na estrutura de custos das empresas, subsidiando ou tributando diretamente a produção – figura 3.23, painel (b).

A atribuição de um subsídio s por unidade produzida do bem, em alternativa a uma tarifa t sobre as importações ($t = s$), não provocará alterações no preço interno que se manterá em P_w. Desta forma, o consumo mantém-se, não se alterando assim o excedente do consumidor, e em virtude do subsídio a produção interna aumenta para S_2. Assim, verifica-se que o subsídio à produção acarreta menor perda de eficiência que a tarifa sobre as importações, uma vez que não altera o preço interno nem a quantidade consumida do bem. Desta forma, na presença de externalidades positivas, do ponto de vista do bem-estar, o subsídio à produção é preferível quer a uma tarifa sobre as importações quer a um subsídio à exportação (ver figuras 3.23 e 3.24, respetivamente).

Figura 3.24: Subsídio às exportações versus subsídio à produção

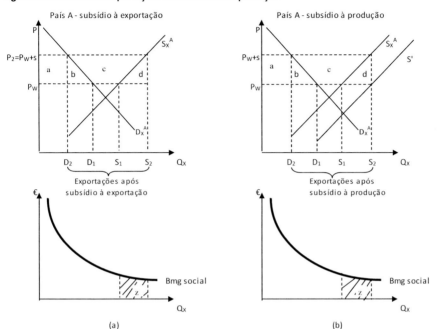

3. Argumento da indústria nascente

Este argumento foi inicialmente sugerido por Alexander Hamilton (*Report on Manufacturers*, 1791), sendo posteriormente desenvolvido por John Stuart Mill (1848) e vários outros autores. Pressupõe bens homogéneos e a ausência de economias de escala internas, isto é, existe um elevado número de empresas a produzir bens idênticos, sendo o mercado de concorrência perfeita.

Na base do argumento da indústria nascente está assim a existência de economias de escala externas (externas à empresa, associadas à indústria). Tal significa que, quanto maior a produção de um setor, mais baixo será o custo médio de todas as empresas participantes. Note-se que o argumento pode ser facilmente expandido para englobar o efeito de economias de aprendizagem ao nível da empresa.

Neste contexto, verifica-se que a concentração geográfica de certas atividades fomenta o desenvolvimento de vários fatores geradores de economias de escala externas (EEE) como sejam a especialização de fornecedores, o desenvolvimento de um mercado comum de trabalho e a existência de *spillovers* de conhecimento. As EEE parecem assim explicar a formação de *clusters*

COMÉRCIO INTERNACIONAL

em várias indústrias[39], como é o caso dos semicondutores e computadores em Silicon Valey, da produção de filmes em Hollywood ou da indústria de relógios na Suiça. Em Portugal fala-se habitualmente no *cluster* dos moldes na Marinha Grande ou do mobiliário em Paredes e Paços de Ferreira.

Em conformidade com este argumento, e como referido no capítulo 2 (secção 2.3.5), empresas em países há muito estabelecidos num mercado terão, *ceteris paribus*, custos mais baixos que produtores do mesmo bem localizados em países emergentes, na medida em que beneficiam de EEE, ao contrário dos produtores de países com fraca tradição nessa indústria. Desta forma, os padrões de especialização poderão perdurar para além do que seria previsível pela análise da evolução das vantagens relativas, isto é, as EEE poderão compensar total ou parcialmente a perda de vantagens relativas. Neste contexto, se o país produtor mundial não for o que dispõe de vantagem comparada, para um país individual o protecionismo pode gerar uma situação preferível ao comércio livre.

Em seguida, considera-se a título de exemplo o caso de um bem homogéneo (relógios) que sendo transacionado em concorrência perfeita, beneficia de EEE, ou seja, existem muitos pequenos produtores que beneficiam de economias de aglomeração (exemplo baseado em Krugman e Obstfeld, 2009).

Neste contexto, admitem-se duas localizações alternativas (dois países produtores): Suíça e Tailândia. A Suíça que é, atualmente, o produtor mundial de relógios, provavelmente porque teve, no passado, uma vantagem comparativa que permitiu o desenvolvimento do setor. Por sua vez, a Tailândia tem uma vantagem comparativa, sendo assim, potencialmente, o produtor mais eficiente. Ou seja, a evolução recente dos custos relativos de produção faz com que, para uma mesma quantidade produzida pelo setor, produzir na Tailândia tenha um custo inferior ao da Suíça (ver Figura 3.25).

---

[39] Um *cluster* consiste na concentração geográfica de empresas que desenvolvem atividades complementares num mesmo setor, permitindo assim a obtenção de economias de escala.

Figura 3.25: Economias de escala externas e comércio internacional

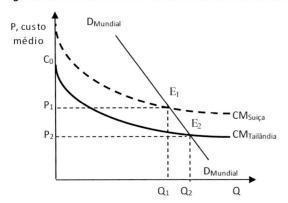

Como o mercado é de concorrência perfeita, o equilíbrio ocorre quando o preço iguala o custo médio. A presença de EEE faz com que na Suíça, onde a indústria de relógios é madura, o custo médio seja P_1, enquanto na Tailândia, onde a indústria é nascente, o custo médio é C_0. Qualquer nova empresa produtora de relógios terá assim custos (e preços) mais baixos se escolher a Suíça do que se optar pela Tailândia, isto porque na Suíça integrará um *cluster* bastante denso, enquanto na Tailândia estará isolada. Verifica-se que as EEE fazem perdurar o padrão de especialização existente, gerando um sub-óptimo mundial: apesar de a Tailândia ter uma vantagem relativa, em livre comércio nenhuma empresa se vai instalar nesse país. As economias de escala externas proporcionam à Suíça uma vantagem competitiva, apesar da desvantagem relativa. Nesta situação, do ponto de vista da Tailândia, uma política proteccionista poderá ser preferível ao comércio livre. De facto, a proibição temporária das importações de relógios suíços vai criar um mercado local para os relógios nacionais (ver Figura 3.26 (a)).

Figura 3.26: Economias de escala externas e proteccionismo

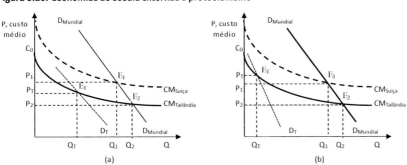

COMÉRCIO INTERNACIONAL

Com a proibição da importação de relógios pela Tailândia, a procura doméstica atrairá produtores locais; à medida que novas empresas entram no mercado, os custos médios de todas vão diminuir. Em autarcia, o equilíbrio será o ponto E_T: a produção local será Q_T, com preço P_T. Contudo, nestas condições, o comércio livre pode ser reposto pois as empresas tailandesas passaram a ser internacionalmente competitivas (note-se que $P_T < P_1$). Desta forma, empresas atuais e novas vão começar a exportar a partir da Tailândia: à medida que a produção tailandesa aumenta, os custos médios decrescem. Assim, o novo equilíbrio ocorrerá em E_2. Porque a Tailândia tem vantagens relativas sobre a Suíça, comparando com o equilíbrio inicial, ao novo equilíbrio (E_2) corresponde um preço mais baixo no mercado mundial e uma maior quantidade transaccionada e, portanto, maior bem-estar dos consumidores em todo o mundo.

Por sua vez, a Tailândia ganha no processo desde que os custos da proteção temporária (suportados pelos consumidores) sejam inferiores aos ganhos (no consumo) nos anos posteriores. Relativamente à Suíça, apenas perde se os recursos libertados não encontrarem uma utilização alternativa e os custos assim gerados forem superiores aos ganhos dos consumidores. Note-se, contudo, que se o mercado interno for demasiado pequeno, a proteção não produz os efeitos desejados, como evidenciado na figura 3.26 (b).

Conforme a figura ilustra, mesmo com a proteção do mercado, a Tailândia não apresenta dimensão suficiente para tornar a indústria competitiva a nível internacional ($P_T > P_1$). Desta forma, a situação protecionista tenderia a perdurar (por pressões dos produtores), com prejuízo para os consumidores tailanleses que poderiam adquirir o produto no mercado mundial a preços mais baixos.

Note-se que, mesmo na situação da figura 3.26 (a), a proteção só deve estar em vigor o tempo suficiente para que a indústria se torne internacionalmente competitiva, ou seja, deve ser temporária. Tal significa que o mercado interno tem de ser suficientemente grande para que o sector se torne internacionalmente competitivo e que os ganhos futuros devem compensar as perdas incorridas durante o período em que a indústria é protegida (custos esses suportados sobretudo pelos consumidores).

4. Concorrência imperfeita e política comercial estratégica

Este argumento foi desenvolvido inicialmente por Barbara Spencer e James Brander, justificando-se perante a ausência de concorrência perfeita no

3 · POLÍTICA COMERCIAL EXTERNA

mercado internacional (oligopólio ou monopólio). A falha de mercado localiza-se assim no mercado internacional, logo a política comercial é um *primeiro-ótimo*. Neste contexto, a intervenção do governo nacional pode alterar a distribuição de riqueza, favorecendo o produtor nacional e, com isso, a economia nacional. Ou seja, o objetivo é deslocar benefícios de produtores estrangeiros para produtores nacionais.

Por forma a expor o argumento, recorre-se ao exemplo abordado por Krugman e Obstfeld (2009). Suponha-se que existem num determinado setor apenas duas empresas à escala mundial, sendo desenvolvido um novo produto que ambas estão em condições de produzir. Contudo, as estruturas de custos e de procura sugerem que apenas um produtor sobreviverá no mercado mundial. As empresas têm apenas duas opções: produzir ou 'não produzir'. Suponha-se ainda que, em função da respetiva decisão, a matriz custo-benefício é dada pela Tabela 3.3 (A).

Tabela 3.3: Matriz custo benefício sem e com subsídio

(A)

Emp. B \ Emp. A	Produzir	Não produzir
Produzir	-5 / -5	0 / 100
Não produzir	100 / 0	0 / 0

(B)

Emp. B \ Emp. A	Produzir	Não produzir
Produzir	20 / -5	0 / 100
Não produzir	125 / 0	0 / 0

Perante os dados da tabela , considerando que a empresa B se antecipa e decide começar a produzir antes de A, então A não terá qualquer incentivo para iniciar a produção do novo bem pois teria prejuízo com essa produção.

Admitindo que o governo de A concede um subsídio à exportação de 25, a matriz custo-benefício passa a ser representada pela Tabela 3.3 (B). Agora, qualquer que seja a decisão de B, a empresa A produz o bem. Desta forma, a decisão óptima de B passa a ser 'não produzir'. O subsídio governamental de 25 proporcionou a A um ganho de 125, que são transferidos da empresa B, modificando assim a vantagem inicial. Comparando com a situação inicial, verifica-se assim que o país A ganha 100 [125-(0+25)] e o país B perde 100 =0-100. Contudo, se o governo do país B decidir retaliar, apoiando também a sua empresa, e conceder um subsídio idêntico (25), a nova matriz custo-benefício passa a ser dada pela tabela 3.4.

205

COMÉRCIO INTERNACIONAL

Tabela 3.4: Matriz de benefícios

Emp. A / Emp. B	Produzir	Não produzir
Produzir	20 / 20	0 / 125
Não produzir	125 / 0	0 / 0

Nesta situação ambas as empresas tomariam a decisão de produzir: cada empresa ganharia 20, mas os respetivos governos contribuem com 25. Relativamente à situação inicial, o país A perde 5 [20-(0+25)] e o país B perde 105 [20-(100+25)].

Outro risco da intervenção é a possibilidade de uma avaliação errada da situação de mercado por parte do governo de A. Suponha-se que a verdadeira matriz de custo-benefício é dada pela tabela 3.5 (A).

Tabela 3.5: Matriz custo benefício sem e com subsídio

(A)

Emp. A / Emp. B	Produzir	Não produzir
Produzir	-20 / 5	0 / 125
Não produzir	100 / 0	0 / 0

(B)

Emp. A / Emp. B	Produzir	Não produzir
Produzir	5 / 5	0 / 125
Não produzir	125 / 0	0 / 0

Verifica-se que B dispõe de uma vantagem competitiva, pelo que produz, enquanto A não produz. Neste caso, a concessão de subsídio pelo governo de A, que decidiu com base na tabela 3.3 (A), resulta na tabela 3.5 (B). A intervenção do governo de A teria por consequência a entrada de A, sem o abandono de B: as empresas A e B passam a ganhar 5 cada uma, mas à custa de um subsídio de 25 de cada um dos governos. O país A perde 20 [5-(0+25)] enquanto o país B perde 120 [5-125).

O exemplo atrás evidencia que, para poder aplicar o subsídio com eficácia, é necessário dispor de informação correta. Por outro lado, está a considerar-se a indústria isoladamente. Contudo, há que reconhecer que o subsídio atrai recursos de outras indústrias que verão os seus custos aumentar, tornando-se menos competitivas, pelo que assim o governo deve ponderar estes efeitos antes de decidir intervir.

5. Outros argumentos protecionistas

i) Argumento antidumping

O dumping consiste numa forma de discriminação internacional de preços, na qual a empresa fixa um preço mais baixo para os bens exportados do que para os mesmos bens vendidos no mercado interno. O dumping apenas ocorre em indústrias de concorrência imperfeita, ou seja, requer que as empresas tenham capacidade para fixar os preços (isto é, algum poder de mercado). Adicionalmente, para ser posto em prática exige que os mercados estejam completamente separados (por barreiras geográficas ou outras), ou seja, os mercados têm de estar segmentados de tal modo que os consumidores domésticos não possam adquirir os bens nos mercados externos.

Pode distinguir-se três formas de dumping: persistente, esporádico e predador. O dumping persistente é possível se os mercados domésticos são imperfeitos e a procura doméstica e internacional têm diferente elasticidade-preço. Esta discriminação de preços implica barreiras à entrada de importações, através de restrições de política comercial externa ou pela capacidade da empresa em diferenciar os seus produtos no mercado doméstico. O dumping esporádico consiste por sua vez em operações pontuais de forma a eliminar stocks acumulados. Finalmente, o dumping predador corresponde à entrada em novos mercados com preços extremamente baixos (incluindo com prejuízo) de forma a eliminar as empresas instaladas. Este tipo de dumping é sempre temporário, pois uma vez a concorrência eliminada o preço subirá. É esta última forma de dumping que pode revelar-se mais nefasta para os países importadores na medida em que, apesar de beneficiar os consumidores no curto prazo, no longo prazo esses ganhos desaparecerão (uma vez afastada a concorrência). Adicionalmente, o desaparecimento dos produtores no país importador terá consequências ainda mais negativas para a economia do país. Consequentemente, esta prática tem regulamentação cuidada por parte da OMC, estando prevista a possibilidade que os países prejudicados apliquem determinadas ações anti-dumping ("Anti-dumping Agreement"), que se traduzam por exemplo na aplicação de tarifas.

ii) Argumentos políticos

Eliminação de concorrência desleal

Os subsídios às exportações são um instrumento de política comercial que desvirtua a concorrência. Como tal, a OMC também disciplina o uso de

COMÉRCIO INTERNACIONAL

subsídios e regula as ações que os países podem adotar para contrariar os efeitos desses subsídios. Desta forma, um país que se sinta lesado pode recorrer ao Conselho para a Resolução de Disputas, solicitando a eliminação do subsídio ou a remoção de seus efeitos adversos. Em última instância, o país pode ser autorizado a impor uma tarifa ("countervailing duty") sobre as importações subsidiadas que prejudicam os produtores nacionais. Ou seja, podem ser impostas tarifas para contrariar subsídios às exportações atribuídos por governos estrangeiros. Desta forma, o governo que impõe a tarifa apodera-se do valor do subsídio e a situação de mercado inicial é reposta.

Proteção da saúde pública

Neste caso, a proteção justifica-se com o objetivo de proteger a saúde dos consumidores (ex: transgénicos, BSE, gripe das aves, uso de pesticidas, etc.). Por exemplo, um país pode impedir a importação de fruta ou legumes que contenham níveis de pesticidas superiores a um determinado valor, devido ao elevado risco que daí resulte para a saúde, da mesma forma que proibindo a entrada de produtos com origem em países que não cumpram os requisitos sanitários. No âmbito da OMC as questões relacionadas com a saúde constituem uma preocupação perfeitamente legítima que pode justificar uma barreira comercial, desde que aplicada de forma não discriminatória e baseada em princípios científicos. Ou seja, o requisito deve ser o mesmo, independentemente da origem do produto. Para fazer uso das exceções relativas à saúde pública, os acordos da OMC geralmente exigem que as medidas não sejam mais restritivas para o comércio do que o necessário.

Segurança nacional

Este argumento assenta na ideia de que tarifas (ou outros instrumentos de política comercial externa) devem proteger indústrias vitais para a segurança/ /defesa da nação. No entanto, o problema que lhe está associado reside na definição do que são indústrias vitais. Adicionalmente, pode contra-argumentar-se que um subsídio à produção seria mais eficiente que uma medida de restrições às importações.

3.3. GLOBALIZAÇÃO E INTEGRAÇÃO REGIONAL

3.3.1. INTRODUÇÃO

O estudo da integração económica regional afirma-se enquanto um ramo autónomo da economia internacional após a Segunda Guerra Mundial, na medida que este conflito colocou em evidência o insucesso do isolacionismo, tanto a nível económico como político, e a necessidade de criar condições que possibilitassem um comércio mais livre e um maior equilíbrio entre os países.

Neste contexto, o primeiro contributo seminal para a análise sistemática da integração económica é atribuído a Jacob Viner com o seu trabalho de 1950, de acordo com o qual está-se em presença de um processo voluntário de crescente interdependência de economias separadas, com a sua inclusão em regiões mais vastas que as correspondentes às fronteiras nacionais dos países cujas economias se integram.

Antes daquele trabalho pioneiro, a análise económica da integração era baseada na teoria das vantagens comparativas, considerando-se que os acordos regionais eram benéficos tanto para países membros como para não membros. Como tal, havia a perceção que qualquer integração regional proporcionava aumentos nas trocas comerciais e no bem-estar mundial, não sendo conferida relevância à distância física entre países ou a outros fatores indutores das trocas comerciais como, por exemplo, as afinidades culturais, históricas e linguísticas.

Ora integrar economias distintas num espaço económico mais amplo implica, necessariamente, que esses países eliminem as barreiras à livre circulação de bens e serviços, e eventualmente de fatores de produção, pois apenas desse modo é possível atingir o objetivo principal associado a um processo de integração económica – o aumento de eficiência na afetação de recursos.

Essa remoção das discriminações e das restrições existentes à circulação, que deixa ao funcionamento dos mercados e à ação dos agentes económicos a concretização efetiva da integração das economias, remete para o que se designa de integração negativa (ou passiva). Por sua vez, a integração positiva (ou ativa) está associada à modificação dos instrumentos legais, administrativos e técnicos e das instituições existentes, e à criação de outros, no sentido de permitir que o mercado funcione da melhor forma possível e, sobretudo, promover o estabelecimento de políticas comuns, vinculativas para todo o espaço integrado.

Um outro critério a tomar em consideração é aquele que permite distinguir, de acordo com o âmbito económico envolvido, a integração sectorial

COMÉRCIO INTERNACIONAL

e a integração geral, consoante o processo englobe apenas certos sectores da atividade económica (como, por exemplo, a Comunidade Europeia do Carvão e do Aço (CECA), que abrangia os produtos siderúrgicos e o carvão) ou a generalidade dos sectores económicos (como, por exemplo, a União Europeia), respetivamente.

3.3.2. TIPOS DE INTEGRAÇÃO

De acordo com o grau de aprofundamento associado a este processo, e conforme proposta de Balassa (1961), podem distinguir-se diferentes graus ou formas de integração económica dos países, que em seguida se apresentam.

Em primeiro lugar, a Área ou Zona de Comércio Livre (ACL/ZCL), como é o caso do NAFTA formado por EUA, Canadá e México. Caracteriza-se pela liberdade de circulação dos produtos (normalmente industriais) entre os países integrados, assim como pela manutenção de uma política comercial autónoma de cada país membro em relação a países terceiros. A necessidade de certificação da origem dos produtos é também uma característica desta forma de integração, tendo em vista evitar a ocorrência da deflexão de comércio, isto é, que determinadas mercadorias provenientes de um país não membro possam entrar na área através do país com o nível de direitos aduaneiros mais baixo e depois circulem livremente entre as economias que integram a ZCL. A adoção de regras de origem em relação aos países que exportam para a zona de comércio livre evita desta forma que se observe um fenómeno de injustiça redistributiva, em benefício do país membro com níveis de proteção mais reduzidos, e cujas receitas alfandegárias aumentariam.

Por sua vez, uma União Aduaneira (UA) comporta o princípio da abolição de direitos aduaneiros e restrições quantitativas à circulação da generalidade das mercadorias dentro da região integrada, ao mesmo tempo que estabelece uma política comercial comum face a países terceiros, a qual se traduz na aplicação de uma pauta externa comum aos produtos importados do exterior. Dessa forma, uma UA implica que cada Estado membro prescinda da sua autonomia na fixação dos direitos aduaneiros, verificando-se que as receitas obtidas mediante a aplicação daquela pauta aduaneira comum é distribuída pelos países-membros de acordo com uma fórmula previamente acordada (obstando assim que um determinado país que tenha uma localização geográfica mais favorável ou melhores redes de comunicações e transportes saia

3 · POLÍTICA COMERCIAL EXTERNA

favorecido em relação aos parceiros), conforme é exemplo a Comunidade Económica Europeia entre 1957 e 1992 ou a *Zollverein* estabelecida entre Principados alemães no séc. XIX.

O nível seguinte desta escala corresponde ao Mercado Comum (MC), como é exemplo o Mercosul que é constituído por Brasil, Argentina, Uruguai e Paraguai, o qual se define como um espaço de integração entre países onde, além das características típicas de uma União Aduaneira, se verifica a livre circulação de serviços e fatores de produção (trabalho e capital).

No que diz respeito à União Económica (UE), consiste numa forma de integração regional que, sendo baseada no mercado comum, implica um grau de envolvimento mais elevado entre os países integrados, conforme se observa atualmente na União Europeia. Em consequência, verifica-se a harmonização das legislações económicas nacionais, a coordenação das políticas macroeconómicas que são geridas pelos Estados-membros (políticas monetária, cambial, orçamental e financeira) e mesmo a substituição de certas políticas nacionais por políticas comuns em domínios como agricultura, transportes, ambiente, investigação e desenvolvimento, energia, política social, política comercial, política regional, etc.

O nível seguinte de integração regional trata-se da União Económica e Monetária (UEM), a qual acrescenta às características da união económica um sistema de câmbios fixos com convertibilidade absoluta das moedas dos Estados-membros e, eventualmente, a respetiva substituição por uma moeda comum a todos os países participantes. Paralelamente, observa-se a transferência da autonomia monetária para uma entidade supranacional que está politicamente acima dos Governos nacionais, conforme é o caso do Banco Central Europeu no caso da zona do Euro.

Finalmente, após ser alcançado este estádio, a última etapa que pode considerar-se corresponde à União Económica Total (UET), em que o nível de integração atingido é idêntico ao de uma economia nacional. Nesse contexto, verificam-se políticas comuns em todos os domínios relevantes, assim como alguma forma de integração política, eventualmente do tipo federal, que requer a existência de uma autoridade supranacional cujas decisões sejam vinculativas para os países membros.

Em síntese, conforme evidencia a Tabela 3.6, constata-se que à medida que se evolui de uma Zona de Comércio Livre para uma União Económica Total, observa-se uma remoção de forma progressiva das restrições à livre circulação dentro da região integrada, que ocorre paralelamente com um

COMÉRCIO INTERNACIONAL

aumento da discriminação face ao resto do mundo. Por outro lado, assiste-se a uma harmonização crescente entre as políticas dos países integrados, que se repercute numa diminuição da autonomia nacional relativamente aos instrumentos de política económica e na cedência de competências em favor de instituições e organismos de âmbito supranacional.

Tabela 3.6: Formas de integração económica regional

Integração crescente

Caraterísticas do bloco	Tipos de blocos económicos					
	ACL	UA	MU	UE	UEM	UET
Comércio livre entre os membros	◆	◆	◆	◆	◆	◆
Pauta comercial externa comum		◆	◆	◆	◆	◆
Livre circulação de fatores de produção			◆	◆	◆	◆
Coordenação/harmonização de políticas económicas relevantes (fiscal, monetária, ...)				◆	◆	◆
Sistema de câmbios fixos com convertibilidade absoluta das moedas ou moeda única					◆	◆
Política monetária e cambial única e forte integração da restante política macroeconómica					◆	◆
Políticas comuns em todas as áreas relevantes e alguma forma de integração política						◆
Exemplos	NAFTA	CEE (1957-92)	CE (1993) Mercosul	UE (28)	Zona Euro	

Importa igualmente esclarecer que a sequência de etapas apresentadas é meramente indicativa, não se verificando assim uma divisão estanque entre cada nível de integração. Dessa forma, na prática, um determinado processo pode combinar características de algumas das formas tipificadas (como é exemplo a União Económica e Monetária europeia), ao mesmo tempo que não se revela necessário passar pelo estádio teoricamente precedente por forma a atingir um patamar de integração superior.

3.3.3. EFEITOS ESTÁTICOS

Uma vez descritas as diferentes etapas que um processo de integração económica pode assumir, importa compreender as razões que poderão estar na base da escolha de uma determinada forma em detrimento de outra(s).

Assim sendo, pode considerar-se, desde logo, que os países se sentem motivados para integrar um acordo regional quando reconhecem a existência de vantagens potenciais de ordem económica derivadas da liberdade de circulação, que se expressam, por exemplo, no aumento da produção ou em acréscimos da produtividade e eficiência da sua estrutura produtiva.

No entanto, é igualmente inegável que a integração regional pode igualmente possibilitar aos Estados nacionais alcançar outros objetivos, nomeadamente de forma a pôr cobro a tensões de natureza política e a promover assim a pacificação entre as nações envolvidas. A este nível, deve referir-se que a integração regional assume uma relevância política, económica e estratégica cada vez mais acentuada, à medida que o processo de globalização se vai acentuando e, em consequência, os mercados mundiais vão ficando mais abertos e as economias nacionais mais interdependentes. Para além disso, não pode igualmente negligenciar-se que certos acordos de integração têm em vista prosseguir objetivos de natureza sócio-cultural, na medida em que visam, por exemplo, manter tradições, aprofundar os laços históricos, ou preservar afinidades de ordem linguística ou religiosa entre as economias participantes.

Ao mesmo tempo, constata-se que a integração económica regional produz um conjunto de efeitos (de natureza estática e dinâmica), positivos e negativos, que se fazem sentir sobre a afetação de recursos produtivos, o bem-estar e o crescimento económico, não somente dos países membros como também do resto do mundo. Consequentemente, a ponderação rigorosa por parte dos países envolvidos dos custos e benefícios de integrar um bloco regional que ultrapassa as fronteiras nacionais, deve constituir o fator essencial a ter em linha de conta quando da opção por uma determinada forma de integração económica.

A consideração dos efeitos estáticos associados a um processo de integração económica tem como base o contributo de Viner (1950), cuja análise foi focada nas Uniões Aduaneiras, sendo relevante a extensão de autores como Meade (1955), Gehrels (1956) e Lipsey (1957) aos efeitos que se observam igualmente sobre o consumo (e não apenas sobre a produção).

COMÉRCIO INTERNACIONAL

Desta forma, pode distinguir-se a criação de comércio, que se traduz na substituição de bens produzidos internamente, a um custo mais elevado, por bens provenientes de um país parceiro, produzidos a um custo mais baixo. Neste contexto, observa-se uma poupança interna de recursos e um efeito de produção positivo, na medida em que os recursos poupados poderão ser utilizados, de forma mais eficiente, na produção de bens em que o país tenha vantagens comparativas. Associado à criação de comércio, constata-se igualmente um efeito de consumo positivo (que não foi considerado por Viner), porquanto se verifica uma alteração favorável do preço dos bens colocados à disposição dos consumidores. Tal acontece porque os bens importados têm um custo mais baixo do que os que antes eram produzidos no país, o que causa um aumento da quantidade consumida.

Consequentemente, pode concluir-se que o efeito de criação de comércio resulta diretamente da liberalização do comércio entre os parceiros da UA, melhora a afetação de recursos produtivos e é gerador de um acréscimo de bem-estar para as empresas e consumidores dos países envolvidos no processo de integração regional.

No que diz respeito ao desvio de comércio, trata-se de outro efeito estático que resulta da natureza discriminatória que a integração económica regional incorpora. Assim, se por um lado há liberalização das trocas com os parceiros, por outro persiste algum protecionismo face ao resto do mundo causando o aumento do comércio intra-regional e a diminuição dos fluxos comerciais com o resto do Mundo. Pelo que lhe está associado um certo efeito protecionista. De facto, o mesmo ocorre quando, em resultado do processo de integração, as importações que eram provenientes de um país terceiro (não membro do bloco regional), a um custo de produção inferior, são substituídas por importações de custo mais elevado, originárias de um país parceiro. O impacto sobre a afetação de recursos é, neste caso, negativo, uma vez que se assiste à deslocalização geográfica da produção de um país mais eficiente para outro menos eficiente. Esta substituição causa uma perda de bem-estar ao país importador, equivalente ao acréscimo nos custos de aquisição das importações.

Resulta assim que, nos termos da análise efetuada por Viner, não é possível *a priori* estabelecer se um determinado processo de integração regional se traduz no aumento ou na diminuição do bem-estar dos seus membros, dependendo assim da importância relativa dos efeitos de criação de comércio e de desvio de comércio – para além da eventual melhoria dos termos de troca.

Para mais fácil compreensão destes efeitos, pode observar-se a seguinte representação gráfica, relativa a três países (entre os quais os países A e B formam entre si uma União Aduaneira e adotam uma política comercial discriminatória em relação ao terceiro, que representa o Resto do Mundo).

Figura 3.27: Efeitos da constituição de uma união aduaneira

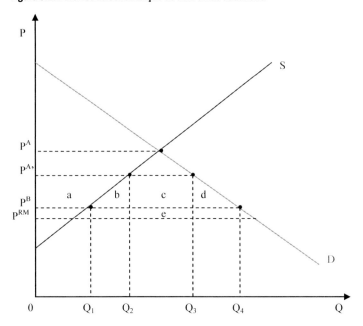

Considerando que P^A e P^B representam, respetivamente, o nível de preços do país A em autarcia e o nível de preços do país B, e que P^{RM} corresponde ao nível de preços do resto do mundo (preço de comércio livre) e $P^{A'}$ ao nível de preços do país A antes da União Aduaneira com B, o montante da tarifa aplicada pelo país A às importações provenientes do resto do mundo antes da constituição da UA será dado por $P^{A'} - P^{RM}$.

Sendo $Q_3 - Q_2$ a quantidade importada inicialmente (do Resto do Mundo) pelo país A, e sabendo que, pela constituição da União Aduaneira, A passa a importar de B (ao preço P^B), então $Q_4 - Q_1$ constituirá a quantidade importada por A que é proveniente do país B (isto é, do parceiro da UA).

Neste contexto, a criação de comércio é representada por $Q_2 - Q_1$ de acordo com Viner (pelo qual a produção anteriormente realizada pelo país A e vendida a preço mais alto é substituída por importações a um preço mais baixo), acrescentado do efeito de aumento do consumo $(Q_4 - Q_3)$ que está associado à redução do preço.

Por sua vez, o efeito de desvio de comércio corresponde a $Q_3 - Q_2$, que consiste na alteração da origem de importações, de um fornecedor externo mais eficiente por um parceiro que é menos eficiente, representando assim o impacto negativo da UA para o país A.

No que diz respeito aos efeitos da formação da União Aduaneira em termos de bem-estar, constata-se um aumento do excedente do consumidor representado por (a + b + c + d) e uma redução do excedente do produtor dada pela área (a), assim como um efeito fiscal (c + e) correspondente à perda de receita que era proporcionada pelos direitos aduaneiros cobrados pelo Estado e que desaparecem com o estabelecimento desta forma de integração económica. Considerando as perdas e ganhos no seu conjunto, verifica-se que o resultado líquido [(b+d)−e] é indeterminado para o país A. O efeito global dependerá da dimensão positiva da criação de comércio, área (a+b), relativamente à dimensão negativa do desvio de comércio, área (e).

Neste contexto, e apesar de não ser possível estabelecer regras gerais que permitam aferir se um determinado processo de integração regional se revela (ou não) benéfico para os seus futuros membros, pode ainda assim, considerar--se certos fatores que tendem a aumentar a probabilidade de ocorrência de efeitos líquidos positivos:

a) Quanto mais vasta for a área económica integrada e maior o número de países membros da união, mais elevada será a possibilidade de incluir um parceiro mais eficiente e menor a ocorrência de desvio de comércio;

b) Quanto mais alto for o nível inicial de protecionismo, isto é, a tarifa alfandegária aplicada anteriormente entre os países que formam a união, é mais provável que se verifique o efeito de criação de comércio;

c) Quanto mais acentuada for a diferença dos custos de produção entre o país e o parceiro, maior amplitude terá a criação de comércio, e quanto mais próximo do preço mundial estiver o preço praticado pelo país parceiro, menores custos estarão associados ao efeito de desvio de comércio;

d) Quanto mais semelhantes forem as estruturas produtivas e mais competitivas entre si forem as economias dos Estados-membros em termos de padrão de especialização (isto é, mais semelhante for o leque de bens produzidos pelos países parceiros), mais provável será a criação de comércio. Com efeito, entre estruturas económicas puramente complementares (vs. concorrenciais), não há margem para uma mais eficiente afetação de recursos produtivos (isto é, para a ocorrência de especialização) em resultado da eliminação das barreiras comerciais entre os países em questão;

e) Quanto maior a elasticidade-preço da procura e da oferta, maior será a resposta em termos de quantidades por parte dos produtores e dos consumidores, e consequentemente maior será o efeito de criação de comércio.

Outras conclusões que se podem igualmente retirar assentam, por um lado, no facto da criação de comércio tender a predominar quando os futuros países membros têm um nível de produção, antes da integração, que é relativamente superior ao seu comércio externo; o mesmo se verificando, por outro lado, quando mais acentuadas forem as trocas internacionais realizadas pelos países membros, previamente à integração no mesmo bloco comercial.

Deve ainda ter-se presente o impacto que decorre da formação de uma União Aduaneira sobre os termos de troca dos seus países membros relativamente a terceiros. Esse efeito acontece quando, em consequência da integração, o conjunto dos países adquire um peso suficiente no mercado mundial de forma a que uma diminuição da sua procura consiga reduzir o preço das importações. Não obstante esse ganho de bem-estar possa constituir uma das principais motivações inerentes a uma União Aduaneira, constata-se que o mesmo tem um carácter controverso, pois sendo obtido em prejuízo do Resto do Mundo (que exporta os seus bens a um preço mais baixo) pode legitimar uma retaliação que acabe por resultar em prejuízos superiores aos termos de troca mais favoráveis.

3.3.4. EFEITOS DINÂMICOS

A teoria tradicional, representada por autores como Viner e Meade, entre outros, procede a uma análise estática-comparativa dos efeitos de curto prazo associados à integração, por forma a deduzir se a mesma é benéfica ou prejudicial, em termos de afetação de recursos e de bem-estar, para os futuros países membros. Nesse sentido, constitui uma perspetiva baseada em premissas muito

COMÉRCIO INTERNACIONAL

restritivas e simplificadoras da realidade, que se revela insuficiente para aferir o impacto global da integração económica e deve ser complementada pela análise dos efeitos dinâmicos. Estes efeitos tendem a proporcionar resultados mais relevantes para os países envolvidos, sendo observados a médio e longo prazo, essencialmente em resultado do alargamento do mercado decorrente do processo de integração regional.

Assim sendo, a abolição das tarifas alfandegárias e outras barreiras ao comércio entre países membros do bloco regional implica um aumento de concorrência na área económica integrada, porquanto o mercado interno de cada país participante passa a apresentar idênticas condições de acesso a todas as empresas, não somente àquelas sedeadas no território nacional como às que operam no território de qualquer um dos países parceiros. Daí resulta que as empresas ineficientes se vêm pressionadas a inovar e a melhorar os seus métodos de produção, por forma a reduzirem os seus custos e assim conseguirem sobreviver, ao mesmo tempo que se observa um estímulo à melhoria da qualidade dos produtos pelos produtores eficientes. Como consequência do aumento de concorrência, constata-se ainda uma diminuição da ineficiência técnica (que impedia a maximização da produção com um dado volume de recursos), que resultava sobretudo de erros de gestão, tanto nas empresas exportadoras como nas que concorrem com as importações.

Neste sentido, o acréscimo da concorrência associado à integração regional permite às empresas aumentar os seus níveis de produtividade e eficiência, contribuindo assim para um aumento do bem-estar e para uma melhoria do ambiente económico.

Um outro efeito induzido pela integração económica consiste no aproveitamento de economias de escala, na medida em que a formação de um mercado de maior dimensão (composto por um maior número de consumidores) e a possibilidade de explorar oportunidades de crescimento externo nesse mercado, como fusões e aquisições de empresas, permite aumentar o volume de produção e, em consequência, reduzir os custos por unidade produzida. Esta redução de custos médios refletir-se-á por sua vez em preços dos bens mais reduzidos (assumindo que os produtores não procuram lucros anormais, pois nesse caso todos os ganhos da redução de custos serão em seu favor, sem efeitos benéficos para os consumidores) e, assim, em aumentos da procura e do consumo. Com vista a satisfazer as necessidades de consumo acrescidas, novas empresas são atraídas para os setores onde se verificam economias de escala, repercutindo-se na criação de novos postos de trabalho e, por isso, num efeito positivo sobre o emprego e o crescimento dos países membros e da própria região integrada.

A existência de economias de escala pode ser resultante do processo de aprendizagem que se verifica na produção de determinados bens (*learning-by--doing*). Tal pode constatar-se tanto em indústrias ou setores de atividade que realizam tarefas de elevada intensidade de mão-de-obra (como, por exemplo, vestuário e calçado) como naquelas de maior complexidade e precisão (vidé a montagem de máquinas e aparelhos), sendo a redução substancial do tempo necessário à produção de cada unidade resultante da acumulação de experiência pela repetição das mesmas tarefas. Por sua vez, o efeito de economias de escala atinge uma dimensão tanto mais elevada quanto maior for o número de unidades produzidas (isto é, mais elevada a escala de produção), pelo que se afigura igualmente relevante em indústrias de alta tecnologia, uma vez que permite distribuir os elevados custos do investimento inicial por um maior volume de produção.

A integração regional tem, igualmente, um impacto importante sobre o volume de investimento das economias, que pode aumentar em consequência da maior confiança dos investidores induzida pela estabilidade das regras comerciais entre os países membros e que afasta o receio da implementação de políticas protecionistas por parte dos parceiros envolvidos. Esse efeito sobre o nível de investimento no bloco comercial deve-se ao aumento da concorrência, que suscita a necessidade de inovação, reestruturação e reequipamento por parte das empresas, e igualmente à atração de investimento direto estrangeiro, na medida em que os produtores de países terceiros têm a possibilidade de aceder a um mercado mais vasto, sem estarem sujeitos a tarifas alfandegárias, e aproveitar assim as novas regras de proteção ao investidor. O processo de integração económica pode de igual forma gerar alterações no padrão qualitativo do investimento, através da introdução de métodos de produção mais sofisticados e eficientes, da reafectação de recursos de indústrias estagnadas ou em declínio para as indústrias em expansão, ou da realização de *joint-ventures* e da difusão de *know-how* (tanto relativamente a empresas de países da região como relativamente a empresas de países terceiros).

Numa perspetiva dinâmica, verifica-se ainda um aumento do rendimento, tanto no período inicial como nos períodos seguintes à integração, sendo uma consequência dos efeitos do multiplicador do comércio externo, que ocorre na medida em que o aumento das trocas estimula o crescimento da procura.

COMÉRCIO INTERNACIONAL

Em síntese, a análise dos efeitos dinâmicos da integração assume grande relevância porquanto permite aferir o impacto sobre a eficiência na afetação de recursos e o nível de crescimento económico dos países participantes, que se revelam mais determinantes do que o previsto no contexto da análise feita em termos estáticos.

3.3.5. A INTEGRAÇÃO EUROPEIA

3.3.5.1. ORIGEM

Não obstante se tenham registado avanços importantes em matéria de integração económica na Europa durante o século XIX (como foi o caso do *Zollverein* que constituiu uma União Aduaneira entre dezoito Estados alemães, e se manteve entre 1833 e 1871), o processo de integração europeia só começou verdadeiramente após a 2ª Guerra Mundial. Com efeito, o contexto sócio--económico e político-militar vigente à época acabou por proporcionar as condições favoráveis para a mudança que se impunha e tinha subjacente um processo de cooperação tendente à construção de um espaço de paz, estabilidade e prosperidade entre os países do Velho Continente.

Nesse âmbito, revelou-se fundamental a aprovação do chamado Plano Marshall, em 1948, através do qual os EUA se propuseram apoiar a reconstrução da Europa Ocidental mediante um programa de auxílio financeiro e que pretendia simultaneamente enaltecer a importância do comércio livre enquanto instrumento para a eliminação dos conflitos entre países vizinhos. No mesmo ano, nasceu a Organização Europeia para a Cooperação Económica (OECE),[40] com vista a estabelecer um plano de recuperação comum e coordenar a distribuição dos fundos (12 mil milhões de dólares) do Plano Marshall, enquanto em 1949 foi criado o Conselho da Europa, uma organização intergovernamental com o objetivo de defender os direitos humanos, o desenvolvimento democrático e a estabilidade político-social nos países europeus.

Em 1950, o ministro dos Negócios Estrangeiros francês, Robert Schuman, num discurso inspirado por Jean Monnet, propôs a constituição de uma Comunidade Europeia do Carvão e do Aço (CECA) para gerir a produção e

---

[40] Que em 1961 se transformou na Organização para a Cooperação e o Desenvolvimento Económico (OCDE), composta na atualidade por 35 países desenvolvidos.

3 · POLÍTICA COMERCIAL EXTERNA

o comércio destas matérias-primas de guerra, por forma a transformá-las em instrumentos de reconciliação e de paz entre as nações europeias. A CECA tornou-se realidade com o Tratado de Paris de 1951, tendo estabelecido um mercado comum do carvão e do aço entre os seis Estados fundadores (Bélgica, República Federal da Alemanha, França, Itália, Luxemburgo e Países Baixos), sob direção de uma Alta Autoridade, baseada num sistema institucional regulado pelos princípios da igualdade e da cooperação, e constituindo a primeira organização com características supranacionais na Europa que vigorou durante 50 anos.

Os mesmos países que tinham subscrito o acordo relativo à CECA assinaram, em 25 de março de 1957, os Tratados de Roma, que entraram em vigor a 1 de janeiro de 1958 e criaram a Comunidade da Energia Atómica Europeia (CEEA ou EURATOM), que coordenava o desenvolvimento da indústria nuclear, e a Comunidade Económica Europeia (CEE). Esta última instituiu uma União Aduaneira entre os Estados-Membros da Comunidade, que desonerava as mercadorias comercializadas entre si de quaisquer medidas de natureza protecionista e fixava uma pauta aduaneira comum nas relações com países terceiros, tendo como meta a construção progressiva de um Mercado Comum no período de 12 anos após a assinatura dos Tratados.

Neste contexto, deve referir-se que no final da mesma década, foi ainda constituída a *European Free Trade Association* (EFTA), no âmbito da Convenção de Estocolmo. Tratava-se de um bloco comercial que, à semelhança da CEE, resultou da separação dos países da OECE, constituindo uma zona de comércio livre entre um conjunto de sete países europeus (de que Portugal foi fundador juntamente com o Reino Unido, Áustria, Suíça, Dinamarca, Noruega e Suécia). Pelas suas características, a EFTA era um espaço de integração regional menos exigente, na qual a liberalização das trocas entre os membros apenas abrangia os produtos industriais,[41] e cujos objetivos eram meramente de natureza comercial, ao contrário da CEE onde estava contemplada a hipótese de evolução para uma União Política entre os países subscritores.

No decurso da década de sessenta, a integração económica na Europa evoluiu favoravelmente, assistindo-se à remoção em julho de 1968 (com antecedência em relação ao prazo previsto no Tratado de Roma) dos direitos aduaneiros cobrados entre os seis países da Comunidade, à eliminação das

---

[41] O que, entre outros fatores, foi particularmente determinante para a decisão da participação de Portugal nesta Associação, face ao elevado atraso que caracterizava então a agricultura portuguesa.

COMÉRCIO INTERNACIONAL

restrições quantitativas e ao desmantelamento de algumas barreiras não tarifárias, assim como ao estabelecimento de políticas comuns, particularmente nos domínios da agricultura e do comércio.

Dessa forma, não foi surpreendente a adesão de Dinamarca, Irlanda e Reino Unido,[42] em 1 de janeiro de 1973, que aumentou para nove o número de Estados-Membros da CEE, e foi acompanhada pela introdução de novas políticas sociais e ambientais, assim como pela criação do Fundo Europeu de Desenvolvimento Regional (FEDER) em 1975, pelo qual as regiões menos desenvolvidas beneficiam da transferência de recursos financeiros elevados para fomentar a criação de emprego e de infraestruturas. No período que decorreu até 1985, na sequência do violento conflito israelo-árabe em outubro de 1973, a Europa deparou-se com uma crise energética de grande dimensão (gerada pela subida muito acentuada do preço do petróleo nos mercados internacionais) e com importantes desequilíbrios de natureza macroeconómica (inflação e défices das contas externas). Nesse contexto, o processo de liberalização do comércio no seio da CEE não ocorreu favoravelmente, assistindo-se ao ressurgimento de atitudes protecionistas e à introdução de novas barreiras não tarifárias (como, por exemplo, regras nacionais, regulamentos, regimes de tributação e subsídios), tanto em relação ao exterior como entre países membros, sendo ainda assim de destacar a realização das primeiras eleições para o Parlamento Europeu por sufrágio universal direto em 1979, e a adesão da Grécia em 1981.

3.3.5.2. DO MERCADO ÚNICO À UEM

A recessão económica mundial do início dos anos 80, paralelamente com a existência de taxas de crescimento mais baixas e níveis de desemprego superiores aos verificados nos EUA e Japão, acabou por prolongar a onda de "europessimismo" que se observava desde a ocorrência dos choques petrolíferos em 1973 e 1979. Dessa forma, o relançamento do projeto de integração europeia data apenas de 1985, quando a Comissão Europeia, sob a presidência de Jacques Delors, publicou um Livro Branco que identificava quase três centenas de

---

[42] Face ao reconhecimento dos maiores benefícios que estavam associados à CEE como forma de integração regional, este alargamento iniciou a transição gradual para o seu seio dos países da EFTA, de tal forma significativa que na atualidade é apenas composta por Islândia, Liechtenstein, Noruega e Suíça.

3 · POLÍTICA COMERCIAL EXTERNA

medidas legislativas necessárias à eliminação dos entraves ao livre comércio na CEE (de natureza física, técnica e fiscal) e estabelecia um calendário para concluir o Mercado Interno Europeu até 1 de janeiro de 1993. Esse programa para a realização do Mercado Único ficou consagrado juridicamente no Ato Único Europeu, que foi assinado em fevereiro de 1986 e entrou em vigor em julho de 1987, tendo constituído a primeira revisão do Tratado de Roma, pelo qual a Comissão dispunha dos poderes necessários para concretizar aquele objetivo num prazo de seis anos.

A adesão de Portugal e Espanha em 1 de janeiro de 1986 amplificou as disparidades em termos de desenvolvimento económico e social no seio da Comunidade, legitimando assim a concessão de apoio financeiro para desenvolvimento de projetos nos domínios do ambiente e infraestruturas de transporte ao abrigo do chamado Fundo de Coesão, o qual se aplicava então às duas economias ibéricas, à Grécia e à Irlanda, que representavam os quatro países cujo PIB *per capita* não ultrapassava 90% da média comunitária.

Com a queda do Muro de Berlim em 9 de novembro de 1989, a morfologia política da Europa alterou-se profundamente, assistindo-se, em consequência, à reunificação das duas Alemanhas e a um processo de democratização dos países da Europa Central e Oriental, bem como a um estreitamento das relações entre os europeus. Ao mesmo tempo, os Estados-Membros da CEE negociavam um novo tratado, que foi subscrito na cidade holandesa de Maastricht, em dezembro de 1991 e entrou em vigor em 1 de novembro de 1993. Esse Tratado representou uma viragem na integração económica dos países do Velho Continente, instituindo a União Europeia (UE), na qual se integraram a CEE, a CECA e o EURATOM, assim como um princípio de cooperação intergovernamental em domínios como a política externa e de segurança comum e a justiça e assuntos internos. O designado Tratado da União Europeia estabeleceu como meta a criação de uma moeda única no contexto da União Económica e Monetária (UEM) europeia e um calendário composto por três fases para a sua concretização em 1 de janeiro de 1999. Desse modo, definiu um conjunto de objetivos de política económica em matéria de estabilidade cambial, estabilidade monetária (redução da inflação e das taxas de juro de longo prazo) e disciplina orçamental (controlo do défice orçamental e da dívida pública), que constituíam os critérios de convergência nominal a cumprir pelos países-membros que pretendessem aderir à UEM.

Uma vez em vigor o Mercado Único com as "quatro liberdades" de circulação de mercadorias, de serviços, de pessoas e de capitais, a partir de 1 de janeiro

COMÉRCIO INTERNACIONAL

de 1993, a União Europeia acolheu em 1995 três novos Estados-Membros (Áustria, Finlândia e Suécia), cuja integração suscitou menos problemas do que as anteriores, dado o elevado nível de desenvolvimento económico que apresentavam e as fortes relações comerciais que mantinham com a UE anteriormente à adesão. Naquele mesmo ano, entrou em vigor a Convenção de Schengen, que eliminou o controlo das fronteiras internas na maioria dos países da União, ao mesmo tempo que intensificou os controlos nas suas fronteiras externas, permitindo assim uma verdadeira liberdade de circulação dos cidadãos no espaço comunitário.

Os Tratados de Amesterdão e de Nice foram celebrados em 1997 e 2001, respetivamente, constituindo a 3ª e 4ª alterações ao Tratado de Roma, tendo como propósitos essenciais aumentar as competências da União Europeia, estabelecer um princípio de cooperação reforçada entre os Estados-membros em matéria de justiça e assuntos internos e, sobretudo, tornar mais eficaz a arquitetura institucional da União através da implementação de reformas tendentes a preparar o alargamento futuro.

No início do século XXI, concretizou-se o mais ambicioso projeto da história da integração europeia, com a entrada em circulação de uma moeda única para facilitar a vida das empresas, dos consumidores e dos viajantes, em 1 de janeiro de 2002.[43] Com efeito, o euro substituiu inicialmente as moedas nacionais de 11 países da União, vindo desde então a assumir o estatuto de grande moeda mundial, em paralelo com o dólar, ao mesmo tempo que se observou um aumento significativamente da dimensão da UEM para 19 Estados-membros.

Por sua vez, pode considerar-se que grande parte das divisões políticas no seio do continente europeu foram sanadas quando, a 1 de maio de 2004, se assistiu ao maior alargamento da história da União Europeia com a adesão de dez novos países (entre os quais quatro antigos países da Europa de Leste, três estados bálticos que tinham feito parte da União Soviética, uma república da antiga Jugoslávia e dois países mediterrânicos), seguidos pela Bulgária e a Roménia em 2007.

De forma a enfrentar os complexos desafios inerentes ao processo de globalização, bem como adaptar as regras de funcionamento das instituições para que possam ser mais eficientes numa União Europeia alargada, revelava--se necessário um método mais simples e eficaz de tomada de decisões em conjunto. Essas regras tinham sido propostas num projeto de Constituição

---

[43] A qual tinha sido introduzida pela primeira vez em 1999, apenas enquanto moeda escritural.

Europeia, assinado em outubro de 2004, que foi rejeitado por dois referendos nacionais realizados em 2005. A Constituição deu então lugar ao Tratado de Lisboa, que foi subscrito em 13 de dezembro de 2007 e entrou em vigor em 1 de dezembro de 2009 após ratificação pelos 27 países membros. Entre alguns dos principais aspetos que o caracterizam, o Tratado de Lisboa estabeleceu uma repartição mais clara de competências entre o nível europeu e os Governos nacionais, criou o cargo de Alto-Representante da União para os Negócios Estrangeiros e a Política de Segurança, assegurou a proteção dos cidadãos europeus através de uma Carta dos Direitos Fundamentais e consagrou o objetivo de combate às alterações climáticas.

Muito naturalmente, a crise financeira e económica mundial que se iniciou em setembro de 2008 teve repercussões profundas na Europa, levando a União a introduzir novos mecanismos para garantir a estabilidade e segurança do sistema bancário, reduzir os níveis de dívida pública e coordenar as políticas económicas dos Estados-membros com vista a encontrarem o caminho de saída da recessão. Em 2012, a União Europeia recebeu o Prémio Nobel da Paz e no ano seguinte a Croácia tornou-se no 28º país membro, num contexto de grande instabilidade internacional. Esta é evidenciada pelo terrorismo e criminalidade internacional organizada, por vários países e regiões em guerras (onde frequentemente se confrontam interesses das potências dominantes) e ainda, pelas vagas de refugiados, em fuga das zonas de conflito e das regiões com extrema pobreza. Esta tipologia de problemas exige uma maior cooperação entre Governos para uma nova política de segurança, mas também na formulação de políticas e estratégias comuns na gestão e prevenção destas problemáticas.

No Mundo atual, em que países como a China, Índia e Brasil podem tornar-se superpotências económicas, compete à União Europeia, enquanto maior potência comercial, desempenhar um papel fundamental nas negociações no seio da Organização Mundial de Comércio e da Conferência das Nações Unidas sobre alterações climáticas, valorizando estas instâncias internacionais como sendo fundamentais na gestão e solução de problemas que são globais. Deste modo atua em coerência com o seu legado de sessenta anos de integração europeia. Ao mesmo tempo, o resultado do referendo realizado em junho de 2016, no qual a maioria dos cidadãos do Reino Unido votou favoravelmente à saída do país da União Europeia – o denominado "Brexit" – constitui o principal desafio com qual o projeto europeu se vai deparar a curto prazo, ainda que se anteveja um processo de negociação longo e complexo, não apenas no

COMÉRCIO INTERNACIONAL

que respeita à concretização efetiva daquela saída como ao enquadramento das futuras relações económicas entre a UE e o Reino Unido.

3.4. NEGOCIAÇÕES INTERNACIONAIS E POLÍTICA COMERCIAL

3.4.1. A ORGANIZAÇÃO MUNDIAL DO COMÉRCIO

i. Origem

À semelhança das principais instituições financeiras internacionais, a origem da Organização Mundial do Comércio (OMC) deve ser procurada na década de 40 do século passado bem antes da sua criação. No final da primeira grande guerra (1914-1919), as nações vencedoras (tal como na segunda guerra mundial, uma aliança centrada no Reino Unido, França e Rússia a que se juntaram várias outras nações incluindo, já no final, os Estados Unidos) impuseram aos vencidos um regime económico fortemente penalizador. O objetivo era duplo: punir as nações que haviam dado início a uma guerra até então sem precedentes e, ao mesmo tempo, conter uma nova expansão da Alemanha e seus aliados.

A asfixia económica da Alemanha que decorreu das condições impostas pelo Tratado de Versalhes, assinado em 1919, teve resultados politicamente desastrosos, sendo a maioria dos historiadores unânimes em atribuir a rápida expansão do extremismo nazi nos anos 30 do século passado às dificuldades impostas à Alemanha e a um sentimento de injustiça relativamente às condições da rendição.

Com a lição aprendida, os líderes das nações vencedoras da segunda grande guerra começaram, em julho de 1944, ainda antes de a guerra terminar, a preparar a arquitetura económica do mundo pós-guerra. Reunidos nos Estados Unidos, na Conferência de Bretton Woods, delegados de 44 nações aliadas procuraram criar uma nova ordem económica internacional que ajudasse a evitar uma nova guerra de consequências previsivelmente ainda mais destruidoras do que a anterior. Para os países que hoje se designam como "ocidentais", uma segunda e não menos relevante preocupação foi a de conter a expansão do comunismo, um cenário que o rápido avanço dos tanques russos sobre Berlim em 1944 demostrou ser um objetivo da União Soviética (que, no entanto, esteve presente em Bretton Woods).

Foi com estes objetivos em mente que foram criadas em Bretton Woods as bases da ordem económica que ainda hoje regula as relações internacionais, bem como as instituições que asseguram o seu funcionamento: o Fundo Monetário Internacional (FMI) e o Banco Internacional para a Reconstrução e Desenvolvimento (mais vulgarmente conhecido como 'Banco Mundial'). Um ano mais tarde, em 1945, foi criada em S. Francisco, também nos EUA, a Organização das Nações Unidas (ONU) como pilar da coordenação política internacional e promoção dos direitos do homem.

Além do FMI e do Banco Mundial, os acordos de Bretton Woods previam também a criação de uma Organização Internacional do Comércio (OIC). Seguiram-se negociações intensas (com o patrocínio das Nações Unidas) e um acordo para a criação da OIC foi assinado por 56 países em Março de 1948, em Havana. Mas o projeto foi abandonado no início da década de 50 devido à recusa do Congresso norte-americano em ratificar o acordo.

ii. O GATT

Entretanto, em 1947, alguns dos signatários do Acordo de Havana haviam avançado com um regime provisório de liberalização comercial, o Acordo Geral sobre Tarifas e Comércio (GATT, na sua sigla inglesa). O objetivo foi consolidar o consenso crescente quanto à necessidade de reduzir as barreiras ao comércio entre pelo menos alguns dos países que negociaram a nova ordem económica internacional. Os signatários esperavam, igualmente, com a criação do GATT influenciar positivamente o ambiente negocial que levaria à Conferência e Acordo de Havana.

A criação do GATT foi uma decisão fundamental para a ordem económica internacional. Perante a impossibilidade de criar a Organização Internacional do Comércio, o GATT acabou por subsistir quase 50 anos, até à criação da Organização Mundial do Comércio, em Janeiro de 1995, com o estatuto de acordo provisório mas com um papel central e crescente na organização das trocas comerciais internacionais. Com pelo menos uma vantagem: o seu estatuto provisório levou a que o GATT tenha mantido uma estrutura burocrática bem mais ligeira do que as instituições internacionais criadas no pós-guerra. Até à criação da OMC, o GATT foi administrado por um secretariado temporário de dimensão bem inferior às burocracias de outras organizações internacionais, embora esse caráter formalmente temporário tenha assumido progressivamente uma forma permanente.

COMÉRCIO INTERNACIONAL

Dado o seu caráter temporário, o GATT foi sendo revisto e renovado através de "rondas negociais", oito no total: Genebra (1947), Annecy (1949), Torquay (1950-51), Genebra (1956), Dillon (1960-61), Kennedy (1964-67), Tóquio (1973-79) e Uruguai (1986-94). Como se pode ver na figura 3.28, as negociações tornaram-se progressivamente mais longas com os sucessivos acordos GATT, mais um reflexo da crescente complexidade dos acordos do que da falta de vontade negocial.

Figura 3.28: As rondas negociais da OMC

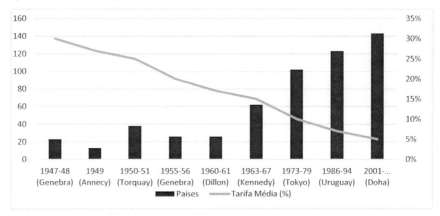

Fonte: Adaptado de Dicken (2015)

A 'Ronda de Genebra' negociou a criação do GATT, tendo tomado o nome da cidade onde as negociações tiveram lugar e onde se estabeleceu o secretariado do GATT, e onde ainda hoje se situa a sede da OMC. As negociações duraram sete meses e envolveram 23 países. Durante as rondas seguintes o tempo negocial foi crescendo devido à complexidade crescente gerada pelo alargamento do número de países e produtos envolvidos, tendo o nível geral de tarifas continuado a diminuir com cada novo acordo. Anote-se que a Ronda de Dillon (Secretário do tesouro americano à época) foi motivada pela criação da Comunidade Económica Europeia (hoje União Europeia), que trouxe uma profunda alteração na estrutura de comércio internacional e obrigou a uma derrogação para os estados participantes das regras base do GATT, nomeadamente do princípio da nação mais favorecida (ver abaixo). Uma secção sobre o apoio ao desenvolvimento foi também acrescentada com esta ronda negocial, motivada pelas profundas alterações geopolíticas que começavam a fazer-se sentir com o fim dos impérios coloniais europeus.

3 · POLÍTICA COMERCIAL EXTERNA

A ronda seguinte, a Ronda de Kennedy (assim designada em reconhecimento do papel do então presidente norte-americano), foi a primeira a ir além da redução de tarifas, passando o GATT a incluir medidas anti-dumping.[44] A Ronda de Tóquio foi a primeira a enfrentar grandes dificuldades, já que procurou reformar pela primeira vez o sistema GATT, adaptando-o às novas realidades económicas, bem diferentes dos anos 40, e foi negociada no contexto de uma grave crise internacional, provocada pela crise petrolífera de 1973. Durou cinco anos mas acabou por permitir um acordo entre 102 países que harmonizou tarifas, exigindo maiores reduções nas tarifas mais elevadas, e incluiu pela primeira vez importantes elementos relativamente a barreiras não-aduaneiras (subsídios, aquisições públicas). Contudo, importantes setores económicos continuaram de fora dos acordos internacionais de comércio, incluindo a maioria dos produtos agrícolas (apesar de uma primeira descida de várias tarifas agrícolas na Ronda de Kennedy), têxteis e vestuário, e serviços. Além disso, vários dos acordos estabelecidos foram subscritos por apenas uma parte dos membros do GATT (informalmente designados por 'códigos', por não serem parte integrante do GATT) já que não foi possível obter a unanimidade dos 102 signatários do novo GATT.

A Ronda do Uruguai foi até a hoje a mais importante de todas as rondas negociais. As negociações, que começaram em Punta del Este, no Uruguai, em 1986, concluíram-se apenas em 1994, em Marraquexe, Marrocos. A Ronda do Uruguai permitiu a criação da Organização Mundial o Comércio, concretizando finalmente o acordo inicialmente estabelecido em Havana em 1948 para a criação de uma organização internacional que regule as trocas comerciais internacionais e promova o comércio livre e justo entre todos os estados participantes. Permitiu, ainda, expandir o GATT, que passou a integrar os produtos agrícolas (depois de um longo diferendo entre os EUA e a União Europeia, sobretudo) e os têxteis e vestuário, que sempre dividiram países desenvolvidos e países em desenvolvimento. A Ronda do Uruguai permitiu, também, pela primeira vez, acordos sobre o comércio de serviços (GATS, na sigla inglesa) e sobre direitos de propriedade intelectual relevantes para o comércio (TRIPS) e para o investimento (TRIMS), que definem padrões mínimos para a legislação nacional dos membros da OMC nas áreas respe-

---

[44] 'Dumping' é tradicionalmente definido como o ato de exportar abaixo do preço de custo. A OMC tem, contudo, uma definição mais ampla, definindo 'Dumping' como uma situação em que o preço no mercado externo é inferior ao preço de venda no mercado doméstico (definição genérica de 'preço normal'), com prejuízo para os produtores do país importador (OMC, 2018b).

COMÉRCIO INTERNACIONAL

tivas – direitos de propriedade industrial e reconhecimento de indicações geográficas, por um lado, investimento direto estrangeiro, por outro.

iii. Uma instituição internacional

Como se explicou acima, a Organização Mundial do Comércio entrou em funções em 1 de Janeiro de 1995. Tem sede em Genebra, Suíça e, em Abril de 2018, um total de 164 membros, representando 95% do comércio mundial. O órgão decisório máximo é a Conferência Ministerial, mas a maioria das decisões são tomadas pelo Conselho Geral, onde os países se fazem representar pelos embaixadores que lideram as respetivas Missões junto da OMC. O Conselho Geral assume também as funções de Conselho para a Resolução de Conflitos e Conselho de Exame das Políticas Comerciais, os órgãos decisórios nas matérias respetivas.

A um nível imediatamente inferior, três Conselhos regulam os principais acordos da OMC: Conselho para o Comércio de Bens (GATT), Conselho para o Comércio de Serviços (GATS) e Conselho para os Direitos de Propriedade Intelectual relacionados com o Comércio (TRIPS), que são apoiados por diferentes comités e grupos de trabalho. O acordo TRIMS é administrado pelo Comité para as Medidas de Investimento Relacionadas com o Comércio, que reporta ao Conselho para o Comércio de Bens. Um secretariado permanente apoia o trabalho dos estados membros. O processo decisório é frequentemente complexo, pois as decisões são formalmente adotadas pelo conjunto dos estados participantes, normalmente por consenso.

Um elemento central da OMC é o Sistema de Resolução de Conflitos. Foi criado com o objetivo de resolver diferendos entre os estados membros quanto à aplicação das regras estabelecidas nos acordos OMC, tendo-se tornado um pilar fundamental para o bom funcionamento do comércio internacional. A eficácia do Sistema de Resolução de Conflitos baseia-se na sua arquitetura. Os processos são conduzidos por um painel de especialistas, nomeados pelo Órgão de Resolução de Conflitos (o Conselho Geral, sob outra forma), que formam uma espécie de tribunal a quem compete avaliar o caso à luz das regras da OMC e propor uma solução (por exemplo, a exigência de reverter uma decisão que afeta as importações em violação dos acordos, bem como medidas retaliatórias em caso de não cumprimento). A grande eficácia do sistema reside no caráter obrigatório e vinculativo das decisões (Pereira, 2014) e no facto de o relatório do painel de especialistas só poder ser recusado pelo

Órgão de Resolução de Conflitos por unanimidade. Acrescem regras muito claras quanto a cada fase dos procedimentos e à sua duração, evitando os bloqueios que caracterizavam o sistema de arbitragem que integrava o GATT anteriormente à criação da OMC. Na realidade, o Sistema de Resolução de Conflitos está concebido para incentivar a que os conflitos sejam resolvidos através de negociações diretas entre os países envolvidos, o que parece ter sido conseguido pois 2/3 dos casos colocados à OMC são resolvidos sem que o painel de especialistas publique o seu relatório. A 'conciliação' é, aliás, a primeira fase no processo formal de resolução face a uma queixa de um dos membros da OMC. As partes são chamadas a negociar diretamente, com a mediação da OMC, tentando evitar a nomeação de um painel de arbitragem.

A OMC dispõe, ainda, de um mecanismo de exame das políticas comerciais dos estados participantes segundo o qual a OMC avalia regularmente as políticas comerciais dos estados membros e a sua compatibilidade com as regras internacionais. A frequência dessas avaliações depende do peso dos países no comércio mundial. A maior parte dos membros da OMC são avaliados de seis em seis anos, mas a União Europeia, os EUA, a China e o Japão são avaliados todos os dois anos e 16 outros países são avaliados todos os quatro anos. Estes prazos passarão a ser 7, 3 e 5 anos, respetivamente, a partir de 2019. As conclusões destas avaliações são aprovadas pelo Conselho de Exame das Políticas Comerciais, uma das formas que assume o Conselho Geral da OMC.

3.4.2. OS PRINCÍPIOS REGULADORES DA OMC

i. Não discriminação – cláusulas da nação mais favorecida e do tratamento nacional

Apesar da complexidade dos textos jurídicos em que se baseia a OMC, os seus princípios centrais são os mesmo que regulavam o GATT.

Em primeiro lugar, a não discriminação entre parceiros comerciais e entre produtos nacionais e importados. O princípio da não discriminação assenta em duas cláusulas complementares. A cláusula da nação mais favorecida exige que os bens de todos os membros da OMC sejam sujeitos ao mesmo regime tarifário e aduaneiro quando entram no espaço soberano de um outro país membro. Tal significa que um país membro da OMC que conceda uma vantagem comercial a um outro país, membro ou não (por exemplo, baixando os direitos aduaneiros sobre determinado produto), deve conceder esses mesmos benefícios a todos os países membros da OMC. A cláusula do tratamento nacional requer que, uma vez cumpridas as obrigações aduaneiras, os bens importados não sejam discriminados relativamente aos bens nacionais. Por exemplo, não podem ser sujeitos a diferentes regras fiscais, técnicas ou de segurança.

As regras da OMC preveem várias exceções ao princípio da não discriminação. Tanto o GATT, como o GATS ou o TRIPS admitem uma exceção geral para a proteção da vida ou da saúde de pessoas, animais ou plantas, ou para a proteção de recursos naturais. As restrições impostas não podem, no entanto, discriminar entre parceiros comerciais nem constituir uma barreira injustificada ao comércio internacional. Os três acordos admitem também exceções para proteção da segurança nacional ou no caso de acordos regionais de comércio. Neste último caso, permite aos estados signatários criar regimes comerciais preferenciais entre eles (por exemplo, a liberalização total das trocas de bens e serviços no contexto de uma zona de comércio livre ou de uma união aduaneira) sem que esse regime seja extensível aos restantes signatários da OMC. São admissíveis, ainda, restrições em situações extraordinárias, como no caso de crises da balança de pagamentos ou outras, desde que temporárias e justificadas.

ii. Reciprocidade

O princípio da reciprocidade refere-se ao objetivo de que a liberalização das trocas comerciais deve proporcionar vantagens equivalentes a todos os participantes. Não sendo um princípio formal da OMC, faz parte, por exemplo, do preâmbulo do GATT e foi um princípio central subjacente às negociações dos vários acordos OMC. A reciprocidade sugere que, no processo de liberalização das trocas internacionais, se espera de cada participante concessões (reduções de tarifas ou outros obstáculos ao comércio) que proporcionem aos restantes países ganhos de comércio idênticos àqueles que o país obtém com as concessões oferecidas pelos restantes participantes.

O princípio da reciprocidade está, ainda, indiretamente consagrado nos textos dos acordos OMC. Por exemplo, na definição das medidas de retaliação permitidas quando um membro altera a sua política comercial em prejuízo de outros estados membros (Bagwell e Staiger, 2009: p.19). Nestes casos, as regras do GATT e do GATS permitem aos países afetados adotar medidas que tenham um impacto no país prevaricador globalmente equivalente aos prejuízos sofridos, ou seja, propõem uma reciprocidade das medidas compensatórias. O mesmo princípio está subjacente na regulação de situações em que um país membro da OMC pretende retirar alguma ou algumas das concessões anteriormente oferecidas (por exemplo, aumentar uma tarifa vinculativa – ver definição abaixo). As regras da OMC permitem tal decisão, mas obrigam a que seja negociada com os países afetados e que medidas compensatórias proporcionais sejam acordadas, mantendo dessa forma a reciprocidade dos acordos.

iii. Redução progressiva das barreiras ao comércio

A OMC é antes de mais um fórum negocial. A redução progressiva das restrições ao comércio é um dos objetivos centrais desde as primeiras rondas negociais do GATT. Em cada nova ronda negocial procurou-se aumentar o número de bens sujeitos a livre comércio e reduzir ainda mais as barreiras anteriormente acordadas. Este mantém-se um dos princípios da OMC.

A redução progressiva das barreiras passa também pela eliminação de quotas às importações ou exportações (apesar de estas últimas serem hoje em dia raras entre os membros da OMC), bem como de outras barreiras administrativas ou técnicas ao comércio internacional. Enquadram-se também neste esforço, a negociação de regras sobre os direitos de propriedade intelectual ou sobre as aquisições públicas .

iv. Previsibilidade e transparência

A previsibilidade das regras é tão importante para o bom funcionamento de um sistema de trocas internacionais como o nível das tarifas ou quotas. Sem garantias quanto aos níveis de proteção futuros as empresas serão muito mais relutantes em abordar novos mercados e em envolverem-se numa lógica de longo prazo.

A OMC prossegue esse objetivo através da definição de tarifas vinculativas, ou seja, os estados signatários, além de definirem o valor das tarifas para cada linha de produtos ou serviços, comprometem-se a que no futuro essas tarifas não ultrapassem um valor máximo – ou vinculativo. Nos países desenvolvidos, a tarifa vinculativa coincide frequentemente com a tarifa efetiva; ou seja, estes países comprometeram-se não só a reduzir as suas tarifas como também a não as aumentarem no futuro. Nos países em desenvolvimento as divergências são mais frequentes, dando-se aos países por vezes uma margem de manobra para aumentos futuros do nível de proteção dos seus mercados. Contudo, a definição de um valor máximo para os casos em que o país pretenda aumentar a tarifa no futuro oferece só por si uma garantia importante às empresas contra alterações erráticas na política económica dos países com os quais desenvolvem ou pretendem desenvolver trocas comerciais.

Naturalmente que as tarifas vinculativas podem ser alteradas se um estado membro entender que os valores definidos lhe são prejudiciais (porque se alteraram as circunstâncias económicas ou porque mudou a orientação económica do país). Mas tal só é possível através de negociações entre todos os estados membros da OMC, que são complexas e morosas, e implicam normalmente (como se explicou acima) a definição de compensações aos estados lesados pelo novo valor tarifário (com a redução de tarifas sobre outros produtos, a eliminação de subsídios, ou outras medidas de liberalização comercial).

A transparência, por sua vez, é promovida através da obrigatoriedade de divulgação interna e notificação à OMC de todas as medidas de política económica ou outras que possam ter um impacto no comércio internacional. Esta obrigação de divulgação e reporte é complementada pelo Mecanismo de Exame da Política Comercial descrito no ponto 3.5.1.iii, assegurando uma regular avaliação pública das políticas dos estados membros com um impacto no funcionamento do sistema de trocas regulado pela OMC.

v. Apoio ao desenvolvimento

O apoio ao crescimento económico e desenvolvimento dos estados membros é promovido, antes de mais, pela implementação dos princípios anteriores. Para além destes princípios gerais, que beneficiam tanto países desenvolvidos como em desenvolvimento, a OMC procura apoiar o desenvolvimento dos seus membros mais pobres através de medidas de discriminação positiva.

Em primeiro lugar, um Sistema de Preferências Generalizadas (SPG) proporciona aos países menos desenvolvidos acesso mais favorável aos mercados dos países desenvolvidos. O SPG foi inicialmente estabelecido em 1968 sob os auspícios da UNCTAD (Conferência das Nações Unidas para o Comércio e Desenvolvimento) e integrado (provisoriamente) nos acordos GATT em 1971. Foi formal e definitivamente integrado no GATT através da 'cláusula de habilitação ('*enabling clause*'), adotada em 1979 no âmbito da Ronda de Tóquio. Além disso, os países menos desenvolvidos não ficaram obrigados a participar em vários dos acordos estabelecidos na Ronda de Tóquio, embora podendo participar de forma voluntária nos acordos quanto a subsídios às exportações, barreiras técnicas ao comércio e aquisições públicas.

Note-se que o Sistema de Preferências Generalizadas representa uma derrogação da cláusula da nação mais favorecida, já que permite aos países desenvolvidos reduzir as barreiras às importações de bens oriundos de países em desenvolvimento sem obrigar a oferecer tratamento idêntico aos restantes países desenvolvidos. O Sistema de Preferências Generalizadas não permite, contudo, discriminar entre países em desenvolvimento subscritores dos acordos, exceto quanto a provisões específicas para os menos desenvolvidos dos países em desenvolvimento, que experimentam dificuldades em competir não só com os países mais desenvolvidos mas também com os mais desenvolvidos de entre os países em desenvolvimento.

Em segundo lugar, os países menos desenvolvidos estão desobrigados do princípio de reciprocidade no processo global de liberalização comercial. Nas trocas entre países com nível de desenvolvimento semelhante, reciprocidade significa normalmente reduções equivalentes de tarifas ou outras barreiras ao comércio. Contudo, nas trocas entre países desenvolvidos e países em desenvolvimento, é aceite que uma redução idêntica do volume de proteção dos respetivos mercados teria um impacto desproporcional, em prejuízo dos países em desenvolvimento. Ou seja, dada a maior fragilidade das suas economias, não é esperado dos países em desenvolvimento uma redução de barreiras ao comércio simétrica da redução esperada dos países desenvolvidos.[45]

3.4.3. PORTUGAL E A OMC

Portugal é um dos membros fundadores da OMC, tendo sido um dos subscritores do GATT desde 1962 – um passo natural no processo de abertura ao exterior iniciado poucos anos antes, que havia levado Portugal a ser um países dos fundadores da Associação Europeia de Comércio Livre (EFTA, no seu acrónimo inglês), em 1960, como referido na secção 3.3.5.

---

[45] Um exemplo desta exceção é o regime especial criado em 2012 pela União Europeia designado por "Tudo Menos Armas", que garante livre acesso ao mercado da União Europeia a todos os produtos oriundos dos países menos desenvolvidos do mundo (segundo definição da Comissão das Nações Unidas para a Política de Desenvolvimento), exceto armas e munições.

COMÉRCIO INTERNACIONAL

Apesar de Portugal continuar a ser membro de pleno direito da OMC e manter a sua Missão junto da instituição, a maioria das negociações são hoje delegadas na Comissão Europeia, que segundo os tratados europeus é responsável por conduzir a política comercial da União. Fá-lo através de um mandato atribuído pelo Conselho da União Europeia (que reúne os ministros dos estados membros), coordenando regularmente posições com os estados membros, quer em Genebra quer em Bruxelas. A assinatura de um eventual acordo requer, ainda, uma decisão do Conselho da União Europeia, após consentimento do Parlamento Europeu. Note-se que a Comissão Europeia é um dos signatários da OMC, lado a lado com cada um dos estados membros da União, e que a adesão à UE obriga à adesão à OMC e participação na maioria dos acordos OMC.

3.4.4. A RONDA DE DOHA E O FUTURO DA OMC

Apesar de bastantes sinais de fadiga negocial após a conclusão da Ronda do Uruguai, menos de cinco anos após a assinatura do acordo de Marraquexe vários países (na sua maioria em vias de desenvolvimento) propuseram uma nova ronda negocial que tornasse o sistema comercial internacional mais justo para os países menos desenvolvidos. A iniciativa resultou da convicção de que, apesar do princípio de apoio ao desenvolvimento e da existência de várias medidas de discriminação positiva, os acordos estabelecidos em Marraquexe resultaram numa estrutura de comércio internacional definida, sobretudo, pelos difíceis equilíbrios entre as principais economias mundiais (EUA, UE, Japão, nessa altura), não tendo as necessidades de desenvolvimento dos países mais pobres sido suficientemente tidas em conta.

A nova ronda negocial foi formalmente lançada em 2001, em Doha, no Catar, com uma agenda bastante ambiciosa – refletida no nome informal de Ronda do Desenvolvimento: reduzir as barreiras tarifárias e não tarifárias, subsídios à produção e outras distorções ao comércio de bens agrícolas, melhorar o acesso aos mercados de bens não-agrícolas, liberalização do mercado de serviços, facilitar a implementação dos acordos da OMC por parte dos países em desenvolvimento, promover medidas aduaneiras de facilitação do comércio e clarificar e melhorar as regras da OMC quanto a anti-dumping, subsídios, medidas compensatórias e acordos regionais de comércio.

As negociações no âmbito da Ronda de Doha revelaram-se desde o início complexas devido a profundas clivagens entre países desenvolvidos e em desenvolvimento, mas também entre os EUA e a UE. Os subsídios e outras barreiras ao comércio de produtos agrícolas são normalmente identificados como o principal centro de divergências, mas o progresso tem sido igualmente elusivo nas restantes áreas negociais.

Sendo verdade que a Ronda do Uruguai passou por períodos semelhantes de longos períodos com escasso progresso, várias suspensões das negociações e repetidas declarações de "morte" – seguidos de avanços e nova estagnação, o ambiente negocial atual é bastante mais complexo, com a emergência de novos atores no palco mundial (veja-se o papel que têm vindo a assumir os mais desenvolvidos dos países ditos em desenvolvimento – China, Brasil, África do Sul, India – e uma menos clara liderança mundial por parte dos principais motores das rondas anteriores – os EUA e a UE.

3.4.5. MULTILATERALISMO VS. ACORDOS REGIONAIS DE COMÉRCIO

A OMC representa a forma mais abrangente de integração comercial, com a sua pretensão a incluir todos os países e todas as trocas internacionais. Naturalmente que este objetivo de máxima inclusão limita o ritmo da liberalização do comércio internacional, já que obriga à conciliação de posições com um grande número de atores e posições muito diversas. As dificuldades atuais com a Ronda de Doha são disto um bom testemunho. Acordos regionais de comércio são, neste quadro, uma alternativa tentadora e tornaram-se, de facto, a prioridade da política comercial da maior parte dos países desenvolvidos e de muitos países em desenvolvimento.

Acordos regionais de comércio são acordos de comércio recíprocos entre dois ou mais parceiros, podendo assumir a forma de zonas de comércio livre ou uniões aduaneiras (OMC, 2018a). Os acordos regionais de comércio são possíveis no âmbito de uma derrogação das regras gerais da OMC, já que constituem uma violação do princípio da nação mais favorecida – os estados participantes em acordos regionais garantem entre si um regime de trocas mais favorável do que garantem aos restantes membros da OMC. Por isso mesmo, embora admitidos pelas regras da OMC, os acordos regionais de comércio têm que ser notificados e a sua compatibilidade com as regras

COMÉRCIO INTERNACIONAL

da OMC verificada. Apesar desta imposição, constituem uma das matérias de maior discórdia entre os membros da organização.

O número de acordos regionais tem vindo a aumentar nos últimos anos, possivelmente um reflexo da falta de progresso nas negociações multilaterais no âmbito da Ronda de Doha.[46] Os acordos regionais de comércio representam um aprofundamento do sistema de trocas internacionais, já que as regras que definem são mais liberais nas trocas entre os países signatários do que as regras mais gerais da OMC. Contudo, correspondem também a uma fragmentação do sistema de trocas, porque implicam regras diferentes para diferentes membros da OMC.

A proliferação recente no número de acordos regionais de comércio e o facto de praticamente todos os países membros da OMC continuarem a dedicar amplos recursos à negociação de novos acordos regionais ou ao aprofundamento de acordos já existentes incorpora um risco real de se vir a acentuar um sistema de trocas assimétrico em que o sistema multilateral regulado pela OMC se torne a exceção e não a regra. Neste contexto, os defensores de um sistema multilateral manifestam especial preocupação com os vários acordos negociados ou em negociação entre as principais potências comerciais mundiais, receando que os países mais pobres sejam excluídos do sistema de trocas internacionais ou sejam admitidos apenas em condições desfavoráveis. O argumento é que, enquanto elo mais fraco numa negociação bilateral ou regional, os países mais pobres terão dificuldades em extrair dos países desenvolvidos as concessões que um sistema multilateral mais facilmente poderá proporcionar, com consequências graves para o seu potencial de crescimento.

Paradoxalmente, um outro risco que se pode apontar para o futuro do comércio internacional é o potencial colapso de vários acordos bilaterais ou regionais de comércio. Os Estados Unidos sob a administração Trump têm questionado ativamente não só o funcionamento da Organização Mundial do Comércio (apesar de os EUA serem os mais ativos – e bem sucedidos – utilizadores do Sistema de Resolução de Conflitos) como vários dos acordos bilaterais e regionais de que são subscritores ou que estão em negociação. Exemplos da nova orientação americana são a intenção de renegociar a Área de Livre Comércio da América do Norte (NAFTA, na sigla inglesa), um acordo

---

[46] A OMC mantém um 'Sistema de Informação sobre os Acordos Regionais de Comércio' que regista todos os acordos notificados ou anunciados. A sua base de dados é pública. Em Abril de 2018, contabilizava mais de 450 acordos, abrangendo todos os estados membros da OMC.

3 · POLÍTICA COMERCIAL EXTERNA

que regula as trocas entre os EUA, México e Canadá desde 1994, o abandono da Parceria Trans-Pacífico (TPP, na sigla inglesa), uma zona de comércio livre acordada em 2016 por 12 países em torno do oceano Pacífico,[47] e o bloqueio da Parceria Transatlântica de Comércio e Investimento (TTIP, na sigla inglesa), que vinha a ser negociada há vários anos entre os EUA e a União Europeia.

Tal como os defensores da NAFTA apontam os enormes benefícios que o acordo proporcionou aos três países participantes ao longo das últimas duas décadas e meia (e.g. Hufbauer, Cimino, e Moran, 2014; Caliendo e Parro, 2015), os promotores do TTIP destacam os ganhos de comércio que poderiam ser gerados com a criação de uma zona de comércio livre entre as duas maiores economias mundiais (ECORYS, 2017). Além disso, argumentam que tal acordo teria um importante efeito de demonstração para a revitalização das negociações comerciais multilaterais, já que todos os restantes países terão um incentivo em não ser excluídos destes dois enormes mercados.

Anote-se que as dúvidas norte-americanas quanto ao sistema de trocas internacionais não têm sido partilhadas pela maioria das restantes grandes economias mundiais. A União Europeia reagiu à suspensão das negociações da TTIP, em 2016, com a aceleração de outros acordos bilaterais, tendo finalizado entre 2017 e 2018 vários tratados bilaterais importantes (e.g. Canadá, Japão e México). Vários outros estão a ser negociados (Mercosul,[48] Chile, India, ASEAN[49]). Igualmente, apesar do abandono da TPP por parte dos EUA (que haviam sido o seu grande impulsionador), os restantes 11 signatários decidiram avançar com a Parceria, tendo assinado em Janeiro de 2018 um acordo nesse sentido ("Comprehensive and Progressive Agreement for Trans-Pacific Partnership)".

A China é outro importante ator internacional que, tendo beneficiado enormemente das condições favoráveis em que acedeu à OMC (beneficiando do estatuto de país em desenvolvimento e, enquanto tal, do sistema de preferências generalizadas), tem vindo a transferir progressivamente o centro da sua política comercial para acordos bilaterais e regionais. Vários dos acordos

---

[47] Os signatários do TPP são: Austrália, Brunei, Canada, Chile, Estados Unidos, Japão, Malásia, México, Nova Zelândia, Peru, Singapura e Vietname.

[48] O Mercosul integra a Argentina, Brasil, Paraguai, Uruguai e Venezuela, embora a participação desta última tenha sido suspensa em Agosto de 2017 por violação do compromisso democrático a que estão sujeitos os membros do Mercosul. A adesão da Bolívia foi acordada em 2015 e encontra-se em processo de ratificação pelos parlamentos nacionais dos restantes membros.

[49] A ASEAN, sigla inglesa da Associação de Nações do Sudeste Asiático, tem por membros Birmânia, Brunei, Camboja, Filipinas, Indonésia, Laos, Malásia, Singapura, Tailândia e Vietnam.

COMÉRCIO INTERNACIONAL

assinados procuram consolidar o projeto de uma "nova rota da seda", que pretende pôr a China no centro da economia mundial através de uma rede de transportes terrestres e marítimos que a liguem ao resto da Ásia e à Europa. Mas a ambição chinesa vai muito para além desse projeto, procurando aprofundar as ligações comerciais e económicas com África e as Américas.

Como se explica acima, o futuro do comércio internacional dependerá do equilíbrio de várias forças de sinal distinto. O sistema multilateral continuará a ser posto em causa pelo crescimento do protecionismo, assim como pela profusão de acordos bilaterais ou regionais. Contudo, estes últimos podem também ser a base para a renovação das negociações no âmbito da OMC com vista um novo acordo global para o comércio de bens e serviços e para o investimento, de forma a continuar a aprofundar um sistema de trocas livres e justas que tenha em conta os desafios específicos dos países menos desenvolvidos – ou seja, de forma a concretizar a agenda de Doha.

Capítulo 4
Outros Tópicos de Comércio Internacional

Nos últimos 20 anos a economia mundial evoluiu muito rapidamente, refletindo-se em alterações estruturais em termos do comércio mundial. Neste capítulo exploram-se as principais variáveis suscetíveis de explicar os padrões de comércio, analisa-se o papel das cadeias de valor global e implicações das mesmas para os fluxos de comércio, apresentam-se as principais teorias explicativas do IDE, assim como o impacto deste quer no país recetor quer no de origem, e estuda-se a relação entre inovação, crescimento económico e comércio internacional.

Objetivos de aprendizagem:
- Identificar os principais elementos associados aos modelos gravitacionais;
- Reconhecer o impacto das cadeias de valor global nos fluxos de comércio internacional, e o papel das empresas multinacionais e da política comercial na criação e desenvolvimento dessas cadeias;
- Compreender as diferentes motivações subjacentes às operações de investimento direto no exterior e os seus possíveis efeitos nos países de destino e de origem;
- Compreender as abordagens teóricas explicativas da atividade das empresas multinacionais e do IDE;
- Compreender a relação entre inovação, crescimento económico e comércio internacional.

4.1. A EQUAÇÃO GRAVITACIONAL E PADRÕES DE COMÉRCIO

4.1.1. A EQUAÇÃO BASE

A equação gravitacional do comércio internacional tem tido uma aplicação extensiva em estudos empíricos que estudam os fluxos bilaterais de comércio. O seu sucesso deve-se à grande capacidade explicativa que apresenta para a intensidade de comércio registado entre pares de países/economias – com resultados estatisticamente validados de um modo sistemático.

Na proposta inicial de Tinbergen (1962), a equação gravitacional (assim designada por analogia com a lei da gravidade de Newton) é a seguinte:

$$T_{ij} = A * Y_i * Y_j / D_{ij}$$

onde T_{ij} representa o valor do comércio (exportações / importações) entre o país i e o país j, A é uma constante, $Y_{i\,(j)}$ corresponde ao PIB do país i (j) e D_{ij} refere-se à distância entre o país i e o país j.

Na sua forma base a equação gravitacional assume que apenas a dimensão (económica) e a distância (geográfica) são importantes para o comércio, prevendo que o volume de comércio entre dois países está diretamente relacionado com o PIB de cada parceiro comercial (dimensão) e é inversamente proporcional à distância geográfica entre eles. Assim, do ponto de vista de uma economia nacional a equação enuncia que a intensidade de comércio (exportação/importação) será maior quanto maior for a economia parceira (de destino/ou origem). Considerando parceiros comerciais com dimensões económicas idênticas o comércio será menos intenso quanto maior for a distância geográfica a que estes se encontram da economia em causa.

A dimensão de uma economia está diretamente relacionada com o volume de importações e de exportações na medida em que, por um lado, economias de maior dimensão produzem mais bens e serviços pelo que têm mais capacidade de produzir excedentes para vender no mercado externo. Por outro lado, economias maiores geram mais rendimento pelo que sustentam níveis de consumo superiores que podem estar associados a maiores necessidades de importar. Por sua vez, quanto maior a distância geográfica entre os países, maiores tendem a ser os custos de transporte e de transação, o que consequentemente agrava os custos das importações e das exportações, afetando negativamente os fluxos de comércio.

Analisando os fluxos comerciais (importações e exportações) entre pares de países podem facilmente constatar-se as relações mencionadas. Por exemplo, para um país como a Alemanha (ou outro), para que países exporta e quais os países origem das importações? A tabela 4.1 indica os 10 principais parceiros comerciais da Alemanha em 2016.

Tabela 4.1: Principais parceiros comerciais da Alemanha, 2016

País	% das exportações, 2016	País	% das importações, 2016
EUA	8,8%	China	9,9%
França	8,3%	Holanda	8,7%
Reino Unido	7,0%	França	6,9%
Holanda	6,5%	EUA	6,2%
China	6,4%	Itália	5,4%
Itália	5,0%	Polónia	4,9%
Áustria	4,9%	Suiça	4,7%
Polónia	4,4%	República Checa	4,4%
Suiça	4,1%	Áustria	4,0%
Bélgica	3,4%	Bélgica	4,0%

Fonte: Nações Unidas, UN Comtrade database

A tabela 4.1 permite constatar que vários dos 10 principais parceiros comerciais da Alemanha, em 2016, foram também das maiores economias em termos de PIB. Na Europa, França e Holanda são dois dos 10 principais destinos das exportações assim como de origem das importações alemãs. Na Ásia, destaca-se a China e na América do Norte os EUA. Estes quatro países encontram-se entre as 10 principais economias mundiais em termos de PIB. Desta forma, pode questionar-se porque é que a Alemanha comercializa mais com os EUA ou China e não com outros países americanos/asiáticos a uma distância semelhante da Alemanha. Tal pode explicar-se pela dimensão destas economias: EUA e China lideram a lista das maiores economias mundiais em termos de dimensão económica, como evidenciado na tabela 4.2.

COMÉRCIO INTERNACIONAL

Tabela 4.2: Principais economias mundiais em termos de PIB (Top 10, 2016)

	% do PIB mundial, 2016
Estados Unidos	24,5%
China	14,8%
Japão	6,5%
Alemanha	4,6%
Reino Unido	3,5%
França	3,2%
Índia	3,0%
Itália	2,5%
Brasil	2,4%
Canadá	2,0%

Fonte: Banco Mundial

Adicionalmente, e no que se refere às exportações alemãs, constata-se que apesar da Holanda se encontrar apenas em 18º lugar em termos de PIB, recebeu 6,5% das exportações alemãs, em 2016. Tal resulta do facto da distância entre estes países ser reduzida, sendo países vizinhos. Com efeito, estimativas do efeito da distância a partir do modelo gravitacional preveem que um aumento de 1% na distância entre países está associada a um decréscimo no volume das trocas de cerca de 1% (Ghemawat, 2001).

4.1.2. OUTROS FATORES EXPLICATIVOS DOS PADRÕES DE COMÉRCIO

Além da dimensão dos mercados e da distância geográfica que os separa, outros fatores influenciam o comércio internacional. Assim, à medida que se foi generalizando a aplicação empírica da equação gravitacional no estudo de outros fatores determinantes dos fluxos de comércio, a sua formulação base foi sendo expandida. A equação passou a incluir novas variáveis, nomeadamente, as que afetam, respetivamente, a oferta de exportações e a procura de importações – PIB per capita e, ou, população. A que acrescem outros fatores que, genericamente, afetam os custos de transação internacional – os fatores facilitadores reduzem custos e, como tal, têm um impacto positivo no comércio; por sua vez os fatores obstrutores criam custos e como tal têm um impacto negativo no comércio. Estes fatores, que passaram a integrar a equação gravitacional consoante as suas aplicações, organizam-se em três dimensões: geográfica, histórica/cultural e político/económica.

Os fatores da dimensão **geográfica** vão além da mera distância física, e avaliam a existência de infraestruturas básicas para a ocorrência do comércio: portos marítimos/ fluviais; a dimensão geográfica do país versus respetiva infraestruturas de transportes e comunicação. Espera-se que o comércio seja mais intenso com países que apresentem estas características. Acresce que a existência de uma fronteira terrestre comum também é um fator facilitador que se traduz numa maior intensidade de trocas comerciais.

Os fatores da dimensão **histórico/cultural** constatam que se dois países possuem laços culturais fortes – partilham a mesma língua – ou possuem ligações históricas fortes – ex-colónia, ex-colonizador ou ex-colonizador comum – é muito provável que também tenham fortes laços económicos. As circunstâncias anteriores facilitam as interações entre agentes económicos dos países em causa, ou seja, incentivam ao comércio entre eles.

Na dimensão **político/económica,** entre vários fatores identificados salienta-se a política comercial – os Acordos de Comércio Preferencial reduzem ou eliminam as barreiras/entraves às transações transfronteiriças e como tal intensificam os fluxos de comércio entre os países signatários. Em contraste, as sanções económicas produzem o resultado oposto. A existência de uma moeda comum entre países intensifica o comércio bilateral porque não existe risco cambial nestas transações, enquanto com países terceiros aquele risco está presente. A presença de subsidiárias de empresas multinacionais, se estiverem integradas em cadeias de valor global tem associados fortes trocas comerciais intra-firma, i.e. com sucursais em outros países e com impacto positivo nos fluxos de comércio internacional.

Tomando como exemplo o comércio internacional português, facilmente se confirma a importância de algumas destas variáveis (ver tabelas 1.12 e 1.13 do Capítulo 1). Por exemplo, em 2016, 3% das exportações portuguesas tiveram como destino Angola, o que pode ser explicado por fatores históricos//culturais. Os mesmos fatores permitem explicar que 1,7% das importações portuguesas tenham origem no Brasil (ocupa a 10ª posição em termos de fornecedores).

Por fim a equação gravitacional do comércio também suscitou novos desenvolvimentos teóricos. Na sua origem era um instrumento operacional

COMÉRCIO INTERNACIONAL

de análise dos fluxos bilaterais de comércio que apresentava resultados empíricos muito bons. Contudo, na literatura as críticas eram recorrentes pelo facto da equação não estar teoricamente fundamentada, isto é, de não derivar diretamente de nenhum modelo explicativo do comércio internacional. Esta questã ganhos eficiência o foi superada à medida que vários autores foram desenvolvendo os fundamentos teóricos da equação gravitacional.[50] Por sua vez estes fundamentos teóricos também contribuíram para avanços nas aplicações empíricas, levando à utilização de métodos de estimação mais rigorosos e um conhecimento mais preciso das relações espaciais identificadas pela equação.[51]

4.2. CADEIAS DE VALOR GLOBAL

4.2.1. DEFINIÇÃO E FATORES EXPLICATIVOS

Nos últimos anos tem-se assistido ao interesse crescente no estudo e compreensão das cadeias de valor global (CVG). Uma **cadeia de valor**[52] inclui todas as atividades executadas pelas empresas por forma a colocar um produto no mercado, desde a conceção, design, produção, marketing, logística, até à distribuição. Esta cadeia de valor pode organizar-se de diferentes modos (ver Tabela 4.3).

Tabela 4.3: Organização das cadeias de valor

	Dentro do país	Fora do país
Fora da empresa	Subcontratação doméstica	Subcontratação internacional
Dentro da empresa	Produção interna	Investimento direto estrangeiro (IDE)

Fonte: Adaptado de Banco Mundial (2017, p. 19)

---

[50] Neste âmbito destacam-se os contributos de Anderson (1979), Bergstrand (1989), Deardoff (1998) e Evenett e Keller (2002).

[51] Para uma análise sobre os fundamentos teóricos da equação gravitacional do comércio e como estes afetam a implementação empírica ver Anderson (2011). Carrère (2006) e Baldwin e Taglioni (2007) mostram que a incorreta aplicação da equação origina avaliações incorretas do efeito comercial de certas políticas.

[52] Cadeia de valor pode ter uma incidência restrita às atividades de uma empresa ou uma geografia.

4 · OUTROS TÓPICOS DE COMÉRCIO INTERNACIONAL

O estudo das CVG surge da necessidade de conhecer e compreender melhor o modo como, em certos casos a cadeia de valor está repartida por múltiplas empresas e dispersa por vários países. As CVG desenvolvem-se quando há uma fragmentação internacional da produção, isto é, há uma cadeia produtiva que se desenvolve interligando múltiplas empresas em várias geografias. Assim, as empresas multinacionais com as suas atividades e os seus investimentos diretos foram/são cruciais no estabelecimento das cadeias de valor globais.

A emergência destas cadeias de valor globais resultou, por um lado, do desenvolvimento das tecnologias de informação e comunicação, assim como de transporte, e, por outro lado, da liberalização do comércio e investimento que possibilitou às empresas dispersar as suas atividades internacionalmente, obtendo ganhos de eficiência.

O desenvolvimento das cadeias de valor globais tem várias consequências importantes: torna as economias envolvidas cada vez mais interligadas/ /interdependentes; tem repercussões na especialização dos países; e tem impacto nos fluxos de comércio internacional. As economias participantes especializam-se em certas atividades ou fases específicas da cadeia de valor em vez de se especializarem no produção integral. Assim, as CVGs oferecem a possibilidade de os países participarem no comércio internacional desde que sejam eficientes a produzir apenas alguns componentes ou a executar algumas tarefas, em vez de produtos completos. A participação nas CVG é fundamental para o desenvolvimento económico de um país pois contribui para a criação de emprego e aumento do rendimento.A participação de um país nas CVG depende de vários fatores, tais como: reduzidos obstáculos ao comércio internacional (como tarifas, por exemplo) e ao IDE, um adequado ambiente de negócios, uma boa qualidade das infraestruturas e instituições, a estrutura da indústria, a localização geográfica, (OCDE, 2014).

A especialização em atividades específicas decorrente das CVG tem consequências ao nível do comércio internacional que passa a registar elevados fluxos de bens e serviços intermédios que resultam numa sobreavaliação do comércio internacional. Na medida em que bens intermédios importados são incorporados nos bens exportados as exportações estão "sobreavaliadas" naquele valor. Desta forma, a crescente importância das cadeias de valor globais exige que se repense a forma como as estatísticas do comércio e produção são recolhidas na medida em que as tradicionais estatísticas de comércio não identificam de forma apropriada a transferência de valor entre os países.

4.2.2. IMPLICAÇÕES PARA OS FLUXOS DE COMÉRCIO INTERNACIONAL

Tradicionalmente as estatísticas do comércio internacional são recolhidas em termos brutos. Consequentemente, o valor dos inputs intermédios é exportado múltiplas vezes – após a primeira incorporação e de cada vez que forem transacionados internacionalmente ao longo da cadeia de valor. Desta forma, o país/economia em que se localiza o produtor final aparece nas estatísticas como exportando uma maior parcela do valor dos bens/serviços negociados, enquanto o papel dos países que fornecem bens intermédios a montante é subavaliado.[53] Ou seja, muitos dos bens e serviços que consumimos têm origem em vários países (resultado da cadeia de produção global), mas as estatísticas de comércio bilaterais e medidas da produção a nível nacional (ver capítulo 1) tornam difícil visualizar a cadeia de produção, pois não refletem os fluxos de comércio dentro dessas cadeias de produção. Adicionalmente, as medidas tradicionais do comércio (recolhidas em termos brutos) estão influenciadas pela dupla contagem do valor dos bens intermédios em transações internacionais (ver Figura 4.1).

Figura 4.1: Comércio em valor acrescentado

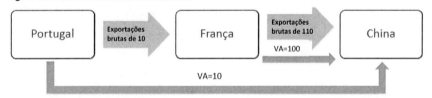

Fonte: Adaptado de OCDE (2013, p.15)

Suponha-se, por exemplo, que Portugal exporta para França 10 milhões de euros de bens produzidos na totalidade no país (por exemplo, rolhas de cortiça para garrafas de Champanhe). Posteriormente, França integra estes bens na produção do Champanhe que depois exporta para a China por 110 milhões de euros, onde são consumidos. Portanto, França não acrescenta valor aos bens no montante de 110 milhões de euros mas apenas de 100 milhões. Olhando para as medidas tradicionais de comércio, estas irão evidenciar

---

[53] Este facto torna difícil identificar a real contribuição das exportações de um país para o emprego e rendimento desse país.

comércio total (exportações e importações) no montante de 120 milhões de euros. Contudo, na produção dos bens apenas foi gerado valor de 110 milhões já que há uma dupla contagem do valor dos bens intermédios, neste caso as rolhas.[54] Note-se ainda que as medidas tradicionais de comércio evidenciarão que a China tem um défict comercial de 110 milhões de euros com França e nenhum comércio com Portugal, apesar de no exemplo Portugal beneficiar de parte do consumo da China. Tendo em conta o valor acrescentado, a China terá um deficit de 100 milhões de euros com França e de 10 milhões de euros com Portugal.

No exemplo exposto, o valor dos bens intermédios é relativamente reduzido em comparação com o valor do bem final. Contudo, existem situações em que o valor desses bens intermédios é mais relevante, pelo que o problema da dupla contagem do valor destes bens inflaciona significativamente os valores relativos ao comércio internacional. Considerando ainda que, por sua vez, os bens intermédios podem incorporar matérias-primas ou componentes com origem noutros países, facilmente se percebe que as estatísticas tradicionais do comércio internacional dão uma ideia incorreta dos reais beneficiários do consumo realizado pelos países que adquirem os bens finais.

Por forma a exemplificar esta questão, vários autores têm recorrido a exemplos de produtos eletrónicos, como um iPod ou um iPhone da Apple. Estes produtos de alta tecnologia são montados na China, pelo que contribuem significativamente para as exportações Chinesas. Contudo, estes produtos incorporam componentes com origem em vários países, como a Alemanha, Coreia do Sul ou EUA (ver Figura 4.2).

---

[54] Quando o comércio internacional é calculado com base na agregação de todos os fluxos bilaterais medidos em termos brutos tal faz com que se considere várias vezes o valor de algum trabalho, capital ou inputs intermédios (tantas quantas o produto intermédio é objeto de transação transfronteiriça para processamento adicional).

Figura 4.2: Origem dos inputs intermédios usados na produção de 10 milhões de iPhone 4 exportados da China para os EUA

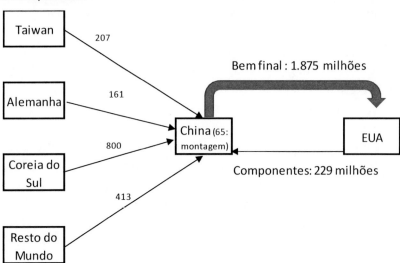

Fonte: OCDE-OMC (sd, p.7)

Olhando para as trocas bilaterais entre a China e os EUA, contata-se que os EUA apresentam um deficit de 1.646 milhões de dólares (correspondente às suas exportações – $229 milhões – menos as respetivas importações – $1.875 milhões). Contudo, o valor acrescentado pela China corresponde apenas a uma pequena parte do valor destes produtos. Constata-se, pois, que cerca de 43% do valor dos componentes usados na produção do iPhone 4 (ex. processador de aplicativos, memória DRAM) tem origem na Coreia do Sul. Note-se que, por sua vez, estes componentes (produzidos na Coreia pela LG e Samsung, por exemplo) usaram inputs que poderão ter sido importados, inclusivé da China. Refira-se, ainda, que parte dos iPhones importados pelos EUA poderão não ser "consumidos" no próprio país, ou seja, poderão ser exportados por exemplo para o Canadá ou mesmo regressar à China. Desta forma, o problema da dupla contagem presente nos fluxos brutos é agravado.

Existe, pois, uma consciência crescente de que o modo como as estatísticas atuais do comércio internacional são recolhidas podem dar uma imagem errada do mesmo, sendo necessário desenvolver formas mais precisas de recolher essas estatísticas. A iniciativa conjunta da OCDE e OMC relativa ao comércio em valor acrescentado (*Trade in value added – TiVA*) procura resolver esta questão, ao considerar o valor acrescentado de cada país na produção dos bens e serviços que são consumidos em todo o mundo.

Os indicadores TiVA permitem ter uma perceção mais correta das relações comerciais entre os diferentes países resultantes da existência de cadeias de valor globais. No exemplo acima, se forem tidos em conta os fluxos de valor acrescentado, a relação comercial entre os países altera-se substancialmente: o déficit comercial dos EUA com a China cai para $65 milhões (correspondente ao valor da montagem na China), passando a ter um déficit de $207 milhões com Taiwan, $164 milhões com a Alemanha, $800 milhões com a Coreia do Sul e $413 milhões com o Resto do Mundo. O comércio em Valor Acrescentado mede, assim, o valor que é acrescentado por um determinado país na produção de qualquer bem ou serviço que é exportado (por exemplo, a remuneração do trabalho, impostos e lucros). Tem a vantagem de evitar a dupla contagem implícita nos fluxos brutos do comércio.

A desagregação dos dados de exportação brutos nas suas componentes de valor acrescentado permite mostrar o papel desempenhado pelas economias nas CVG. Em particular, o valor acrescentado nas exportações de um determinado país (por exemplo China) pode dividir-se em valor acrescentado externo e valor acrescentado doméstico/interno (ver figura 4.3).

Figura 4.3: Componentes de valor acrescentado das exportações brutas

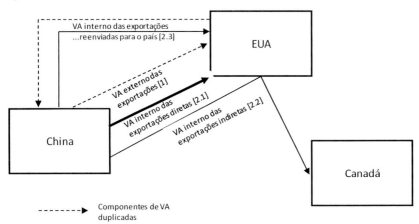

Fonte: adaptado de OMC (2014, p83)

O valor acrescentado (VA) externo das exportações ([1] na figura 4.3) corresponde ao valor acrescentado dos inputs que foram importados para produzir bens/serviços intermédios ou finais que posteriormente são exportados, ou seja, VA externo incorporado nas exportações de bens finais ou intermédios.

No exemplo da figura 4.2, o VA externo é de 1.810 milhões de dólares. Este VA externo é contado duas vezes, inflacionando o valor do comércio.

Por sua vez, o valor acrescentado interno das exportações pode ser decomposto em três componentes:

(i) **valor acrescentado incorporado nas exportações diretas** ([2.1] da figura.4.3.): relativo a bens, finais ou intermédios, que são diretamente consumidos pelo país importador – por exemplo, EUA, significando que os bens/serviços cruzam a fronteira uma única vez;

(ii) **valor acrescentado incorporado nas exportações indiretas** ([2.2] da figura 4.3): relativo a bens intermédios ou finais exportados para os EUA que posteriormente os reexporta para um terceiro país – por exemplo, Canadá; esta componente ocorre quando os bens ou serviços exportados cruzam fronteiras mais do que uma vez pelo que evidencia a participação de uma economia nas cadeias de valor globais.

(iii) **valor acrescentado dos bens ou serviços exportados que, posteriormente, são reimportados** pelo próprio país ([2.3] da figura. 4.3): valor acrescentado doméstico presente nas importações Chinesas. Também aqui existe uma "dupla" contagem do valor, sobreavaliando o valor do comércio.

É geralmente reconhecido que o comércio internacional contribui para o crescimento económico de um país. Contudo, o facto das exportações incorporarem significativas quantidades de bens intermédios importados torna difícil identificar a verdadeira contribuição das exportações para esse crescimento económico. Para isso, torna-se essencial desagregar essas exportações nas diferentes componentes de valor acrescentado.

4.2.3. IMPLICAÇÕES PARA A POLÍTICA COMERCIAL EXTERNA

Por último, refira-se a importância da política comercial externa para o bom funcionamento destas cadeias de valor global na medida em que o comércio associado às CVG está particularmente exposto aos custos do comércio, como tarifas, custos de transporte e seguros, ou outras taxas transfronteiriças.[55] Com efeito, as importações são essenciais para as exportações, especialmente

---

[55] Estes custos comerciais amplificam quando os bens intermédios são importados e depois reexportados para terceiros países.

nas cadeias de valor complexas, como por exemplo a eletrónica. Assim, a proteção comercial tem efeitos negativos que são agravados nas CVG que incluem várias transações transfronteiriças, quando peças e componentes cruzam as fronteiras muitas vezes. Nestas circuntâncias, a existência de tarifas e barreiras não-tarifárias, ao encarecer as componentes importadas, irá, por sua vez, dificultar as exportações.

As restrições à exportação também podem afetar o funcionamento eficiente das CVG e aumentar os custos. Em contrapartida, medidas de facilitação do comércio (e.g. procedimentos portuários e aduaneiros rápidos e eficientes) contribuem para o bom funcionamento das CVG. Também a convergência das normas e requisitos de certificação entre os países e acordos de reconhecimento mútuo podem reduzir os encargos das empresas exportadoras, facilitando a sua integração nas cadeias de valor global.

Os acordos comerciais terão um maior impacto se cobrirem várias dimensões das CVG (e.g. liberalização comercial; investimento estrangeiro; mobilidade de pessoas). Com efeito, dado o importante papel das empresas multinacionais nas CVG, reduzir as barreiras ao investimento é uma forma eficiente para um país se integrar nas mesmas. Pelo contrário, restrições ao investimento transfronteiriço (e.g. IDE) impedem o funcionamento eficiente das CVG podendo afetar negativamente o bem-estar quer do país de origem quer do de acolhimento.

Note-se que o facto das importações de um país poderem também incorporar uma parte de VA interno (ver [2.3] da figura 4.3) tem importantes implicações em termos de política comercial. Por exemplo, sabe-se que as medidas antidumping impostas pela União Europeia às importações de calçado da China e do Vietname em 2006 tiveram um impacto negativo em alguns tipos de serviços na UE porque as importações de calçado incorporavam um significativo VA com origem no interior da União Euporeia (e.g. design e distribuição).

Refira-se ainda que os serviços (e.g. serviços de negócios, transporte e logística) representam mais de metade da criação de valor nas CVG em muitos países da OCDE. A própria fragmentação internacional da produção foi facilitada pelos avanços nos serviços de transporte e logística, e pelos desenvolvimentos nas tecnologias de informação e comunicação, como mencionado anteriormente. Menores custos e melhorias nestes serviços permitem às empresas gerir processos de produção dispersos geograficamente. Desta forma, reformas regulatórias e a liberalização do comércio de serviços,

COMÉRCIO INTERNACIONAL

nomeadamente através da presença comercial, bem como o investimento em serviços, são essenciais para aumentar a concorrência e aumentar a produtividade e a qualidade dos serviços.

Em síntese, embora a abolição de tarifas seja um ponto de partida para a criação de novas oportunidades comerciais, as cadeias de valor também requerem serviços eficientes e a possibilidade de mover as pessoas, capital e tecnologia entre os países.

4.3. MULTINACIONAIS E INVESTIMENTO DIRETO ESTRANGEIRO (IDE)

4.3.1. CONCEITO E PRINCIPAIS CARACTERÍSTICAS DO IDE

Como evidenciado no primeiro capítulo, o contexto atual de globalização e interdependência crescente entre economias tem sido acompanhado por uma expansão sem precedentes dos movimentos internacionais de capital, incluindo um enorme aumento do investimento direto estrangeiro (IDE). Desta forma, afigura-se relevante apresentar de forma sucinta e objetiva os principais traços característicos do IDE, recorrendo para esse efeito à definição proposta pela OCDE e pelo FMI, que constitui a principal referência neste contexto.

Assim sendo, o IDE é uma categoria de investimento internacional que reflete o objetivo de uma entidade residente num dado país (investidor direto) obter um interesse duradouro numa empresa ou entidade residente numa outra economia que não a do país investidor. "Interesse duradouro" implica neste contexto a existência de uma relação de longo prazo entre as duas entidades, assim como um grau significativo de influência exercida pelo investidor na gestão da empresa estrangeira. De acordo com as organizações acima referidas, uma posição de controlo (ou influência) corresponde à detenção de pelo menos 10% do capital social ou dos direitos de voto na empresa estrangeira.

O IDE é uma forma de internacionalização à qual estão associadas as empresas multinacionais (EMN),[56] que detêm e controlam operações em mais do que um país. As multinacionais constituem assim os agentes económicos que realizam o IDE, sendo caracterizadas por apresentar uma sede que está

---

[56] Que normalmente são unidades de grande dimensão, ainda que uma característica da economia mundial nos anos mais recentes consista no número crescente de pequenas e médias empresas que se tornaram multinacionais.

localizada no país de origem da empresa investidora (a empresa-mãe) e por possuírem uma ou várias empresas afiliadas (filiais ou subsidiárias) no(s) país(es) de acolhimento com as quais existe um forte relacionamento e interdependência.

Para além da categoria mais comum de participação no capital social por aquisição ou criando uma nova empresa, o IDE faz-se, ainda, através de outros mecanismos, como os lucros não distribuídos (ou reinvestidos), que corresponde à parcela dos lucros a que o investidor estrangeiro tem direito por via da sua participação no capital da filial e que são reinvestidos no país de acolhimento, ou os empréstimos e outras transferências similares de capital (por ex. suprimentos) efetuadas entre a casa-mãe e as suas filiais.

Uma mais completa compreensão do conceito de IDE implica a sua distinção face ao denominado investimento de carteira ou investimento de portfolio. Este traduz-se tão-somente na aquisição por um indivíduo ou entidade de parcelas de capital numa empresa localizada no exterior, sem controlo da sua gestão. Ou seja, o objetivo que lhe está subjacente é a realização de mais-valias sobre os títulos detidos, pelo que os únicos recursos transferidos internacionalmente são de natureza financeira.

Em síntese, observa-se, assim, que o IDE apresenta algumas características distintivas relativamente a outros fluxos de capital. Em primeiro lugar, trata-se de um investimento com uma perspetiva de explorar a longo prazo os recursos investidos, por contraposição ao investimento de carteira, que tem um carácter de curto prazo. Em segundo lugar, o IDE tem como propósito adquirir significativa capacidade de influência sobre a(s) empresa(s) situada(s) no país de destino, mediante uma participação no respetivo capital social suficiente para lhe conceder poder interventivo nas suas decisões estratégicas. Daqui resulta que ao IDE está subjacente a transferência para um país diferente do de origem de um "pacote" de recursos onde se inclui capital financeiro mas também ativos intangíveis (tecnologia, *know-how*, quadros técnicos, técnicas de gestão, etc.).

É possível considerar três diferentes eixos de análise desta forma de operação internacional das empresas: modo de estabelecimento, tipo de propriedade e tipo de atividade desenvolvida.

Começando pelo **modo de estabelecimento ou concretização do IDE**, pode distinguir-se entre um investimento novo/de raiz e uma aquisição. Cada uma das duas alternativas tem diferentes vantagens e desvantagens, dependendo a escolha tanto das características da empresa investidora (grau

COMÉRCIO INTERNACIONAL

de diversificação, conhecimento do país de destino, grau de experiência internacional, distância cultural, etc.) como das condições da indústria (em termos de capacidade produtiva ou de intensidade de I&D).

No caso em que o investidor opta por um investimento de raiz (ou *green-field investment*), terá de edificar uma nova empresa no exterior e despender todos os esforços necessários para tal, como sejam a obtenção do espaço físico necessário às atividades, o recrutamento e formação dos recursos humanos, ou a criação de uma marca e de redes de distribuição. A empresa investidora dispõe de liberdade total para executar todas estas tarefas, podendo criar uma subsidiária exatamente nas condições que considere ideais e livre de "vícios", tornando-se mais fácil absorver e enraizar a cultura organizacional da empresa-mãe desde o início do funcionamento da subsidiária. É, contudo, uma forma de investimento mais morosa, que requer normalmente mais recursos técnicos e de gestão, e a que está associado, também, um maior risco, já que a empresa estrangeira habitualmente não conhece o mercado e não tem prática de lidar com a burocracia no novo país. Ao mesmo tempo, deve reconhecer-se que a possibilidade de a nova unidade demorar muito tempo a iniciar a laboração (em resultado por exemplo de constrangimentos que sejam colocados por diferentes entidades da administração pública do país estrangeiro) poderá permitir a potenciais concorrentes antecipar a entrada da nova empresa, aumentando a capacidade instalada ou adotando uma estratégia comercial agressiva. Além disso, a criação de uma unidade de raiz aumenta a capacidade produtiva do setor, o que pode ter implicações no mercado a que se destinam os bens ou serviços produzidos.

Quanto à alternativa da aquisição (concretizada na sequência de operações de fusões, aquisições ou privatizações), consiste em tomar parte ou a totalidade do capital de uma empresa já existente no país de destino. Proporciona uma entrada mais rápida no mercado e é, normalmente, um investimento menos arriscado, pois possibilita a obtenção imediata dos ativos tangíveis e intangíveis afetos à empresa adquirida, onde se incluem as próprias unidades produtivas e respetivos sistemas logísticos, os seus recursos humanos, as competências e capacidades de gestão, rede de distribuição, quota de mercado, etc. Por sua vez, apresenta como desvantagens a dificuldade de conjugar uma cultura empresarial já existente com a da empresa adquirente, o risco de se deparar com surpresas desagradáveis não identificadas durante o processo de *due deligence* anterior à compra, a possibilidade de uma má seleção da empresa-alvo (no que respeita à avaliação do seu real valor ou ao seu posicionamento no mercado, por exemplo), ou ainda o risco de uma reação adversa por parte da empresa adquirida ou dos seus clientes.

Um segundo critério relevante de classificação do IDE, quer se trate de um projeto inteiramente novo ou da aquisição de uma empresa existente, diz respeito ao **tipo de propriedade**. Em função do grau de controlo necessário ou desejado pela empresa, pode assumir a forma de *joint-venture* ou *sole-venture* (subsidiária a 100%). O primeiro caso envolve a criação de uma nova entidade jurídica, cujo capital é repartido entre duas ou mais empresas por forma a empreender em conjunto uma determinada atividade económica ou concretizar um dado negócio. Trata-se de um acordo em que as empresas envolvidas concordam partilhar ativos e resultados financeiros (lucros ou prejuízos), assim como o controlo da gestão da nova empresa, implicando um relacionamento de longo prazo. No caso mais frequente, uma *joint-venture* tem lugar quando uma EMN partilha a propriedade de uma empresa num país-alvo com interesses locais, privados ou públicos, sendo frequentemente estimulada ou mesmo imposta pelas autoridades dos países recetores de IDE, sobretudo nos países em desenvolvimento. Neste contexto, pode ser classificada como maioritária, minoritária ou 50/50, consoante o tipo de participação que cada uma das empresas possui.

No que diz respeito às diversas vantagens que lhe estão associadas, pode destacar-se o facto de uma *joint-venture* combinar as forças das várias empresas--mãe e possibilitar a criação e exploração de sinergias entre os parceiros, que podem assim complementar as suas aptidões e desenvolver vantagens competitivas que não estavam disponíveis para cada um individualmente. Permite, também, partilhar o risco (dada a partilha de recursos e *know-how* que lhe está associada), facilitar o acesso a financiamento (já que reúne a capacidade de financiamento de diferentes investidores), assim como aumentar a eficiência em resultado da obtenção de economias de escala em termos de recursos e processos de produção. Para além disso, pode facultar o acesso a tecnologia e a mercados "distantes",[57] assim como conhecimento sobre concorrentes, cultura, língua, política e sistemas empresariais do país de acolhimento, permitindo ainda reforçar a competitividade da empresa, pela antecipação face aos movimentos dos concorrentes e como forma de ganhar acesso a redes globais e superar a existência de barreiras à entrada. Quanto às principais desvantagens que lhe estão inerentes, situam-se sobretudo

---

[57] O conceito de "distância" em negócio internacional é discutido na secção 4.3.3.

COMÉRCIO INTERNACIONAL

ao nível do relacionamento entre parceiros, na medida em que a propriedade partilhada é potenciadora de conflitos, decorrentes de diferentes culturas empresariais, desentendimentos na gestão corrente da empresa, interesses estratégicos divergentes, ou dificuldades em integrar a *joint-venture* com as operações e gestão diárias de cada uma das casas-mãe. Existe, ainda, o risco de uma das partes ceder acesso à sua tecnologia aos restantes parceiros, uma crítica que tem sido feita frequentemente a propósito dos investimentos de empresas ocidentais na China.

Por sua vez uma *sole-venture* (ou propriedade total) exige a criação ou aquisição de uma filial no estrangeiro cujo capital é detido a 100% pela empresa ou grupo económico do investidor. Daí resulta um elevado controlo da gestão e da tomada de decisões, evitando os problemas associados às negociações de acordos contratuais detalhados ou aqueles resultantes da partilha de decisões, explicados acima. Sendo indubitável que a detenção de uma subsidiária a 100% permite à empresa investidora obter a totalidade dos lucros, há que reconhecer igualmente que constitui o modo de internacionalização que comporta o mais elevado nível de risco devido ao maior compromisso de recursos financeiros e de gestão, bem como uma potencial maior vulnerabilidade relativamente à instabilidade política e económica do país-alvo.

Pode, ainda, considerar-se um terceiro nível de análise em função do **tipo de atividade** desenvolvida no exterior pelas filiais das empresas multinacionais. Distinguem-se desde logo as filiais comerciais, cujo objetivo é promover e comercializar no país recetor os produtos originários da casa-mãe ou de outras filiais, assegurando muitas vezes também os serviços pós-venda. Esta opção é normalmente levada a cabo por empresas com um nível reduzido de internacionalização ou que, por razões endógenas (economias de escala ou características dos produtos), têm a atividade produtiva centralizada num único local. São, igualmente, o tipo de filial mais frequente em pequenas economias que não oferecem vantagens em termos de localização da produção (ver secção 4.3.3.). Numa perspetiva gradualista do processo de internacionalização, pode considerar-se em seguida as filiais produtivas, que desenvolvem uma atividade produtiva muito além do acondicionamento e embalagem do produto final, dependendo as suas características do sector de atividade e das condições do mercado-alvo. Finalmente, podem distinguir-se as filiais de captação de conhecimentos, que pretendem acompanhar e assimilar os desenvolvimentos tecnológicos e de inovação verificados no país de destino (nomeadamente em áreas onde a concorrência já se encontra implantada), ainda que possam ter igualmente funções comerciais e produtivas.

4.3.2. MOTIVAÇÕES DO IDE

Uma vez precisado o conceito de Investimento Direto Estrangeiro e os seus principais traços característicos no contexto dos fluxos internacionais de capitais, cabe agora identificar os determinantes que induzem uma empresa a investir fora das suas fronteiras. Dunning e Lundan (2008) distinguem quatro principais motivações de natureza económica para a produção internacional, em função dos principais objetivos estratégicos das empresas multinacionais:

a) Procura de recursos (*resource-seeking*)

Historicamente, constitui a mais importante motivação para o investimento direto no exterior, tendo como objetivo usar ou adquirir determinados recursos específicos do país de acolhimento. As empresas que realizam IDE com este propósito pretendem dessa forma tornar-se mais rentáveis e competitivas nos mercados que servem (ou pretendem servir) e são essencialmente de três tipos. Em primeiro lugar, aquelas que procuram matérias-primas mais baratas ou de forma a garantir a estabilidade do seu abastecimento. Em segundo, empresas que pretendem explorar recursos naturais que não se encontram disponíveis no seu país de origem, para os utilizarem nas suas próprias operações produtivas ou para venda nos mercados mundiais. Finalmente, empresas em sectores trabalho-intensivos que procuram ter acesso a trabalhadores com salários substancialmente mais baixos que no país de origem, frequentemente pouco qualificados.

Verifica-se, assim, que este tipo de investimento pretende explorar as vantagens comparativas dos países de destino, sendo geralmente realizado por empresas industriais ou de serviços que têm origem em países com escassez de recursos naturais ou com elevados custos salariais.[58] Por outro lado, o investimento orientado para a procura de recursos é fundamentalmente exportador e de uma forma geral caracteriza-se por não incorporar grande valor acres-

---

[58] Do qual constitui exemplo recente o estabelecimento generalizado de call centres na Índia e em outros países em desenvolvimento, como resultado dos avanços de ordem tecnológica no setor das telecomunicações.

COMÉRCIO INTERNACIONAL

centado ou tecnologia diferenciada. Resulta daqui que as filiais estabelecem normalmente escassas ligações com a economia local, exportando uma parte substancial da sua produção para países industrializados (nomeadamente o mercado de origem do investidor).

b) Procura de mercados (*market-seeking*)

Este tipo de investimento é também designado de IDE horizontal, verificando--se quando as empresas procuram aproveitar as oportunidades oferecidas por novos mercados ou, no caso de IDE comercial, aumentar o volume de vendas de forma a beneficiar de economias de escala, reforçando a sua competitividade nos mercados em que estava já presente. Neste caso, características como a dimensão, a sofisticação ou as perspetivas de crescimento dos mercados constituem os principais fatores de atração das multinacionais.

Dependendo da estrutura do setor em termos de economias de escala e de custos de transporte, as EMN procuram explorar as vantagens que possuem, produzindo a mesma linha de bens e serviços no mercado interno ou em diferentes localizações no exterior (*multi-plant firms*). A maior parte das empresas que se enquadram nesta categoria tendem a realizar IDE em mercados que serviam anteriormente através de exportações, onde a elevada dimensão, custos de transporte ou existência de tarifas aduaneiras ou outras restrições ao comércio incentivam a produção local. De acordo com Dunning (1993), existem ainda outras razões que podem induzir esta opção de replicar a mesma atividade em localizações distintas: as empresas podem considerar necessário, como parte da sua estratégia global de produção e marketing, uma presença física nos mercados onde os seus concorrentes se encontrem a operar; a possibilidade de investir num dado mercado como forma de acesso a mercados nacionais ou regionais que lhe estejam adjacentes (por exemplo, o IDE em países da União Europeia); a existência de custos de fornecimento e de transação inferiores àqueles em que a empresa incorre operando à distância; a necessidade de acompanhar as decisões de expansão internacional dos principais clientes ou fornecedores da EMN[59] e ainda por forma a adaptar a produção às necessidades e gostos dos consumidores locais assim como a

---

[59] Vidé o exemplo de várias empresas japonesas fornecedoras de componentes automóveis que estabeleceram unidades de produção nos E.U.A. para abastecer as subsidiárias das principais empresas japonesas da indústria automóvel.

diferentes características dos mercados de destino (nomeadamente a língua, a cultura ou o enquadramento legislativo).

Desta forma, verifica-se uma maior propensão para um investimento desta natureza por parte de empresas que possuam um mercado interno de reduzida dimensão ou que enfrentam elevados custos de transporte, constituindo essa presença no mercado externo uma alternativa à produção doméstica e subsequente exportação. Dessa forma, estes investimentos orientados para o mercado tanto podem ser destruidores de comércio (quando substituem exportações) como promotores do mesmo (caso a empresa recorra à importação de matérias-primas ou bens intermédios, ou quando dá origem a fluxos de trocas de produtos relacionados). A predominância de um ou outro depende do impacto global na estrutura organizativa da multinacional e do papel que a subsidiária desempenha no seio do grupo.

c) Procura de eficiência (*efficiency-seeking*)

Este tipo de investimento, denominado vertical, é normalmente levado a cabo por empresas bastante experientes em operações de envolvimento externo. A sua principal motivação consiste em reestruturar e racionalizar a estrutura de investimentos já existentes, sejam baseados na procura de recursos ou de mercados. Assim sendo, reflete a pretensão das multinacionais em reduzir os custos de produção, concentrando a produção num número restrito de localizações, a partir das quais vão abastecer múltiplos mercados, mas fragmentando geograficamente o processo produtivo ao longo da sua cadeia de valor (originando as CVGs analisadas na secção 4.2.), encontrando para cada etapa o país ou países onde possa ser desenvolvida com menores custos em termos de fatores de produção ou de transação, ou seja, com maior eficiência. Como tal, a empresa investidora consegue tirar partido das diferenças entre países a nível de dotações fatoriais, culturas, quadros institucionais, sistemas económicos ou sistemas políticos. Os benefícios resultantes de uma gestão comum de atividades dispersas geograficamente traduzem-se na redução de custos de transporte, de comunicação ou de coordenação, na obtenção de economias de escala e de experiência, assim como na diversificação do risco de investimento.

As empresas que levam a cabo investimentos orientados para a eficiência pretendem criar processos produtivos à escala internacional, tendendo a situar nos países desenvolvidos as atividades intensivas em capital, tecnologia

COMÉRCIO INTERNACIONAL

e informação, e deslocar para os países em desenvolvimento as atividades da cadeia de valor intensivas em trabalho e recursos naturais. Este investimento *efficiency-seeking* pode igualmente ter lugar em países com estruturas produtivas e níveis de rendimento semelhantes, sendo delineado por forma a tirar partido de economias de escala e de gama, assim como de diferenças nos gostos e preferências dos consumidores.

d) Procura de ativos estratégicos (*strategic asset-seeking*)

Trata-se de um tipo de investimento realizado por multinacionais que se consubstancia geralmente na aquisição de ativos de empresas estrangeiras inexistentes no país de origem (por ex., marcas comerciais ou atividades de I&D), de forma a alcançar os seus objetivos estratégicos de longo prazo, nomeadamente sustentar ou aumentar a sua competitividade internacional. Dessa forma, o IDE tem em vista aproveitar imperfeições existentes no mercado (ou criar novas imperfeições) que a empresa consiga explorar, podendo ser realizado por multinacionais com uma estratégia global ou regional há muito estabelecida ou por empresas recentemente internacionalizadas à procura de recursos que permitam reforçar o seu posicionamento competitivo em mercados pouco familiares.

No contexto atual, caracterizado por forte pressão concorrencial decorrente do processo de globalização, não basta às empresas multinacionais explorar as vantagens de que já dispõem, mas antes devem focar-se na obtenção de novas fontes de vantagens competitivas. Consequentemente, a motivação principal que está subjacente aos seus investimentos no exterior consiste em adicionar ao atual portfólio de recursos físicos e de competências humanas determinados ativos estratégicos (*created assets*) que possibilitem à empresa investidora reforçar as vantagens que a diferenciam, enfraquecendo simultaneamente a capacidade competitiva dos concorrentes. Esses ativos podem ser de natureza tangível, como por exemplo infraestruturas de comunicação ou de produção, ou intangível, onde se englobam as atitudes relativas à cultura negocial, à existência de competências a nível tecnológico, de gestão e de marketing, assim como capacidade de organização, relacionamento e informação num determinado território, podendo ser incorporadas por indivíduos ou empresas e reforçados por efeitos de *clustering* ou aglomeração de atividades económicas.

Este tipo de investimento materializa-se frequentemente na aquisição de uma empresa já instalada ou na constituição de uma *joint-venture*, e está associado com estratégias de longo prazo. Assim sendo, inclui a aquisição quer de empresas locais detentoras de ativos estratégicos (ou potencialmente estratégicos para os concorrentes) quer de competências a nível de I&D ou outras formas de conhecimento. Dessa forma, torna-se possível explorar novos mercados e canais de distribuição, beneficiando da base de conhecimento de outras empresas e obtendo sinergias em termos de I&D e uma superior capacidade de inovação tecnológica, o que permite melhorar o seu posicionamento no mercado com elevada pressão concorrencial.

Em síntese, deve referir-se que não é simples distinguir cada um dos determinantes económicos do IDE, seja porque a mesma empresa poderá ter motivações distintas em cada operação que realiza no estrangeiro ou porque as mesmas não são mutuamente exclusivas. Isto é, muitas das principais multinacionais realizam operações nos mercados externos tendo em vista alcançar objetivos múltiplos e que, por isso, combinam características de duas ou mais categorias acima descritas. Ao mesmo tempo, é possível afirmar que está associada uma certa gradatividade às motivações inerentes ao investimento direto estrangeiro, na medida em que aquelas evoluem ao longo do tempo de acordo com a experiência adquirida no processo de internacionalização. Ou seja, enquanto em fases iniciais de expansão da atividade para o exterior, as empresas investem essencialmente para aceder a recursos e a mercados, à medida que aumenta o seu grau de multinacionalidade e a experiência em diferentes países, podem usar as atividades externas como meio para a melhoria do seu posicionamento no mercado global, aumentando a sua eficiência económica ou acedendo a novas fontes de vantagem competitiva.

4.3.3 TEORIAS DO IDE E DA EMPRESA MULTINACIONAL

Na presente secção, descrevem-se as principais teorias que procuram acompanhar a acentuada evolução observada pelo Investimento Direto Estrangeiro, contendo explicações económicas e comportamentais para a existência e crescimento de empresas multinacionais e das atividades de valor acrescentado que as mesmas detêm e controlam no exterior.

Desta forma, colocam-se três questões fundamentais a este nível:

i) Porque investem as empresas no estrangeiro?

ii) Como conseguem as empresas estrangeiras ser bem-sucedidas face às empresas locais, dadas as vantagens que estas possuem ao atuar num mercado que lhes é familiar?

iii) Porque optam as empresas por produzir em mercados externos, ao invés de recorrerem a formas alternativas de internacionalização?

Até aos anos 50 do século XX, não existia nenhuma teoria explicativa do IDE, dado que o mesmo era escasso e não se distinguia dos restantes movimentos internacionais de capitais.

Com efeito, a teoria neoclássica do comércio internacional, abordada na secção 2.1.2. e que teve como expoente máximo o modelo de Heckscher-Ohlin, considerava que o comércio de bens era um substituto da mobilidade de fatores de produção e explicava os fluxos internacionais de capitais pela diferença entre taxas de rentabilidade do capital entre países. Assim, o IDE mais não era do que a transferência de capital das economias mais abundantes nesse fator para economias relativamente trabalho-abundantes (em que a remuneração do fator capital é superior devido à escassez relativa), até se atingir um equilíbrio onde as taxas de remuneração do capital se igualavam em todos os países. Uma vez essa igualdade atingida, via movimentos de capital ou trocas comerciais, deixaria de existir qualquer incentivo à mobilidade internacional do capital e, enquanto tal, ao IDE.

No entanto, se esta explicação se revelou ajustada ao período anterior à 2ª Guerra Mundial, em que os capitais se deslocavam dos países europeus e dos EUA para regiões menos desenvolvidas (América Latina, África e Ásia), e aos anos imediatamente após a 2ª Guerra Mundial, quando a estes movimentos se juntaram substanciais investimentos americanos na Europa, o seu valor explicativo foi seriamente posto em causa na década de 60, revelando-se incapaz de explicar a manutenção de fluxos de IDE dos EUA para a Europa mesmo depois de a relação entre as taxas de rentabilidade se ter invertido.

A década de 1960 constitui, por isso, um marco histórico relevante, porquanto representou a autonomização das teorias explicativas dos fluxos internacionais de capitais sob a forma de investimento direto estrangeiro através de uma rutura significativa com as abordagens anteriores, justificando a atividade crescente das multinacionais com base na existência de imperfeições no funcionamento dos mercados.

Abordagens económicas do IDE

Estas abordagens questionam os motivos que estão subjacentes ao processo de escolha do IDE comparativamente a formas alternativas de internacionalização, sendo entendidas numa vertente estática e admitindo que essa tomada de decisão obedece a critérios de racionalidade económica.

A análise do Investimento Direto Estrangeiro na sua verdadeira extensão, baseada nas estruturas e características das empresas multinacionais como agentes do processo de internacionalização da produção, teve Stephen Hymer (1960) como precursor. Este autor rejeitou as premissas constantes do modelo neoclássico, tendo em linha de conta a realidade da época em que:

a) os EUA eram investidores líquidos em termos de IDE, mas recetores líquidos de outros tipos de capitais;

b) era cada vez mais frequente que os países recetores fossem também exportadores de capital, surgindo assim movimentos de investimento cruzados, de carácter bidirecional;

c) o IDE não envolvia necessariamente movimentos de capitais entre países, pois constatava-se que as subsidiárias de multinacionais se podiam endividar através de empréstimos nos mercados financeiros locais;

d) as empresas industriais realizavam muito mais IDE do que as empresas financeiras, pelo que o investimento no exterior parecia maioritariamente atraído pelas características das indústrias e não propriamente pelos diferenciais de rentabilidade do capital.

Assim sendo, Hymer propôs-se explicar em que medida as multinacionais conseguem estabelecer-se com sucesso no exterior, mesmo suportando custos e riscos elevados (*costs of foreignness*) a nível de comunicações e transportes, de dificuldades no acesso à informação (mercado de trabalho, enquadramento legal e institucional, etc.) exponenciadas por diferenças culturais ou linguísticas, ou ainda devido ao risco de flutuações cambiais, expropriações ou outras ações governamentais.

A ideia base desta abordagem é que uma condição necessária para que as empresas invistam em mercados estrangeiros reside na detenção de vantagens de natureza monopolista e inacessíveis às suas congéneres locais, que sejam passíveis de transferência internacional e consequente exploração pelas suas filiais situadas no país de destino. São essas vantagens específicas à empresa multinacional, resultantes da existência de imperfeições de ordem estrutural nos mercados de produtos e de fatores, que lhes conferem uma vantagem competitiva sobre os concorrentes do país de destino. Essas vantagens podem resultar de um conjunto de conhecimentos (tecnologia, recursos humanos altamente qualificados, técnicas de gestão e de acesso aos mercados, detenção de uma

COMÉRCIO INTERNACIONAL

marca) ou de capacidades produtivas (economias de escala, acesso prefe-rencial ou exclusivo a matérias-primas e outros inputs) que são exploradas pelo investidor, permitindo-lhe ultrapassar não só os custos decorrentes da implantação num território externo como compensar o melhor conhecimento do mesmo por parte das empresas locais.

Esta perspetiva foi aprofundada por Kindleberger (1969), segundo o qual a força motriz do IDE são as imperfeições de mercado, que proporcionam às multinacionais vantagens superiores às desvantagens subjacentes a estar pre-sente num país que não o de origem e, enquanto tal, um resultado financeiro favorável. Daí decorre que o IDE é explicável pela existência de mercados de concorrência imperfeita, que proporcionam à EMN uma posição privilegiada relativamente às empresas dos países estrangeiros, explorando em mercados externos as suas vantagens monopolísticas que podem ser obtidas tanto no mercado de produto como no mercado de fatores, resultar do aproveitamento de economias de escala ou ser decorrentes das políticas governamentais ado-tadas pelos países de acolhimento.

Uma tentativa pioneira de explicar o IDE baseia-se na teoria do ciclo de vida do produto, já analisada no Capítulo 2 (secção 2.3.2.), que foi desenvolvida durante os anos 60 por Raymond Vernon. A teoria do ciclo de vida do produto constituiu a primeira interpretação dinâmica das relações entre comércio internacional e produção no estrangeiro, introduzindo o pressuposto que, para uma empresa decidir produzir fora do país de origem, não é suficiente a detenção de vantagens específicas, mas torna-se necessária a existência de vantagens de localização no país de destino. Esta teoria ajuda a compreender o IDE na medida em que dela decorre que as empresas inovadoras tendem a tornar-se multinacionais com vista a explorarem novos mercados para os seus produtos, porque procuram em cada momento a localização ideal para as suas fábricas (o que varia ao longo do ciclo de vida do produto) e para ga-nharem vantagem sobre concorrentes ou impedirem a entrada de potenciais rivais. Donde, o IDE resulta do jogo estratégico de empresas em mercados inovadores muito concentrados e surge como forma de as empresas inovadoras rentabilizarem no exterior as vantagens monopolísticas associadas ao processo de inovação tecnológica. Assim acontece na fase de crescimento, em que a empresa inovadora vê reduzida progressivamente a sua posição de monopólio. Investindo em outros países desenvolvidos e explorando os mercados locais entretanto criados, a empresa inovadora consegue evitar custos de transporte ou barreiras tarifárias, criar ou proteger vantagens competitivas relativamente às empresas concorrentes do seu país de origem e ainda impedir ou dificultar a entrada de empresas do país de destino que tentem imitar o produto. Por outro lado, na fase de maturidade e estandardização do produto, a empresa perde a exclusividade da sua produção e estabelece filiais nos países em desenvolvimento de forma a aproveitar os baixos custos da mão-de-obra e o mercado que entretanto se foi aí desenvolvendo, adotando assim uma estratégia de decomposição dos processos de produção completamente multinacionalizada.

Apesar da relevância do seu quadro teórico, a capacidade explicativa desta abordagem coaduna-se sobretudo com o IDE efetuado por multinacionais norte-americanas nas décadas de 60 e 70, quando os EUA dominavam a economia global e constituíam o país inovador por excelência. O valor explicativo do modelo de Vernon tornou-se menos relevante desde então e é particularmente notório nos últimos anos, em que a liderança tecnológica deixou de ser apanágio dos Estados Unidos, ao mesmo tempo que, com a crescente globalização e integração da economia mundial, as principais empresas multinacionais vêm encurtando o ciclo de vida dos produtos, ao lançar novos bens simultaneamente nos vários mercados em que se encontram presentes.

Outra abordagem do IDE num contexto de imperfeição dos mercados foi desenvolvida por Knickerbocker em 1973, num modelo de reação oligopolística que está associado ao comportamento estratégico das empresas.[60]

Esta teoria considera que os fluxos de IDE podem ser encarados como um reflexo da estratégia de concorrência entre empresas rivais no mercado global. Segundo Knickerbocker, o equilíbrio oligopolístico que se espera seja atingido em determinado momento no mercado doméstico é desfeito quando um dos oligopolistas leva a cabo um investimento agressivo ou proactivo que lhe permita conquistar uma posição de quase-monopólio num mercado externo através do estabelecimento de uma primeira subsidiária nesse país. Tendo em conta esse movimento e a potencial vantagem que daí resultaria no longo prazo para o "agressor", a elevada interdependência entre as empresas suscita a retaliação das suas concorrentes, não apenas no mercado doméstico como através da constituição de filiais no mesmo mercado estrangeiro. Este investimento defensivo (ou reativo) permitirá anular as vantagens da pioneira e manter as posições relativas no mercado. Ou seja, o IDE resultaria

---

[60] Um oligopólio é uma estrutura de mercado que se caracteriza pela existência de poucas empresas produzindo bens diferenciados, mas que são substitutos próximos, e onde cada empresa procura desenvolver ações que permitam melhorar a sua posição e anular as ações dos seus concorrentes.

COMÉRCIO INTERNACIONAL

da dinâmica concorrencial dos mercados e da rivalidade existente, com as empresas oligopolistas a imitarem-se umas às outras, ao investirem em novos países de destino de forma a procurar assegurar os seus interesses comerciais nesses mercados e evitar ao mesmo tempo que as concorrentes aí obtenham uma vantagem estratégica.

Não obstante algumas críticas geralmente apontadas a esta teoria (desde logo pela sua incapacidade de explicar porque é que a primeira empresa realiza o investimento, assim como porque está inteiramente dependente de um tipo particular de estrutura de mercado), observa-se que a mesma encontra validação empírica no comportamento *"follow the leader"* observado em indústrias oligopolistas por parte de empresas americanas, durante os anos 50 e 60, e empresas japonesas, na década de 80.

Uma teoria mais completa do IDE e das EMN é a teoria da internalização, que teve como base os trabalhos de Coase (1937) e Williamson (1975) desenvolvidos no contexto da teoria da empresa e da teoria dos custos de transação.[61] Coase e Williamson identificaram empresas e mercados como formas alternativas de organização da produção e exploraram em que circunstâncias a coordenação da atividade produtiva cabe ao mercado ou à empresa. Segundo estes autores, será vantajoso para a empresa internalizar uma atividade produtiva, isto é, realizá-la no seu seio e não a adquirir a uma empresa exterior, sempre e na medida em que os custos de coordenação e de organização interna se revelem inferiores aos custos de transação associados à utilização do mecanismo de mercado.

A aplicação desta teoria às empresas multinacionais foi efetuada de forma sistematizada por Buckley e Casson (1976), para os quais haverá lugar a IDE quando as empresas multinacionais se revelam mais eficientes que o mercado na organização das atividades económicas transnacionais. Ou seja, se o rendimento económico proveniente da integração no seio da empresa das suas atividades no exterior e das diferentes transações que lhe estão associadas (por ex. definição e aceitações das obrigações contratuais, exploração dos mercados, fixação de preços) superar os benefícios proporcionados pelas relações comerciais externas, quando realizadas no mercado. Quando essa

---

[61] Consistem nos custos em que se incorre por recorrer ao mercado e que estão associados à utilização do mecanismo de preços, incluindo a avaliação dos direitos de propriedade do bem transacionado e os custos de negociação, elaboração e controlo sobre o cumprimento dos contratos.

internalização das atividades é efetuada para além das fronteiras nacionais, surge o IDE e, em consequência, as empresas multinacionais. Tendo em conta que o IDE, como se viu anteriormente, envolve a transferência entre países de um conjunto de recursos e não apenas de capital financeiro, a opção por essa forma de internacionalização ocorre na medida em que as empesas possuem um conjunto de competências diferenciadas ou vantagens específicas que desejam proteger, o que fazem garantindo que os recursos e conhecimentos compartilhados no exterior se mantenham na posse exclusiva da empresa.

De acordo com Buckley e Casson, distinguem-se duas áreas onde a internalização é mais provável. Tal acontece, por um lado, em mercados imperfeitos de produtos intermédios, em que o fornecimento de matérias-primas e componentes estão dispersos por empresas independentes, situadas em localizações distintas, e em que é preferível internalizar essas funções de forma a assegurar o abastecimento desses produtos e preços mais razoáveis. Por outro lado, nas atividades onde o conhecimento seja um elemento fundamental (e que estão relacionadas com a transferência de *know-how*, designadamente a introdução de novos produtos ou a implementação de novas técnicas de gestão e marketing) e na medida em que a existência de uma patente nem sempre assegura convenientemente os direitos de propriedade. Revela-se mais eficaz, nestas circunstâncias, transferir esses ativos intangíveis dentro do espaço interno da empresa multinacional.

Embora esta teoria tenha dado um contributo decisivo para a compreensão das determinantes associadas à escolha de diferentes formas de envolvimento externo das empresas, há que reconhecer que constitui uma abordagem parcial do IDE pois incide sobre o crescimento da empresa, subestimando a explicação da multinacionalização propriamente dita, não explicando, por exemplo, o que leva uma empresa a expandir-se além-fronteiras ao invés de crescer a nível nacional. Deve considerar-se igualmente que esta abordagem apresenta um limitado âmbito de aplicação por avaliar a internacionalização de uma forma estática e como um sub-produto da internalização (omitindo a componente estratégica presente nas decisões sobre produção internacional), ao mesmo tempo que enfrenta dificuldades de validação empírica, designadamente pela dificuldade em estimar os custos e benefícios da internalização.

A "teoria eclética" de John Dunning, apresentada inicialmente em 1977 e desenvolvida em diversos textos publicados ao longo da década de 80, pode ser entendida como uma primeira tentativa de construção de um quadro

COMÉRCIO INTERNACIONAL

geral dos determinantes da internacionalização de empresas, ao contrário das abordagens referidas até ao momento, que apenas proporcionam explicações parciais para a existência de multinacionais e de IDE. Dunning propôs explicar as operações internacionais de produção das EMN respondendo às três questões fundamentais atrás enunciadas: porque é que essas empresas se envolvem em operações internacionais, como é que esse envolvimento se materializa, e onde localizam as suas unidades produtivas. Fê-lo num quadro analítico geral que não refuta as análises anteriores,mas antes conjuga e pondera elementos de cada uma delas.

A teoria eclética assenta no postulado de que uma empresa concretiza operações de investimento direto no exterior se, e apenas se, estiverem reunidas três condições:

a) Vantagens de Propriedade (*Ownership Advantages*): resultam de uma situação de concorrência imperfeita e traduzem-se na posse de determinados ativos específicos e intangíveis, pelo menos temporariamente exclusivos da empresa investidora e, como tal, inacessíveis às empresas locais;

b) Vantagens de Localização (*Location Advantages*): resultam das vantagens comparativas do país de destino, permitindo as condições necessárias à expansão além-fronteiras das vantagens competitivas da empresa multinacional;

c) Vantagens de Internalização (*Internalization Advantages*): dizem respeito à forma de organização da empresa multinacional, para a qual se torna mais eficiente explorar as suas vantagens de propriedade, produzindo ela própria nos mercados externos, ao invés de optar pela exportação ou celebração de acordos de cooperação empresarial com empresas locais.

A Tabela 4.4 sintetiza as diferentes formas de materialização das vantagens associadas à multinacionalização das empresas que configuram a teoria eclética, também designada por paradigma OLI ("O" de propriedade ou ownership, "L" de localização e "I" de internalização).

4 · OUTROS TÓPICOS DE COMÉRCIO INTERNACIONAL

Tabela 4.4: Vantagens da multinacionalização das empresas

Vantagens de Propriedade (O)	Vantagens de Localização (L)	Vantagens de Internalização (I)
. Propriedade tecnológica . Dimensão e economias de escala . Diferenciação do produto . Dotações especificas (trabalho, capital, organização) . Acesso aos mercados (factores e produtos) . Experiência de multinacionalização	. Diferenças no preço dos inputs . Qualidade dos inputs . Custos de transporte e comunicação . Distância física. lingua e cultura . Distribuição espacial dos inputs e mercados	. Redução do custo de transacção . Protecção do direito de propriedade . Redução da incerteza . Controlo da oferta . Controlo das vendas . Ganhos estratégicos . Internalização das externalidades . Inexistência de mercados a prazo

Fonte: Dunning (1988), cf. Mucchielli (1991)

Por sua vez, a Tabela 4.5 apresenta as condições em que devem ser tomadas as três formas alternativas de penetração nos mercados externos, e que dependem da interação gerada entre os diferentes tipos de vantagem da empresa, na medida em que as vantagens de propriedade conduzem à internalização e esta é ótima numa dada localização.

Tabela 4.5: Teoria Eclética – Formas de penetração no exterior

Forma de penetração no exterior	Tipo de vantagem		
	Propriedade	Localização	Internalização
IDE	+	+	+
Exportação	+	-	+
Licenciamento	+	+	-

Fonte: Adaptado de Dunning (1988)

A Tabela 4.5 permite concluir que a opção pelo IDE ocorrerá desde que a empresa reúna, em simultâneo, os três tipos de vantagens. Por seu lado, a abordagem do mercado externo através da exportação, a partir do país de origem, far-se-á quando a empresa detiver vantagens de propriedade e de internalização, mas as vantagens de localização de uma unidade produtiva no país de destino não justificarem o investimento. Finalmente, a empresa adotará uma solução contratual como o licenciamento a empresas locais, do país de destino, concedendo-lhes a exploração desse mercado, quando possuir vantagens de propriedade e existirem vantagens de localização, mas não dispuser de vantagens de internalização.

Em 1988, Dunning procedeu à ampliação da sua teoria, subdividindo as vantagens de propriedade em dois tipos. Por um lado, aquelas baseadas em ativos, que dizem respeito aos ativos específicos da propriedade da empresa, e onde entre outros se incluem o acesso privilegiado a mercados, matérias-primas ou outros inputs, capacidade de organização ou gestão, produtos exclusivos, tecnologia proprietária, experiência/conhecimentos incorporados nos recursos humanos, capacidade financeira ou de marketing. Por outro lado, vantagens de propriedade baseadas em menores custos de transação, que estão associadas à própria multinacionalidade das empresas e resultam da coordenação de uma rede de ativos localizados em diferentes países, como sejam a obtenção de economias de gama e de escala na produção e vendas, redução de riscos devido à diversificação geográfica, mais fácil aproveitamento das diferenças nas dotações fatoriais e nas políticas fiscais, ou ainda oportunidades de arbitragem entre vários mercados.

Durante a década de 90, as profundas alterações registadas na envolvente tecnológica (desenvolvimento exponencial das telecomunicações e tecnologias de informação), política (abertura dos países da Europa Central e de Leste e Asiáticos ao capitalismo de mercado) e económica (crescimento da economia japonesa e emergência de novas potências industriais asiáticas), e os reflexos daí resultantes sobre o ambiente competitivo das empresas, obrigaram à atualização da teoria eclética. Em consequência, em 1995, Dunning reavaliou o paradigma OLI de forma a incorporar as novas formas de investimento internacional que, em seu entender, traduziam uma profunda alteração de natureza estrutural, caracterizada pela prossecução de estratégias de cooperação das empresas com os agentes no mercado, com o intuito de diminuir ou eliminar as respetivas imperfeições. Esta interação privilegia a procura de afinidades e o estabelecimento de sinergias entre os parceiros, originando relações de longo prazo em que as competências específicas de cada um se desenvolvem em benefício do conjunto, numa base de confiança recíproca em que, por exemplo, dos fornecedores não se espera que forneçam apenas os produtos de acordo com as especificações previamente acordadas mas que contribuam ativamente para a melhoria da qualidade e descida dos preços. A colaboração entre empresas, uma característica do denominado capitalismo de alianças, materializa-se, assim, numa nova forma de organização, a qual raramente dispõe de uma estrutura formal de autoridade e se fundamenta em relações de tipo contratual, sem alterações na estrutura de controlo das empresas.

Tendo em conta estas alterações, Dunning propôs a reformulação das variáveis-chave do paradigma eclético no sentido de incorporar as novas tendências. Assim sendo, as vantagens de propriedade (O) deveriam passar

a considerar os benefícios decorrentes das estratégias de associação inter-
-empresas, entre as quais se distinguem:

a) alianças verticais que permitem, a montante da cadeia de valor, o acesso
   a I&D e a novos processos produtivos e, a jusante, o acesso a novos
   clientes, técnicas de marketing e canais de distribuição;
b) alianças horizontais, que possibilitam o acesso a tecnologias complementares e a capacidades de inovação, gerando efeitos de feedback a nível
   do conhecimento, informação e outras dependências inter-empresas;
c) redes de empresas, constituídas com base em semelhanças entre si, tanto
   ao nível da atividade desenvolvida como por pertencerem a um *cluster*
   de empresas, com atividades relacionadas e agrupadas geograficamente,
   com o objetivo de reduzir os custos de transação e coordenação.

No que se refere às vantagens de localização (L), deveriam passar a incorporar as economias externas geradas pela *clusterização*, assim como o papel das
autoridades públicas, nacionais e regionais, com vista à criação de centros de
excelência e de um ambiente estimulante ao desenvolvimento da atividade
industrial, que seja propício à atração de IDE.

Por sua vez, o conceito de vantagens de internalização (I) deverá ser
compreendido de uma forma mais abrangente, de forma a acomodar os
efeitos resultantes dos acordos estabelecidos entre empresas multinacionais
enquanto forma alternativa ao IDE de contornar as diferentes imperfeições
dos mercados.

Daqui resulta, conforme Dunning (1997), uma alteração do paradigma
eclético em três aspetos essenciais. Em primeiro lugar, no sentido de salientar, de uma forma mais significativa, o papel que a inovação desempenha
como forma de sustentação e desenvolvimento das vantagens competitivas
das empresas e dos países. Por outro lado, pelo reconhecimento de que os
acordos de parceria estratégica podem reduzir os custos de coordenação e
alavancar os ativos, capacidades e experiências de cada empresa, maximizando
os benefícios da internalização conjunta de atividades comuns. Finalmente, a
teoria eclética necessitaria de abandonar a definição tradicional de vantagens
de propriedade, na medida em que os acordos de cooperação com outras
empresas também permitem potenciar estas vantagens, facultando o acesso
a novas tecnologias, a aceleração da inovação e a melhoria da eficiência de
marketing e distribuição.

COMÉRCIO INTERNACIONAL

Abordagens comportamentais do IDE

As abordagens que se enquadram nas teorias comportamentais têm como premissa fundamental analisar o comportamento das empresas multinacionais e da sua interação estratégica numa perspetiva dinâmica. Distinguem-se das teorias anteriores porque procuraram compreender como o IDE decorre, num contexto processual, apresentando assim um carácter mais pragmático.

Esta corrente teórica teve como ponto de partida um conjunto de artigos publicados durante a década de 70 por investigadores da Universidade de Uppsala que assentavam em estudos de casos sobre a internacionalização das empresas suecas. A sua principal inovação foi contribuir para que os negócios internacionais fossem analisados sob o prisma do comportamento organizacional, e não somente como um fenómeno puramente económico. Desta forma, a tónica da escola nórdica é colocada na forma como o IDE é concretizado e não sobre as motivações que induzem a deslocalização das empresas. Ou seja, a sua ênfase incide sobre o crescimento sequencial, o comportamento e o contexto em que as operações de IDE são tomadas, na medida em que a presença no estrangeiro envolve passos exploratórios em direção a um território desconhecido, muito mais do que uma escolha racional baseada na análise económica.

O modelo de internacionalização de Uppsala foi desenvolvido por Johanson e Wiedersheim-Paul (1975) e complementado por Johanson e Vahlne (1977). Assume que a empresa se desenvolve primeiramente no mercado interno, sendo a internacionalização uma consequência do seu crescimento. A decisão de expansão internacional da atividade é, assim, o produto de uma série de decisões incrementais, que traduzem um processo gradual de envolvimento e afetação de recursos ao mercado externo. Tendo em conta que este modelo considera que o principal obstáculo à internacionalização reside na falta de conhecimento dos mercados internacionais e de recursos, o conhecimento do mercado adquirido através da experiência obtida pelas atividades já desenvolvidas revela-se um fator crucial, ao diminuir o risco percecionado e a aversão ao mesmo.

No âmbito deste referencial teórico, e conforme a Figura 4.4 ilustra, os autores citados apresentaram uma sequência de quatro níveis, ou etapas distintas de internacionalização, numa "cadeia de estabelecimento" (*establishment chain*) que obedece a uma lógica evolutiva a ser seguida pela empresa, em função da aquisição de experiência na gestão de recursos transfronteiriços e da acumulação de conhecimento nos mercados externos.

Figura 4.4: Cadeia de Estabelecimento

Fonte: Johanson & Wiedersheim-Paul (1975)

Desta forma, quando uma empresa entra num mercado externo é natural que comece com uma estratégia que exija uma reduzida afetação de recursos, através de exportações esporádicas (não regulares) que constituem um primeiro veículo de contacto com o exterior e que comportam um menor risco associado. O passo seguinte é habitualmente a exportação regular por intermédio de um representante independente (agente), que constitui um canal de informações regulares sobre a procura local e representa um princípio de comprometimento com o mercado. Segue-se o estabelecimento de subsidiárias comerciais, o que permite à empresa o controlo direto da fonte de informação e constitui verdadeiramente uma primeira forma de investimento direto no exterior, à qual se encontram associados recursos relativamente reduzidos. Neste processo de envolvimento internacional progressivo, o passo mais avançado traduz-se na criação de subsidiárias produtivas ou filiais no mercado externo, representando o mais elevado nível de envolvimento e compromisso de recursos que a empresa pode atingir.

Figura 4.5: Internacionalização da Empresa – uma Abordagem Incremental

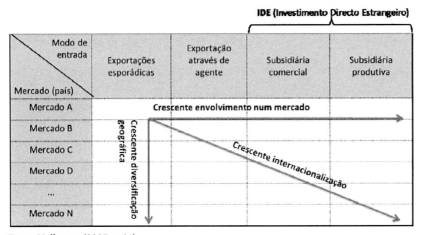

Fonte: Hollensen (2007, p. 64)

COMÉRCIO INTERNACIONAL

Como se explicou acima, esta abordagem assenta no pressuposto de que a internacionalização das empresas obedece a uma lógica progressiva e incremental, em que às diferentes fases do processo estão inerentes níveis crescentes de compromisso em termos de recursos humanos, técnicos e financeiros, em simultâneo com um maior controlo das atividades e propriedade de ativos, mas também com uma crescente exposição ao risco. Este gradualismo está patente na Figura 4.5 e faz-se sentir tanto a nível do envolvimento de recursos como da entrada em mercados cada vez mais distantes, constituindo um processo de acumulação de experiência por parte da empresa que culmina com o estabelecimento de unidades produtivas próprias no estrangeiro.

Ainda que o modelo considere que o empenho e envolvimento de recursos é faseado e gradual, Johanson e Vahlne (1990) admitiram alguma flexibilidade na sequência das etapas referidas, donde seria possível em algumas circunstâncias às empresas avançar mais rapidamente no processo de internacionalização. Tal acontece no caso de empresas com recursos elevados ou que detenham uma experiência considerável de mercados com características semelhantes àquele(s) onde pretenda(m) vir a atuar, ou ainda se as condições nos diferentes mercados forem suficientemente estáveis e homogéneas, de forma a permitir que o conhecimento dos mesmos seja obtido eficazmente por outras formas que não pela via experimental.

Um outro aspeto relevante enfatizado pela escola de Uppsala consiste na chamada "distância psicológica", que engloba todos os fatores suscetíveis de impedir ou dificultar a circulação de informação entre a empresa e o mercado potencial, e onde se incluem diferenças a nível linguístico, cultural, de sistema político, de educação e grau de industrialização entre os países de origem e de destino. Neste contexto, as empresas tendem a expandir-se primeiro para países psicologicamente mais próximos (que não têm de ser geograficamente mais próximos), alargando a sua ação para localizações progressivamente mais distantes psicologicamente à medida que vão adquirindo experiência em operações internacionais.

Esta abordagem considera, ainda, que a dimensão do mercado potencial constitui outro vetor de decisão que pode influenciar fortemente as decisões da empresa, de onde resulta que quanto maior for o mercado do país de destino maior seria a probabilidade de instalação de uma unidade produtiva. Contudo, caso o mercado de origem seja pequeno, é possível que a empresa opte por preferir inicialmente mercados pequenos como destino, porquanto se sente mais familiarizada com os mesmos e menores são os recursos requeridos.

Em 2009, Johanson e Vahlne reviram o modelo apresentado em 1977 no sentido de o adequar ao atual contexto de negócios internacionais. Com efeito, se quando a teoria de Uppsala foi lançada o conhecimento do mercado apenas poderia ser obtido através da experiência adquirida em operações no exterior, constata-se na atualidade que os recursos fundamentais para o processo de internacionalização são a comunicação inter-pessoal e sobretudo o relacionamento com outras empresas nacionais internacionalizadas e internacionais a operar em mercados domésticos. Desta forma, as oportunidades de internacionalização das empresas podem surgir em consequência dos mercados funcionarem como redes de relações em que as empresas estão interligadas e que oferecem um potencial de conhecimento e aprendizagem às empresas ainda no início do seu processo de internacionalização, bem como de incremento de confiança e compromisso, que constituem pré-condições para a internacionalização. Isso acontece na medida em que, ao integrarem redes domésticas, é possível às empresas adquirir a informação necessária que lhes possibilita "saltar etapas" no processo de internacionalização tradicional.

Esta visão da internacionalização das empresas é particularmente central à Teoria das Redes, que se integra igualmente na denominada "escola nórdica da internacionalização da empresa" e foi desenvolvida por autores como Johanson e Mattsson (1988). A Teoria das Redes incorpora, contudo, algumas diferenças em relação ao modelo anterior. Com efeito, a abordagem de Uppsala é adequada para explicar o comportamento de empresas de pequena ou média dimensão e que, em geral, se encontram nas fases iniciais do processo de internacionalização, centrando-se igualmente na empresa como entidade individual. A Teoria das Redes, por sua vez, considera que os mercados industriais são redes de relacionamento (*networks*) entre empresas e que a empresa, ou os seus mercados, ou ambos, estão frequentemente internacionalizados através da integração em redes com agentes internacionais ou internacionalizados. Neste contexto, uma empresa não se encontra isolada, mas antes estabelece, desenvolve e mantém relações diretas e indiretas de negócio com outros atores (fornecedores, clientes, concorrentes, distribuidores, organismos públicos, etc.), sendo a partir das atividades desenvolvidas nessa rede que tem acesso a recursos e à venda dos seus produtos e serviços.

A tese central desta teoria é a de que as empresas utilizam redes de contactos para maximizar o potencial das suas vantagens competitivas e reduzir custos e riscos, pelo que a capacidade competitiva da empresa vai depender da

COMÉRCIO INTERNACIONAL

competitividade e estrutura da rede, do posicionamento da empresa na rede, e ainda da sua apetência para desenvolver ligações com os elementos mais dinâmicos da rede. Deste funcionamento integrado resulta que a expansão internacional de alguns dos seus elementos acabará por facultar a oportunidade e motivação aos restantes membros da rede para a internacionalização. Assim sendo, são as relações em rede a nível externo com os principais parceiros de negócio (fornecedores, clientes e distribuidores nos diferentes países em que a empresa está presente) e a nível interno (resultante do relacionamento com subsidiárias de empresas estrangeiras) que determinam o sucesso competitivo da empresa. Em consequência, o processo de internacionalização de uma empresa não é totalmente controlado pela própria, mas antes resulta do estabelecimento e desenvolvimento de posições da empresa relativamente a parceiros que estejam em redes internacionais, ou seja, criando e mantendo relações com empresas localizadas noutros países. De acordo com Johanson e Mattsson (1988), as organizações que optam por desenvolver um processo de internacionalização através de *networks* com parceiros externos conseguem manter a sua posição no mercado externo por três vias:

– Extensão internacional, que consiste no estabelecimento de posições em redes estrangeiras já existentes, mas onde a empresa ainda não está presente;

– Penetração internacional, através do desenvolvimento de posições e pela expansão dos recursos comprometidos em redes externas nas quais a empresa já se encontrava presente;

– Integração internacional, pelo aumento da coordenação entre posições já ocupadas pela empresa em redes localizadas em diferentes regiões ou países.

Esta perspetiva de análise da internacionalização das empresas revela-se particularmente importante para unidades de pequena e média dimensão, as quais desta forma reduzem os custos de internacionalização e melhoram o seu desempenho, superando algumas das suas debilidades como, por exemplo, o seu tamanho face aos concorrentes e o acesso a mercados anteriormente desconhecidos. Ou seja, as redes permitem às empresas identificar oportunidades internacionais, ganhar credibilidade junto de fornecedores e clientes, ter acesso a recursos considerados estratégicos, tais como o conhecimento de mercado, e, em certa medida desenvolver alianças estratégicas e outras formas de cooperação.

Ainda no contexto das abordagens comportamentais do IDE, deve referir--se a *Resource-Based View of The Firm* (RBV) ou "Visão da Empresa Baseada em Recursos". Esta vertente de investigação resultou do trabalho pioneiro de Penrose (1959) sobre o crescimento endógeno da empresa, tendo a sua expressão sido definida por Wernerfelt (1984) e recebido contributos fundamentais de Barney (1986, 1991).

O eixo fundamental reside na compreensão dos fatores que permitem a determinadas empresas terem vantagens competitivas, que lhes possibilitam apresentar sistematicamente um desempenho superior nos mercados em que atuam, e que não resulta apenas de um adequado posicionamento no ambiente competitivo. Com efeito, de acordo com a RBV, cada empresa pode ser encarada como um conjunto único e idiossincrático de recursos tangíveis (ativos físicos e financeiros) e intangíveis (aptidões humanas, tecnologia, reputação), que se revelam mais apropriados à procura, bem como de capacidades/ /competências organizacionais, baseadas na gestão de interações complexas entre os recursos (como por exemplo a aprendizagem coletiva desenvolvida no seio da empresa), que lhe permitem sustentar a sua vantagem competitiva.

Conforme esta abordagem, o que permite à empresa obter ganhos superiores aos seus concorrentes são fatores internos à mesma, e relacionados com as suas características próprias, pelo que a fonte da vantagem competitiva e do seu desempenho nos mercados reside nos recursos desenvolvidos e controlados pela empresa, mais do que nas características da indústria ou do sector no qual esteja inserida. Esses recursos, segundo Barney (1991), apresentam determinados atributos, como serem:

a) valiosos, no sentido de permitirem à empresa desenvolver e implementar estratégias que aumentam a sua eficiência (explorando assim as oportunidades e/ou contornando as ameaças da envolvente competitiva);
b) raros, na medida em que não estejam ao alcance dos seus concorrentes;
c) dificilmente imitáveis, na medida em que dependem de desenvolvimentos organizacionais específicos da empresa, garantindo que os concorrentes não poderão eles próprios desenvolver esse recurso valioso e raro;
d) insubstituíveis, de forma que não tenham substitutos estratégicos próximos.

Consequentemente, o que possibilita à empresa manter uma vantagem competitiva sustentável ao longo do tempo é a detenção ou a possibilidade de

COMÉRCIO INTERNACIONAL

adquirir mais recursos desta natureza, nomeadamente os que têm potencial para criar valor para a empresa. As suas competências nucleares residem, assim, nesses recursos e nas capacidades que se encontram enraizadas nas rotinas da organização e são difíceis de replicar pelos concorrentes, o que possibilita a sua utilização de forma eficiente (trazendo por exemplo um produto para o mercado mais rapidamente do que os seus concorrentes).

Desta forma, no âmbito da teoria baseada nos recursos, a internacionalização surge como resultado de um processo de crescimento que estende os limites da empresa para além das fronteiras nacionais, e que está alicerçado na detenção de vantagens de propriedade devidamente protegidas, que são os seus recursos e capacidades. As características que estes evidenciam, nomeadamente a sua heterogeneidade (no sentido em que são limitados em quantidade e, ao mesmo tempo, escassos em relação à procura pelos seus serviços) e imperfeita mobilidade (na medida em que são de alguma maneira especializados, isto é, desenvolvidos e adaptados exclusivamente para as necessidades da empresa que os possui) determinam que apenas por via do IDE possam ser convenientemente explorados nos mercados externos. Ou seja, a natureza destas vantagens empresariais é de tal forma idiossincrática que a sua exploração apenas pode ser realizada no seio da empresa que a possui.

Daqui resulta que, embora centrando-se na importância dos recursos únicos, a RBV vem ganhando um destaque crescente, no sentido em que realça a importância da dinâmica na acumulação de recursos ao identificar o conhecimento e experiência internacionais como uma competência/capacidade valiosa, única e difícil de imitar, que se transforma numa vantagem competitiva para a empresa. Por outro lado, tendo em conta que, conforme se verifica no IDE orientado para os ativos estratégicos, se revela cada vez mais central a distinção entre a exploração dos ativos atuais da empresa e o aumento ou adição dos mesmos.

4.3.4. O IMPACTO DO IDE

Considerando como horizonte temporal as últimas décadas, as empresas multinacionais emergem no contexto da nova economia mundial como um ator decisivo, cuja ação se faz sentir não apenas na produção e venda de bens e serviços num número crescente de mercados, mas também pelo estabelecimento de estratégias que utilizam o mercado mundial como referência.

Nesse contexto, afigura-se relevante avaliar o impacto que emerge da sua atividade de natureza multi-territorial. Deve ressalvar-se que essa avaliação não constitui uma tarefa simples, na medida em que a ação das multinacionais se faz sentir a nível social, político, ambiental e mesmo cultural. Procurar-se-á, contudo, centrar a análise nos efeitos de natureza económica, tomando em consideração que os resultados obtidos podem diferir consoante o período de referência considerado (verificando-se muitas vezes um *trade-off* entre os efeitos de curto e longo prazo, que está relacionado com as estratégias das subsidiárias), e que além dos efeitos mais imediatos existem outros que se fazem sentir de forma indireta e não podem ser descurados.

4.3.4.1. IMPACTO NO PAÍS DE DESTINO

Com efeito, pode considerar-se que a atividade das empresas multinacionais e o IDE tem impacto sobre o crescimento económico do país de destino, o qual pode ser gerado por uma maior acumulação de fatores (em particular do capital, como resultado do aumento do investimento que se observa) ou pelo acréscimo do stock de conhecimento da economia recetora e consequente aumento da produtividade total dos fatores, através da formação da mão-de-obra, aquisição e difusão de competências em I&D e introdução de novas práticas de gestão e organizacionais.[62] A este respeito, diversos estudos empíricos foram realizados no sentido de comprovar se os principais recetores de fluxos de investimento direto apresentam um melhor desempenho macroeconómico (nomeadamente, taxas mais elevadas de crescimento do PIB), tendo os resultados obtidos sido inconclusivos. Ou seja, ao mesmo tempo que se verificou algum efeito positivo quando as economias de acolhimento são suficientemente desenvolvidas para interagir com as atividades das empresas externas, não se detetou igualmente qualquer evidência de um impacto do IDE sobre o crescimento económico e inclusivamente constatou-se uma correlação negativa entre o IDE e o crescimento e a convergência real (cf. Forte e Moura, 2013).

Entre os principais mecanismos pelos quais o IDE pode influenciar os países recetores, pode considerar-se o efeito das multinacionais sobre as estruturas

---

[62] Na medida em que o IDE envolve a transferência de um vasto conjunto de recursos, onde se inclui capital financeiro, *know-how* e tecnologia, como explicado na secção 4.3.1.

COMÉRCIO INTERNACIONAL

de mercado onde operam, verificando-se que o mesmo depende desde logo do modo de entrada escolhido. No caso de o investimento ser concretizado via aquisição, não se constata normalmente um efeito imediato do IDE, exceto aquele que resulta de alterações na produção da empresa adquirida em consequência da mudança da sua propriedade. Tratando-se de um investimento de raiz destinado à produção de um bem ou serviço já disponível no mercado, é provável que se assista a um aumento do nível de concorrência no país. O desafio que daí resulta sobre as empresas já existentes pode levá-las a abandonar o mercado, mas pode também funcionar como um estímulo à eficiência dos produtores locais, que serão obrigados a inovar (tanto a nível de produtos como de processos) e melhorar a sua produtividade, repercutindo-se em preços mais baixos e/ou melhor qualidade dos produtos ou serviços e numa melhor afetação de recursos, o que proporciona um aumento de bem-estar dos consumidores. A este respeito, pode referir-se que as EMN dispõem frequentemente de recursos financeiros, tecnológicos ou de mercado que lhes permitem estabelecer-se em setores com elevadas barreiras à entrada. Através dessa entrada, têm a capacidade de aumentar o nível de concorrência nos mercados a que acedem, diminuindo ou mesmo eliminando monopólios ou oligopólios, o que vai alterar a estrutura da economia recetora. Ao mesmo tempo, deve considerar-se a possibilidade de ocorrência, a médio prazo, de um efeito de diminuição da concorrência, caso as empresas do país de acolhimento não consigam ser competitivas face às subsidiárias da EMN ou caso a entrada do concorrente estrangeiro desencadeie um processo de concentração (por exemplo, para obter ganhos de escala na produção, marketing ou I&D).

Um outro canal através do qual o IDE pode influenciar o país recetor, e que é de difícil avaliação, consiste no nível do emprego gerado, quer direta quer indiretamente. O principal efeito ocorre no caso de um investimento de raiz,[63] em que as subsidiárias criam postos de trabalho no país de acolhimento que de outra forma não seriam criados, mas também geram empregos em fornecedores locais como resultado do investimento e do próprio aumento do consumo pelos trabalhadores da multinacional. A este respeito, deve ainda salientar-se que as EMN são normalmente mais intensivas em mão-de-obra qualificada do que as suas congéneres nacionais, e que incrementam os níveis de formação do capital humano da economia recetora porquanto introduzem novos métodos

---

[63] Ainda que mesmo neste caso, a criação de postos de trabalho possa ser reduzida, caso se esteja na presença de processos de produção capital-intensivos.

produtivos e de gestão. Como consequência desse facto, constata-se que as filiais estrangeiras praticam, em média, salários mais elevados que as empresas locais equivalentes, seja porque monitorizar o desempenho de trabalhadores no exterior se revela mais difícil do que no próprio país ou porque dessa forma as EMN podem evitar a maior volatilidade inerente ao emprego nessas organizações. De igual forma podem existir consequências negativas da entrada de IDE, nomeadamente se o mesmo se concretizar através de fusão ou aquisição de empresas, o qual não criará emprego e a médio prazo é mesmo provável que leve à sua redução. Esse efeito acontece na medida em que a utilização de tecnologia mais capital-intensiva por parte da multinacional se traduz em menos necessidade de mão-de-obra do que a utilizada pelas empresas locais e na possível substituição destas por outras empresas que utilizem um menor número de trabalhadores. O aumento do desemprego que se verifica pode ainda resultar da reestruturação e racionalização da unidade local adquirida, e da sua adaptação a processos produtivos intensivos em capital, ou porque ocorre uma perda de quota de mercado por parte de produtores domésticos.

Ainda no que se refere aos efeitos sobre a economia de destino, deve considerar-se o impacto que resulta da presença das multinacionais sobre a inovação, que no contexto atual constitui um elemento de performance que afeta as empresas, as indústrias e a economia como um todo. Com efeito, as EMN são as empresas mais inovadoras, porque a sua maior dimensão lhes permite realizar gastos elevados em I&D e a própria multinacionalidade favorece o desenvolvimento e a propagação de conhecimento e inovação pelas suas unidades dispersas nos diferentes países do mundo.[64] Dessa forma, a atividade das multinacionais e a sua capacidade de transferência de tecnologia e conhecimento acaba por reforçar a incorporação tecnológica nos produtos nacionais, aumentando assim o seu valor e, em última instância, traduz-se numa melhoria da produtividade média da economia onde estão presentes. Este acréscimo de produtividade observa-se em primeiro lugar como resultado da atuação daquelas empresas, tanto por recorrerem a tecnologias e práticas de gestão mais avançadas, como porque a dimensão média das suas subsidiárias lhes permite beneficiar de economias de escala. De igual forma, a presença de empresas estrangeiras induz um efeito de imitação nas próprias empresas

---

[64] Ainda que as multinacionais possam igualmente ser consideradas menos inovadoras, sobretudo no caso das suas atividades aumentarem o grau de monopólio nas indústrias em que estão presentes (reduzindo assim o incentivo a inovar), ou porque a sua presença diminui o interesse das empresas locais na produção de novas tecnologias.

COMÉRCIO INTERNACIONAL

do país de acolhimento, forçando-as a melhorar a sua gestão (sob pena de não conseguirem vingar num mercado crescentemente competitivo), o que constitui apenas um dos denominados efeitos indiretos associados ao IDE.

Entre os diferentes canais possíveis pelos quais os mesmos se constatam, pode referir-se o efeito de disseminação de tecnologias e formas de organização da produção mais avançadas utilizadas pelas multinacionais para as empresas locais concorrentes, ou o estabelecimento de relações de subcontratação com empresas nacionais (situadas a montante da cadeia de valor), que as obriga também a adquirir novas tecnologias e a inovar em termos de processos e produtos. Este processo de transferência de tecnologia e de geração de *spillovers*[65] sobre o tecido produtivo local não se observa de forma automática, dependendo do grau de enraizamento das filiais na economia nacional (através de compras locais, por exemplo), da capacidade de absorção por parte do país de acolhimento (que pode ser aferida, por exemplo, pelo nível de qualificação e educação dos trabalhadores ou pelas despesas em I&D) e do grau de autonomia da subsidiária (dado que uma estrutura relativamente descentralizada, pouco controlada pela empresa-mãe, pode favorecer o enraizamento local). O modo de entrada utilizado é igualmente determinante a este nível, porquanto pode afetar a rapidez de aprendizagem acerca das condições de produção e de mercado do país recetor, constatando-se que a aquisição de empresas locais ou o recurso a *joint-ventures* tende a facilitar o processo de aprendizagem e difusão de conhecimento.

Uma vertente em relação à qual se constata um efeito relevante do IDE consiste na integração na economia global que proporciona ao país recetor, desde logo porque recebe fluxos financeiros do exterior (embora após o influxo inicial, ocorra normalmente um repatriamento dos lucros obtidos pelas filiais, gerando assim a médio e longo prazo um efeito de saída de capitais que poderá revelar-se superior ao do investimento inicial, com a consequente deterioração do saldo da balança de pagamentos). Tendo em linha de conta que as multinacionais detêm conhecimentos mais elevados sobre a internacionalização, pois já passaram por esse processo, a integração no mercado internacional por parte das empresas locais pode ocorrer mediante o aproveitamento de redes e *lobbies* que já foram estabelecidos pelas primeiras. O facto de algumas empresas do país de destino se tornarem fornecedoras ou subcontratadas das multinacionais pode permitir-lhes igualmente uma primeira experiência com

---

[65] Isto é, um impacto de longo prazo sobre a eficiência das empresas domésticas.

o exterior, ainda que inicialmente a mesma possa ocorrer com recurso à marca e aos próprios clientes já estabelecidos pela EMN. Por outro lado, constata-se que, em resultado da liberalização do comércio mundial e da interdependência gerada pela globalização, as subsidiárias tendem a apresentar uma forte propensão exportadora, especialmente no caso de um investimento que resida na procura de recursos ou de eficiência. Esse mesmo efeito positivo sobre a balança comercial pode igualmente verificar-se na medida em que o acréscimo de concorrência entre as empresas na economia recetora permita que estas se integrem no comércio global, potenciando assim as suas exportações. A presente análise não pode ainda descurar o impacto sobre a outra vertente da balança comercial, o qual poderá ser positivo se o IDE resultar na substituição de importações de bens e serviços e no recurso a fornecedores domésticos para obtenção de inputs, ou negativo caso as multinacionais necessitem de mercadorias e matérias-primas, em relação às quais exista uma insuficiente capacidade de resposta do tecido industrial do país de acolhimento, influenciando assim desfavoravelmente o saldo daquela balança.

Adicionalmente, constata-se que normalmente associado ao IDE se verifica um aumento das receitas fiscais, resultante da existência de lucros nas subsidiárias e do aumento do rendimento do trabalho. Contudo, não pode negligenciar-se que a captação de investimento externo implica frequentemente também despesas acrescidas para as autoridades dos países de destino, por exemplo através da atribuição de subsídios ou isenções fiscais ou da criação de infraestruturas requeridas pela EMN.

Uma última dimensão em relação à qual se deteta um efeito significativo resulta da ação das multinacionais sobre o governo do país de destino. Com efeito, a realização de um investimento direto de grande dimensão pode permitir que as empresas estrangeiras adquiram um forte controlo sobre os ativos e o emprego do país, possibilitando-lhes um elevado grau de influência sobre as decisões políticas e económicas. Essa diminuição da autonomia das autoridades nacionais pode levar à adoção de medidas que sejam favoráveis aos seus interesses estratégicos, mas não benéficas para o crescimento económico do país de acolhimento ou para as condições de vida dos seus cidadãos. Alguma perda da soberania nacional em resultado da entrada de empresas multinacionais é, possivelmente, inevitável, mas é particularmente notório em países em desenvolvimento, onde se detetam evidentes distorções nas políticas implementadas em favor dos investidores estrangeiros, seja porque as EMN assumem mais facilmente um peso elevado nas (muitas vezes escassas)

COMÉRCIO INTERNACIONAL

receitas do Estado, seja porque as instituições públicas daqueles países são normalmente frágeis e, enquanto tal, menos capazes de lidar com interesses particulares fortes.

4.3.4.2. IMPACTO NO PAÍS DE ORIGEM

Tradicionalmente, as análises do impacto do IDE e da atividade das empresas multinacionais focalizavam-se nas implicações nas economias de destino. Esta tendência alterou-se nas duas últimas décadas, em resultado do processo de liberalização do comércio e do investimento observado após a conclusão do Uruguay Round, da intensificação dos processos de integração económica regional na Europa, na América ou na região da Ásia-Pacífico, ou da adesão da China à OMC, que se refletiram numa crescente participação de países no movimento de investimento direto internacional, particularmente evidente nas designadas economias em desenvolvimento e transição. Foi neste contexto em mutação, onde cada vez mais países se assumem como investidores além das próprias fronteiras nacionais, que se começou a detetar uma preocupação acrescida em analisar os efeitos que daí resultam sobre as respetivas economias de origem.

Nesse sentido, a realização de investimento direto no exterior é suscetível de influenciar positivamente a produtividade do país de origem das multinacionais. Este efeito acontece porque a casa-mãe das EMN tende a apresentar uma maior produtividade do que as empresas não multinacionais, pelo que as pequenas empresas nacionais podem beneficiar do conhecimento, da experiência e da tecnologia (copiando-a) da sede da MNE para melhorar as suas produções. Por outro lado, constata-se que as EMN investidoras são capazes de fornecer *inputs* de melhor qualidade e a custos mais baixos aos produtores locais, ao mesmo tempo que o crescimento das multinacionais, devido ao IDE realizado, permite aos fornecedores locais beneficiarem de economias de escala e obterem ganhos consideráveis de produtividade (Blomström e Kokko, 1998; Herzer, 2011). Por outro lado, a abertura de unidades além-fronteiras tende a alterar as proporções ótimas de fatores na economia doméstica, constatando-se um acréscimo da procura de trabalhadores relativamente mais qualificados e salários médios mais elevados de forma a poder participar e gerir uma cadeia de valor internacional, desde que as EMN tendam a concentrar no país de origem as atividades mais avançadas e intensivas em trabalho qualificado

4 · OUTROS TÓPICOS DE COMÉRCIO INTERNACIONAL

(como sejam a gestão, o marketing ou a I&D). Contudo, deve realçar-se que para muitas economias de origem das multinacionais pode ser errado admitir que estas atividades aí permaneçam. Num contexto de crescente globalização da produção, estas operações intensivas em trabalho qualificado apenas permanecerão no país de origem se este apresentar vantagem comparativa. Caso os países externos ofereçam melhores condições para a realização das atividades de maior valor acrescentado, é provável que estas se desloquem da casa-mãe para a subsidiária mais competente. Se por sua vez a I&D e as restantes atividades mais avançadas forem transferidas para as subsidiárias, pode mesmo observar-se um impacto negativo na economia de origem.

Outro efeito que deve ser tomado em consideração é aquele que diz respeito a alterações na estrutura de produção da empresa que realiza o IDE. Uma vez que essa empresa fragmenta internacionalmente o seu processo produtivo, algumas atividades que eram executadas pela casa-mãe passam a ser realizadas pelas suas filiais estrangeiras. Dessa forma, assiste-se a uma especialização por parte da empresa-mãe, que pode gerar *spillovers* positivos ligados à produção, com impacto a nível dos trabalhadores qualificados e dos salários. Esse efeito acontece na medida em que as empresas transferem as atividades de trabalho não qualificado para países com baixos custos de mão-de-obra e se concentram nas atividades de maior valor acrescentado, em que são mais competitivas.

Na vertente tecnológica, verifica-se normalmente um impacto positivo no país de origem, porque à medida que a empresa cresce com o IDE está apta a realizar despesas crescentes com I&D e mais inovações, assistindo-se ainda à criação de mais ativos intangíveis e de novo conhecimento. O investimento direto no exterior pode também ser uma fonte de novas tecnologias, particularmente no caso do investimento do tipo *strategic asset-seeking*, em que a multinacional investe no exterior com o objetivo de obter tecnologias e competências específicas. Neste contexto, deve ainda ressalvar-se a possibilidade de um repatriamento de competências valiosas e de *know-how*, que expressa os benefícios resultantes da aprendizagem dos mercados externos e sua posterior transferência para o país de origem, assim como admitir igualmente um potencial efeito negativo que ocorra na medida em que as tecnologias e processos inovadores utlizados pelas suas filiais estrangeiras aí fiquem retidos.

No contexto da análise dos efeitos do IDE sobre a economia doméstica, que como atrás se referiu é bastante recente, a questão que mais tem dominado o debate a nível internacional e na qual os estudos desenvolvidos se revelam mais significativos, consiste na aferição do impacto sobre as exportações

COMÉRCIO INTERNACIONAL

do país de origem. Nesse sentido, verifica-se que ambas as formas de IDE substituem alguma produção ou exportação doméstica prévia, pelo que o impacto final acaba por combinar vários efeitos que por vezes apresentam sinais opostos. No caso do IDE horizontal, que ocorre quando as empresas expandem a sua atividade produtiva com vista a aceder a novos mercados, procurando assim estabelecer uma unidade no país externo que replique aquela do país de origem, verifica-se que o mesmo geralmente origina um efeito de substituição tanto das exportações (que assim diminuem) como da própria produção nacional (o que se reflete no aumento das importações). Já no que diz respeito ao IDE vertical, que deslocaliza e fragmenta por vários países as etapas do processo produtivo que eram inicialmente realizadas no país de origem (de forma a aceder a vantagens comparativas de custos), tendencialmente substitui a produção e as exportações anteriormente efetuadas pela economia de origem, dependendo esse efeito de substituição da própria dimensão (completa ou parcial) da relocalização da produção para o exterior. No caso das empresas verticalmente integradas, pode verificar-se igualmente uma relação de complementaridade, na medida em que o IDE tende a promover as exportações de bens intermédios e serviços por parte da empresa-mãe e de outros produtores domésticos para as filiais externas, por exemplo em virtude do país de destino se revelar incapaz de os produzir com os mesmos padrões de qualidade (podendo também ocorrer este efeito no caso do IDE horizontal). Neste sentido, e como o valor dos produtos finais é tendencialmente superior ao do somatório dos bens intermédios, parece razoável antecipar que as exportações, em termos líquidos, diminuam ligeiramente no curto prazo, enquanto no longo prazo se observam efeitos dinâmicos de criação de mercado. Com efeito, nesse horizonte temporal mais alargado, as EMN podem ganhar quota de mercado devido à diminuição de custos que é induzida pelo IDE, permitindo assim reforçar as restantes atividades domésticas, da mesma forma que se pode verificar uma transferência de tecnologia e conhecimento para o tecido empresarial do país de acolhimento em dimensão de tal forma significativa que acabe por aumentar as importações de partes do processo produtivo da economia doméstica, tornando assim complementares investimento direto no exterior e exportações do país de origem. A presença de filiais no exterior facilita ainda a difusão de informação acerca de outros produtos da casa-mãe, com efeitos positivos nas exportações.

Em síntese, embora a relação entre IDE e exportações não seja passível de generalização (variando de país para país e de EMN para EMN em função

4 · OUTROS TÓPICOS DE COMÉRCIO INTERNACIONAL

da amplitude com que as vendas totais são afetadas pela decisão de investimento direto no exterior), as tendências mais significativas que emergem dos diversos estudos empíricos efetuados apontam no sentido da predominância de um efeito de complementaridade (Forte e Silva, 2017), ainda que outras análises coincidam na existência de ambos os efeitos (cf. Blonigen, 2001, pelo qual tanto a complementaridade originada por um acréscimo da procura de bens intermédios como a substituição ao nível do comércio de bens finais são resultados possíveis, dependendo da natureza da relação entre a empresa-mãe e as subsidiárias).

Bastante relevante na presente análise é, ainda, a dimensão do emprego, pois normalmente verifica-se um conflito de interesses entre as empresas investidoras no exterior e as autoridades dos países de origem, dado que estas pretendem maximizar o emprego no seu território enquanto aquelas tendem a priorizar a otimização de recursos humanos ao longo da sua rede global de operações. Em consonância com a análise dos efeitos sobre as exportações, pode igualmente admitir-se a este nível um efeito tendencialmente negativo no curto prazo (em que o IDE tende a substituir a produção e o emprego domésticos), da mesma forma que se pode antecipar um efeito de complementaridade a longo prazo. Isso acontece na medida em que é perfeitamente possível que a coordenação e supervisão da atividade das filiais estrangeiras origine um acréscimo da procura por componentes produzidos no país de origem e requeira assim uma maior utilização de mão-de-obra pelas empresas de base doméstica, de onde resulta um efeito de criação de novos empregos em número suficiente para compensar a perda inicial. Também esta questão tem sido objeto de diversas análises empíricas, as quais pretenderam sobretudo aferir em que medida seria legítimo o receio dos decisores de política económica e das organizações laborais de que o IDE, sobretudo quando efetuado em economias em desenvolvimento, tendesse a substituir o emprego a nível doméstico, tendo-se obtido resultados mistos, pois tanto se encontrou evidência de um efeito de substituição como da prevalência de um efeito de complementaridade.

Um outro elemento a ter em conta quanto ao impacto do IDE na economia de origem é o investimento. Neste contexto, o investimento além-fronteiras está normalmente associado a maiores níveis de investimento doméstico, já que as empresas combinam habitualmente produção doméstica com produção externa de forma a reduzir custos e aumentar a sua rentabilidade. Ao mesmo tempo, a expansão para o exterior permite aceder a novas fontes de

COMÉRCIO INTERNACIONAL

financiamento, superando, por exemplo, um potencial menor desenvolvimento dos mercados financeiros nacionais, permitindo à empresa investir tanto no exterior como no mercado doméstico em condições de financiamento mais favoráveis, o que é potenciador do investimento. Os estudos empíricos não são, contudo, conclusivos. São disso exemplo as análises de Braunerhjelm e Oxelheim (2000) sobre empresas multinacionais suecas, que identificaram resultados diferenciados entre indústrias (um forte efeito de substituição entre IDE e investimento doméstico nas indústrias mais intensivas em I&D, e o efeito oposto nas indústrias baseadas nas tradicionais vantagens comparativas do país) e de Herzer e Schrooten (2007), que obtiveram efeitos opostos para os EUA e para a Alemanha (no primeiro caso, o IDE promovia no longo prazo o investimento doméstico enquanto no segundo gerava um efeito de "crowding-out" sobre o investimento doméstico) que poderão ser explicados pelas diferentes oportunidades de investimento proporcionadas pelos enquadramentos legais dos dois países.

Finalmente no que concerne à Balança de Pagamentos da economia de origem das multinacionais, adicionalmente ao efeito acima abordado sobre as exportações e as importações, constata-se que o repatriamento dos lucros obtidos em resultado das operações no exterior pode gerar um efeito positivo (quando esses lucros não sejam reinvestidos em outros mercados), ao mesmo tempo que se observa um efeito de sentido contrário aquando da saída do capital necessário para financiar o IDE.

Constata-se desta forma que o efeito líquido do investimento direto no exterior que resulta para a economia doméstica acaba por não ser antecipável, dado que depende, entre outros fatores, das motivações e estratégias que lhe estão subjacentes (nomeadamente do modo de concretização do IDE ou da dimensão temporal considerada), bem como das próprias características do país de origem. Para além disso, esta análise do impacto do IDE defronta-se com alguns obstáculos adicionais. Em primeiro lugar, face à existência de limitações significativas a nível de dados e de escassa investigação desenvolvida, nomeadamente no caso de países onde este movimento possua um carácter mais recente. Por outro lado, na medida em que uma análise completa deve igualmente considerar o *contrafatual*, isto é, o que aconteceria caso o investimento não tivesse ocorrido, o que na prática se apresenta muito difícil de estabelecer.

4.4. INOVAÇÃO, CRESCIMENTO E COMÉRCIO

A teoria do crescimento analisa, a nível agregado, a evolução do produto real e a respetiva distribuição intra e inter-países. A identificação dos fatores de crescimento pode ser feita na ótica da procura ou na ótica da oferta. Na ótica da procura, o crescimento económico atribui-se, sobretudo, ao aumento do mercado interno, à substituição de importações e à promoção das exportações. Na ótica da oferta determina-se, com recurso a funções de produção, a contribuição de cada fator produtivo para o crescimento do *output*. Os modelos de crescimento são, em geral, modelos do "lado da oferta", já que é corrente admitir-se que, no longo prazo, o produto de equilíbrio se situa na proximidade do produto potencial, que depende da disponibilidade de fatores e dos níveis tecnológicos, independentemente da procura.

No contexto da teoria do crescimento, considera-se que o produto real (*output* agregado) é produzido com recurso a um número limitado de *inputs,* agregados, combinados com recurso a uma determinada tecnologia, representada pela função de produção. O grande contributo dos modelos de crescimento baseados na noção de função de produção tem sido o de contabilizar os efeitos da variação de cada *input* sobre a evolução e distribuição do *output*. Os resultados têm, contudo, sido pouco animadores no que respeita à explicação económica das variações nos *inputs* e na própria função de produção. Certo é que o crescimento económico conduz a uma expansão da fronteira de possibilidades de produção de um país (FPP), afetando a produção e o consumo e, no caso de economias abertas (como o são quase todas as economias modernas), o comércio internacional.

As principais fontes de crescimento económico são a acumulação de fatores de produção, nomeadamente capital físico e trabalho, a melhoria na tecnologia de produção e influências intangíveis sobre a produtividade dos fatores de produção (por exemplo, a acumulação de capital humano). No entanto, nas diversas sínteses e aplicações, a ótica da oferta reflete também elementos da procura, que, por exemplo, pode afetar a produtividade dos fatores. De igual modo, uma abordagem na ótica da procura pode refletir elementos de oferta, pois, por exemplo, a acumulação dos fatores afeta a importância relativa dos vários tipos de procura.

Nesta secção será inicialmente abordada a relação entre comércio e crescimento tendo em conta uma análise estática baseada na acumulação exógena de fatores de produção. Posteriormente será tida em conta uma análise dinâmica

COMÉRCIO INTERNACIONAL

que atende ao papel do progresso tecnológico (i.e., à inovação decorrente de atividade de I&D). Neste último caso, o interesse está em analisar a forma como o comércio internacional pode influenciar a acumulação de fatores e a tecnologia e, assim, o crescimento económico dos países.

Do ponto de vista estrito da "contabilidade do crescimento" deve medir-se o contributo da abertura ao comércio internacional para o crescimento do *output*, e para a acumulação de fatores produtivos e a tecnologia. Quanto à componente "explicativa", a análise deve centrar-se na forma como diferentes níveis quantitativos e qualitativos de comércio internacional motivam alterações na acumulação de fatores e na forma como são combinados (alterações da função de produção).

4.4.1. ANÁLISE ESTÁTICA

De acordo com o teorema de Rybczynski, associado ao modelo de Heckscher--Ohlin (cf. secção 2.1.2.3.), mantendo constantes os termos de troca e havendo pleno emprego dos fatores, um aumento na dotação de um fator conduz ao aumento da produção do bem que usa esse fator intensivamente e à redução da produção do outro bem. Manter constantes os termos de troca significa manter constantes as remunerações relativas dos fatores, w/r, quaisquer que sejam as dotações fatoriais dos países (teorema de Samuelson). Mantendo--se w/r também se mantém K/L em ambas as indústrias (ver secção 2.1.2.3.). A dotação suplementar de um fator leva à reafectação dos fatores entre as duas indústrias por forma a manter K/L.

A Figura 4.6 ilustra o caso de um aumento de capital, sendo assumidamente o bem Y relativamente intensivo em K – aumenta, portanto, a produção de Y para acomodar o aumento de K, num contexto de pleno emprego, e diminui a produção de X para libertar o L necessário à produção adicional de Y.

Figura 4.6: Teorema de Rybczinski – análise gráfica

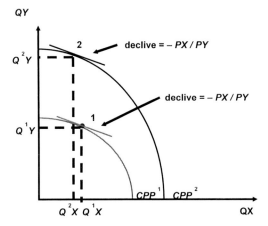

Perante este cenário, a disposição de um país para se dedicar ao comércio internacional pode aumentar ou diminuir. Ou seja, se o crescimento económico for enviesado, como está subjacente ao corolário de Rybczynski, a FPP desloca-se mais numa direção do que na outra. Tal pode ocorrer porque a acumulação de fatores ocorre a taxas diferentes, como teorizou Rybczynski, mas também porque, no contexto de duas indústrias, as melhorias na tecnologia são enviesadas a favor de uma delas.

Note-se, contudo, que o crescimento enviesado pode ser anti-comércio ou pró-comércio. O primeiro caso resulta de um aumento relativo na dotação do fator utilizado intensivamente na produção do bem de importação (o fator escasso, segundo o modelo de Hechscher-Ohlin). Neste contexto, a produção do bem de importação vai aumentar em relação à produção do bem de exportação, reduzindo o comércio internacional do país (Figura 4.7).

Figura 4.7: Crescimento enviesado relativamente ao bem X

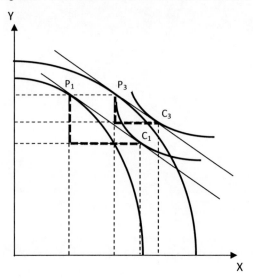

Se, contudo, ocorrer um aumento relativo no fator utilizado intensivamente na produção do bem de exportação, o crescimento será pró-comércio. A produção do bem de exportação aumentará em relação à produção do bem de importação e o comércio internacional crescerá mais do que a taxa de crescimento do fator (Figura 4.8).

Figura 4.8: Crescimento enviesado relativamente ao bem Y

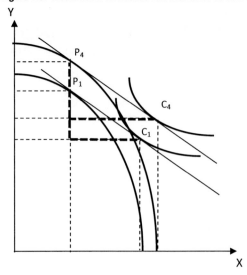

Em termos de bem-estar final para o país, a questão que se coloca é qual o efeito nos seus termos de troca. Se o país é pequeno em termos económicos, o seu comércio não terá impacto na relação de preços internacional (os termos de troca do país são constantes) e o bem estar do país aumenta com o crescimento económico – atinge uma curva de indiferença superior. As Figuras 4.7, 4.8 e 4.9 representam a análise completa desses efeitos.

Atente-se a que, ainda no contexto de um país pequeno, o crescimento económico melhora o bem-estar mesmo que seja neutral (*balanced growth*), isto é, se o aumento de todos os fatores de produção e do consumo for proporcional. Neste caso, haverá uma deslocação proporcional para cima da FPP, mantendo a sua inclinação. A economia continuará a produzir e consumir os bens na mesma proporção, e o comércio internacional também se expande proporcionalmente (Figura 4.9).

Figura 4.9: Crescimento neutral

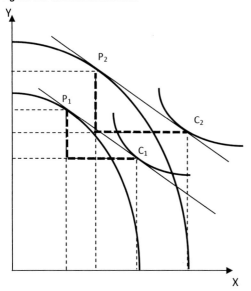

Porém, se o país for suficientemente grande para que o seu comércio tenha impacto sobre o equilíbrio internacional, alterações na disposição do país para o comércio terão um impacto nos seus termos de troca, afetando o modo como o país beneficia – ou não – do crescimento económico.

Se o crescimento reduz a disposição do país para o comércio (crescimento anti-comércio), a redução na procura de importações reduz o preço relativo

COMÉRCIO INTERNACIONAL

do bem importado, melhorando os termos de troca – linha de preço menos inclinada. Assim, além de expandir a FPP, o crescimento económico melhora os termos de troca, permitindo atingir um nível de bem-estar ainda maior, associado a uma curva de indiferença mais elevada.

Se, contudo, o crescimento aumenta a disposição do país para o comércio (crescimento pro-comércio), então o aumento da procura de importações do país aumenta o preço relativo do bem de importação, deteriorando os termos de troca do país. Neste caso, o efeito global sobre o bem-estar do país é ambíguo. A FPP desloca-se para fora, representando o aumento da capacidade produtiva. Contudo, ao expandir a sua capacidade de produzir o bem de exportação, o país de grande dimensão aumenta a oferta mundial do bem de forma relevante para o equilíbrio no mercado mundial, gerando uma descida do preço relativo internacional desse bem e, consequentemente, aumentando o preço relativo que deve pagar pelas suas importações. Se os termos de troca não diminuírem muito, em geral o país ganha em termos de bem-estar. Porém, se os termos de troca se deteriorarem substancialmente, o bem-estar do país pode diminuir, o denominado 'crescimento empobrecedor' (Bhagwati, 1958) – ou seja, a deterioração dos termos de troca do país é tão acentuada que ultrapassa os benefícios resultantes do aumento da produção.

Será o crescimento empobrecedor um fenómeno comum? A resposta é negativa, porque para tal deveriam verificar-se três condições: (i) o crescimento do país deverá estar fortemente direcionado para a expansão da oferta de exportações, de tal forma que o impacto no mercado internacional seja tal que cause uma deterioração muito significativa nos termos de troca; (ii) a procura externa pelas exportações do país deveria ser inelástica, de modo a que a expansão da oferta de exportação leve a uma grande queda no preço internacional do bem de exportação (deterioração significativa dos termos de troca); (iii) antes do crescimento, o país deveria estar fortemente dependente do comércio, de modo que um substancial declínio dos seus termos de troca leve a uma redução no bem-estar nacional suficientemente grande para anular os ganhos do aumento da produção.

4.4.2. ANÁLISE DINÂMICA

A análise dinâmica da relação entre crescimento económico e comércio internacional complementa a análise estática (discutida na secção anterior).

4 · OUTROS TÓPICOS DE COMÉRCIO INTERNACIONAL

Esta tem origem em Smith (1776) e Ricardo (1817), que salientaram os efeitos positivos do comércio internacional sobre o crescimento económico, e prolongou-se até à 2ª Guerra Mundial, embora com uma relativa hibernação durante a revolução marginalista.

No período pós 2ª Guerra, esta relação positiva foi questionada por várias experiências de crescimento introvertido e protecionista, nomeadamente na América Latina. Segundo os defensores deste modelo, os bens relevantes do ponto de vista do comércio internacional são produzidos de acordo com as solicitações dos mercados dos países desenvolvidos (PD) e com as suas tecnologias, estando por isso os países menos desenvolvidos (PVDs) em situação desfavorável devido à reduzida dimensão e sofisticação dos seus mercados e à fraca capacidade de inovação tecnológica e de intervenção comercial junto dos consumidores dos PD.

A partir dos anos 60, o esgotamento destas experiências de crescimento por substituição de importações relançou o debate sobre o papel do comércio internacional no crescimento económico. Ao mesmo tempo, a revisão neoclássica da teoria económica levou a reavaliar o papel do comércio internacional no crescimento económico dos países. O crescimento espetacular de vários países neste período com base em modelos de abertura ao exterior e consequente especialização internacional confirmou o comércio internacional como fator de crescimento económico e de aumento do bem-estar.

Contudo, a introdução dos efeitos dinâmicos no debate sobre a relação comércio internacional-crescimento económico só se deu verdadeiramente a partir dos anos 80. O desenvolvimento teórico de modelos de crescimento endógeno, iniciado por Romer (1986) e Lucas (1988), impulsionou a produção de trabalhos empíricos e encorajou por esta altura uma análise integrada da teoria do crescimento e do comércio internacional. O reconhecimento dessa importância levou, por exemplo, a um novo impulso no seio da Organização Mundial do Comércio, no sentido do abandono ou redução substancial das barreiras comerciais e outros controlos da atividade económica ainda subsistentes.

De seguida atende-se ao papel do comércio internacional nos modelos de crescimento, enfatizando a componente dinâmica e, assim, o contexto endógeno. Esta nova abordagem correspondeu a uma recuperação da tradição clássica, que considerava conjuntamente as teorias do crescimento e do comércio internacional, e que havia sido interrompida com a separação neoclássica entre essas duas áreas da teoria económica. Os resultados destes modelos do crescimento endógeno confirmaram um papel determinante da abertura ao comércio internacional na taxa de crescimento económico.

Comércio internacional e crescimento clássico

Nos modelos clássicos a discussão centra-se sobretudo nos "ganhos estáticos do comércio", embora alguns elementos dinâmicos sejam já percetíveis. Na "Riqueza das Nações" (Smith, 1776) encontram-se duas ideias principais a salientar. Por um lado, o comércio internacional permite ultrapassar a dimensão do mercado interno, fornecendo uma saída para o excedente da produção que ultrapassa as necessidades internas. Por outro lado, o alargarmento do mercado permite aprofundar a divisão do trabalho, aumentando o nível geral de produtividade. Neste sentido, o comércio internacional poderá ser entendido como uma "força dinâmica" que, ao ampliar o mercado e o âmbito da divisão do trabalho, aumenta a habilidade e a destreza dos trabalhadores, encoraja as inovações técnicas e a acumulação de capital, permite superar as indivisibilidades técnicas e, de um modo geral, dá aos países participantes a possibilidade de obter rendimentos crescentes e crescimento económico.

Ricardo (1817) construiu um modelo dinâmico de crescimento com três forças motrizes (poupança, comércio internacional e elemento institucional) e duas restrições (lei dos rendimentos decrescentes e princípio *malthusiano* da população,[66] que era uma variável endógena ao "sistema"). Ricardo caracterizou o "estado progressivo" como tendo um elevado nível de poupança, que permitia acumular capital capaz de incrementar a produção e a produtividade e, com isso, os rendimentos. Estes, ao aumentarem a procura de trabalho, forçam a subida dos salários e, portanto, o crescimento demográfico (mecanismo *malthusiano*). Ora, como a terra é limitada, em quantidade e qualidade, os recursos alimentícios adicionais para satisfazer uma maior população, obtinham-se em condições de rendimentos decrescentes, já que novas terras menos férteis iam sendo utilizadas. Assim, a nova produção seria absorvida pelos salários (que teriam que se ajustar ao crescente custo de vida) numa proporção cada vez maior, diminuindo a rentabilidade dos investimentos e, assim, o estímulo à sua realização, alcançando-se o "estado estacionário".[67] A marcha implacável dos rendimentos marginais decrescentes só poderia ser retardada pelas trocas

---

[66] Malthus (1798) alertou que a população crescia em progressão geométrica, enquanto que a produção de alimentos crescia em progressão aritmética. No limite, isso acarretaria uma drástica escassez de alimentos e, como consequência, a fome. Portanto, inevitavelmente o crescimento populacional deveria ser controlado.

[67] A situação de estacionariedade caracterizava-se, segundo Ricardo, por produção estagnada, população constante, lucro igual ao prémio de risco e salário real igual ao salário natural.

comerciais ou pela introdução de novas tecnologias. Mas como, mais cedo ou mais tarde, haveria saturação da capacidade inventiva, o comércio internacional seria verdadeiramente a única forma capaz de adiar o "estado estacionário" e a consequente estagnação do crescimento.

O interesse de Ricardo na rejeição das "leis do trigo" (ver secção 2.1.1.) terá sido motivado não tanto pelo argumento estático dos "ganhos de comércio" mas, sobretudo, pela consideração de "ganhos de crescimento" que poderiam ser esperados. Ao fazer subir a taxa de lucro e reduzir a renda da terra, a rejeição das "leis do trigo" beneficiaria os capitalistas e a indústria através da acumulação de capital, permitindo a inovação e promovendo o crescimento.

À semelhança de Ricardo, Mill (1848) também considerou que a "força" que podia adiar o "estado estacionário" era a progresso técnico, diminuindo a ênfase que Smith colocou na extensão do mercado e na divisão do trabalho. A essa mudança não foram indiferentes as expectativas criadas pela revolução industrial acerca das possibilidades do progresso tecnológico. Ainda no seio dos autores clássicos, Marx (1867) retomou a ideia de que o comércio internacional, efetuado de acordo com a divisão internacional do trabalho, teria como efeito contrariar a baixa tendencial da taxa de lucro nos PD, já que permitia escoar a superprodução capitalista, sendo esse o seu contributo para o crescimento.

Comércio e crescimento pós-clássico – sínteses teóricas e aplicações empíricas

O pensamento clássico viria a esbater-se com a "revolução marginalista", a partir de 1870, que afastou do estudo da economia as preocupações com o longo prazo. A preocupação analítica desta nova corrente, que veio a chamar-se neoclássica, centrava-se fundamentalmente nas condições de afetação ótima de recursos escassos que, para facilitar a análise, eram considerados invariantes. Deste modo, embora não pondo rigorosamente de lado as questões dinâmicas, a ciência económica abandonava o estudo das grandes linhas de evolução da economia a longo prazo. Porque o pensamento económico neoclássico tendeu a separar a teoria do comércio internacional da teoria do crescimento, há que descortinar em cada uma das teorias possíveis extensões, trabalhos de sínteses teóricas e aplicações que permitam a análise pretendida.

COMÉRCIO INTERNACIONAL

Comércio internacional neoclássico – extensão dinâmica

A dinamização do modelo de equilíbrio geral neoclássico de Heckscher-Ohlin (cf. secção 2.1.2.3.) permite analisar os efeitos do comércio internacional sobre o crescimento económico, considerando a alteração de pelo menos um fator de produção determinada pelo "sistema". Essas análises tratam a acumulação de *stock* de capital como endógena (contrariamente, por exemplo, a Rybczynski, onde o aumento do fator é exógeno), assumindo normalmente ou uma propensão à poupança constante, ou diferentes propensões à poupança para proprietários do capital e trabalho mas ambas constantes. Para tornar o sistema dinâmico, dando-lhe a possibilidade de traduzir um padrão de crescimento de equilíbrio de longo prazo, assume-se que a força de trabalho cresce a uma taxa exógena, enquanto a taxa de acumulação do capital é determinada pela produção doméstica e importação de bens de investimento. É o último elemento que realça a relevância da abertura ao comércio internacional.

A versão do modelo de dois sectores utilizada por Jones (1965) constitui, com ligeiras modificações, um enquadramento adequado para analisar a acumulação de capital e o seu impacto na teoria do comércio internacional e no crescimento económico. Também Oniki e Uzawa (1965) apresentam um modelo dinâmico de comércio internacional no qual as interações entre o processo de acumulação de capital e o padrão de comércio internacional são detalhadamente analisadas. Utilizando a abordagem exposta por Corden (1968), que assume a abertura ao comércio internacional com uma taxa de crescimento do capital superior à taxa de crescimento do trabalho (exógena), a economia tende para um estado estacionário (*steady-state*). Neste contexto, as vantagens comparativas variam ao longo do tempo, à medida que o processo de acumulação se desenrola.

No que respeita especificamente aos PVDs, a ideia do benefício induzido pelo comércio internacional aparece, por exemplo, nos trabalhos de Johnson (1967b e 1971). Integrando vários fatores ausentes no modelo de Heckscher-Ohlin, este autor considera terem os países pobres interesse na especialização de produções de fraca intensidade capitalista, porque lhes permite um ritmo de crescimento mais elevado do que aquele que obteriam em economia fechada. Com efeito, a especialização proporcionada pela troca internacional permitiria maiores níveis de produtividade e maiores investimentos nas áreas onde novas oportunidades foram desenvolvidas. Como tal, também nos PVD, o comércio internacional aparece como um meio capaz de estimular forças dinamizadoras do crescimento económico, à medida que os mercados se expandem e aumenta a concorrência.

Crescimento pós-clássico, pré-Solow

Os economistas clássicos deram, em geral, uma ideia de corrida entre o aumento da população e o crescimento, com vencedor duvidoso. Essa visão foi desaparecendo gradualmente com a Revolução Industrial, pois em áreas cada vez mais vastas a produção aumentava continuamente e tornava possível a satisfação das necessidades das populações. Neste contexto, Marshall (1890) considerou que as causas que determinam o progresso económico das nações pertencem ao estudo do comércio internacional, que se traduz no alargamento do mercado, conduzindo ao aumento do volume de produção global e origina, assim, um aumento das economias internas e externas, daí resultando rendimentos crescentes para a economia.

Entre os sucessores de Marshall, Young (1928) preocupou-se com o crescimento ao examinar a inter-relação entre as várias indústrias no processo de crescimento, a criação de novas indústrias como resultado da especialização que acompanha o alargamento do mercado, a importância da especialização e estandardização num mercado vasto e a influência de um alargamento do mercado no progresso tecnológico. Shumpeter (1911, 1934, 1942) repetiu e reforçou os antigos pontos de vista de que o lucro tende a aproximar-se de um valor mínimo e a acumulação de capital depende da taxa de crescimento. Mas foi mais longe. Considerou que "invenção", ou avanço do conhecimento útil à produção de "inovação", é a atividade económica de exploração do conhecimento e requer mercados abertos. Entre outros autores que prepararam o caminho para o relançamento do estudo de temas dinâmicos e permitiram o desenvolvimento da teoria do crescimento, projetando as bases para as investigações posteriores, incluem-se Ramsey (1928), Cobb e Douglas (1928), Harrod (1939 e 1948) e Domar (1937 e 1946).

Como acima se explica, a partir do fim da Segunda Guerra Mundial, o interesse pelo crescimento despertou com a recuperação da visão clássica da economia, segundo a qual a produção é função das utilizações de trabalho, capital acumulado e terra, e da produtividade destes fatores. E, para além da "explicação do crescimento", passou a colocar-se a questão da "contabilização do crescimento".

COMÉRCIO INTERNACIONAL

Teoria neoclássica moderna do crescimento

Em 1956 nasce a "teoria neoclássica moderna do crescimento", com Solow. O modelo proposto descreve a relação entre poupança, acumulação de capital e crescimento, com base numa função de produção agregada da economia. Quando o rendimento *per capita* se situa a um nível inferior (superior) de equilíbrio, o *stock* de capital físico cresce mais rapidamente (lentamente). Sendo a produtividade dos fatores positiva mas decrescente, existe um ponto de equilíbrio (*steady-state*), que seria atingido independentemente das condições iniciais. Afim de compatibilizar o modelo com uma trajetória de crescimento equilibrado, Solow introduziu o conceito de progresso técnico exógeno, que aumenta a produtividade dos fatores e, assim, gera efeitos positivos no processo de acumulação. A taxa de poupança exógena determina apenas o nível do capital *per capita* e do produto *per capita*, e não o seu crescimento.

Solow previa, portanto, a convergência das economias: se o progresso técnico se difundisse pelo mundo inteiro, haveria convergência das taxas de crescimento *per capita* para um *steady-state* comum. Haveria mesmo convergência dos níveis de rendimento *per capita* se as taxas de poupança e as taxas de crescimento demográfico fossem idênticas. Ora, na medida em que a abertura ao comércio internacional permite a difusão do progresso técnico, implicitamente, o modelo apontava para a abertura por parte dos PVDs. O *trade-off* entre consumo hoje e acumulação de capital para maior consumo no futuro é enfatizado pelos desenvolvimentos posteriores que conduziram aos modelos de crescimento ótimo [Cass (1965), Koopmans (1965) e Uzawa (1964)], onde a escolha racional entre consumo presente e acumulação de capital substitui a taxa de poupança exógena usada por Solow.

No que diz respeito à "contabilização do crescimento", Solow (1957) propôs-se medir as fontes de crescimento económico partindo da função de produção Cobb-Douglas agregada da economia, que considera a produção como função da quantidade de trabalho empregue, do *stock* de capital e do progresso tecnológico.[68] Apesar da simplicidade, Solow distingue de forma

---

[68] Como o progresso tecnológico não é observado, é estimado como a diferença entre a taxa observada de crescimento do produto e a parte desse crescimento explicada pela variação dos fatores de produção. Abramowitz (1956) observou que é designado de formas diversas, como produtividade total dos fatores (PTF), fator residual, progresso técnico, residual de Solow, crescimento da eficiência, ou simplesmente o fator que assinala a nossa ignorância para imputar os incrementos da produção a algum fator específico.

clara "efeitos de crescimento" (as três fontes de crescimento citadas) e "efeitos de nível". O comércio internacional, não sendo fonte autónoma, seria eventualmente um "efeito de nível", que geraria efeitos positivos durante um período de tempo transitório.

Entre outros, Kendrick (1961), Denison (1962, 1974 e 1985), Griliches e Jorgenson (1967) e Maddison (1987), numa tentativa para identificar a globalidade das fontes do crescimento esmiuçando o residual de Solow, elaboraram obras fundamentais nesta matéria. Porém, deixam sem quantificação os avanços de conhecimento, de modo que continuou a existir um fator residual não explicado. É importante salientar que estes autores não incluem de modo explícito o comércio internacional como verdadeira "fontes de crescimento". Tal situação terá porventura a ver, por um lado, com a separação que existiu neste período entre as teorias do comércio internacional e do crescimento económico e, por outro lado, com a visão de que o comércio internacional afeta o nível mas não o crescimento do rendimento *per capita*.

Sínteses teóricas crescimento-comércio internacional e aplicações empíricas

Os trabalhos de "contabilização do crescimento" não alargaram somente o campo de estudo das "fontes de crescimento", passando também a estudar diferentes situações estruturais, abandonando, para tal, alguns pressupostos neoclássicos. Assim, entendendo o processo de crescimento de um país em geral, e dos PVDs em particular, não apenas como consequência da acumulação de *inputs* físicos, os estudos realizados a partir dos finais da década de 60 passaram a considerar, para além das tradicionais "fontes neoclássicas", outras variáveis explicativas do crescimento económico, mantendo o esquema funcional de Solow, ou seja, continuando a fazer uso de funções de produção dinamizadas.

Emergiram, assim, vários estudos teóricos e empíricos que consideram o comércio internacional, sobretudo a componente exportadora, uma variável explicativa relevante da *performance* do crescimento económico. Geralmente, esses estudos associam tal situação com uma mais correta afetação de recursos, de acordo com as vantagens comparativas, com uma maior utilização da capacidade produtiva, que permite a obtenção de economias de escala, com uma maior propensão para a implementação de melhorias tecnológicas em resposta à maior concorrência a que estão sujeitos internacionalmente, e até

COMÉRCIO INTERNACIONAL

com um maior nível de emprego gerado face a estratégias de crescimento introvertidas.

Enquadram-se neste contexto as sínteses estruturalistas de Kuznets (1972), Chenery e Syrquin (1975 e 1989) e Chenery *et al.* (1986), a que se segue uma breve revisão de análises que colocam a ênfase na Integração Económica. Os modelos Norte-Sul de Findlay (1980 e 1984) e de Feder (1982) serão também expostos, e será feita uma breve referência às reações à teoria clássica e neoclássica. Finalmente, analisam-se algumas aplicações empíricas, como as estruturalistas, de Feder (1982), de Ram (1987), de Balassa (1978), de Krueger (1985) e do Banco Mundial (1987).

O trabalho pioneiro de Kuznets (1972) suscitou complementos posteriores. Chenery e Syrquin (1975 e 1989) e Chenery *et al.* (1986), entre outros, realçaram a ideia de transição desde uma estrutura agrária de baixo rendimento até uma economia industrial de rendimento elevado. Para estes autores o desenvolvimento económico (medido pelo produto *per capita*) é um processo de transição multidimensional desde uma estrutura relativamente constante até outra estrutura constante. A transição comporta uma transformação estrutural que leva consigo uma série de alterações interrelacionadas na composição sectorial da produção e do emprego, na procura, no comércio internacional e na utilização dos fatores produtivos.

No fundo, o facto mais relevante da análise estruturalista do crescimento é o reconhecimento de que o processo de crescimento de um país depende não só de alterações no nível de disponibilidade dos fatores produtivos mas também, e muito particularmente, de alterações na procura, que remete para o aumento do mercado interno, a substituição de importações e a promoção das exportações, ou seja, para o comércio internacional. Deste modo, contrapõe que a denominada produtividade total dos fatores dos autores neoclássicos inclui, entre muitos outros fatores, os associados ao peso e cariz do comércio internacional.

Os estudos que enfatizam a influência dinâmica da integração económica regional entre estados membros atendem a este papel do alargamento de mercado sobre o crescimento (Balassa, 1961). O alargamento do mercado, mantendo-se a mesma diversidade de produtos, terá um efeito duplo: as empresas que produzem em pequena escala podem ampliar as suas operações e as que produzem uma grande variedade de bens podem especializar-se num número mais reduzido de linhas de produção. Além disso, o aumento anual na procura de vários bens facilitará a produção em grande escala em novas empresas e métodos de produção ótimos (Scitovsky, 1958). Svennilson (1954) salientou que combinações arbitrárias de recursos dentro de áreas nacionais maiores ou menores tiveram uma influência decisiva no crescimento da Europa. Já anteriormente Young (1928) havia defendido que, dados os recursos económicos de um país, o fator mais importante para a obtenção de ganhos de produtividade da sua indústria é a dimensão do mercado.

A experiência histórica fornece-nos exemplos vários dos efeitos restritivos da limitação dos mercados na expansão das várias indústrias. Além disso, um mercado mais vasto torna ainda possível separar várias funções de uma indústria, que podem passar a constituir novas indústrias, permitindo a utilização de equipamento e trabalho especializado. Daí que Young (1928), Stigler (1951) e Florence (1948) tenham considerado que quanto maior o mercado maiores serão os ganhos de especialização.

Deve ainda atender-se aos ganhos decorrentes da intensificação da concorrência (Meade, 1953; Frumento, 1958; Allais, 1960). A abolição da discriminação entre produtores e a proveniência de novos produtos de outros estados-membros (que concorrerão com os bens internos, assumindo um elevado grau de substituição entre variedades do mesmo bem) intensificam a concorrência, levam à eliminação de posições monopolistas, contribuem para a utilização mais eficiente dos recursos e constituem incentivo para o aperfeiçoamento dos métodos de produção. Essa intensificação da concorrência tornar-se-á ainda mais efetiva por via do aumento das informações de mercado dentro da zona integrada. Ora, compreendendo a concorrência não só como a coexistência de um grande número de empresas num mercado mas também a possibilidade e a vontade dos produtores de penetrarem nos mercados uns dos outros (Scitovsky, 1958), a integração torna-se desejável porque contribui desde logo para o progresso tecnológico: conduz à eliminação dos produtores ineficientes e ao aumento da dimensão média das empresas o que, por sua vez, pode conduzir a um acréscimo das despesas em I&D e ao desenvolvimento de economias de escala em matéria de investigação.

Não pode também ignorar-se o efeito positivo da integração sobre a eliminação do risco subjacente ao comércio internacional, em particular quanto à incerteza em relação às restrições existentes e à possibilidade de alterações futuras nas restrições ou nas políticas económicas (Kuznets, 1960). Ambos os tipos de incerteza têm um efeito adverso no comércio internacional, uma vez que os produtores incluem um prémio adicional de risco nas suas decisões, desencorajando as transações internacionais. Além do efeito sobre as trocas,

COMÉRCIO INTERNACIONAL

a diminuição da incerteza ligada à existência de fronteiras nacionais influenciará a atividade de investimento nas indústrias de exportação, incluindo o investimento estrangeiro, sendo por isso de esperar um maior volume de investimento a longo prazo, sobretudo para os países mais pobres da união, quanto mais não seja em virtude dos desvios da produção das fontes de mais alto custo. E essa situação não é transitória pois a construção de espaços para produção em grande escala e de equipamentos especializados será demorada, e a expansão da produção em qualquer indústria suscitará investimentos induzidos nas indústrias fornecedoras e utilizadoras através das repercussões inter-industriais.

Procurando integrar as teorias neoclássicas do crescimento e do comércio internacional e ao mesmo tempo reconhecendo a especificidade dos PVDs, Findlay (1980, 1984) desenvolveu um modelo para as relações comerciais (com imobilidade internacional dos fatores) entre o Norte (desenvolvido) e o Sul (menos desenvolvido). A economia do Norte é dinamicamente descrita pelo modelo de crescimento neoclássico de Solow (1956), enquanto que a economia do Sul funciona de acordo com o modelo de crescimento com oferta ilimitada de mão-de-obra de Lewis (1954). A utilização dos termos de troca (com base em Johnson, 1967a) permite relacionar o crescimento do *output* nas duas economias.

As diferenças assumidas na caracterização das economias são decisivas para se entender o principal argumento do modelo: o Sul tem como principal propulsor do crescimento económico o comércio internacional, mas o seu ritmo de crescimento é determinado pela taxa de crescimento (exógena) do Norte. No que diz respeito à economia do Norte, Findlay acrescenta ao modelo (de economia fechada) de Solow o consumo de um bem compósito de produtos primários importados, e a possibilidade de exportação do bem produzido internamente (manufaturas, por simplificação). O valor relativo destes dois tipos de bens depende dos termos de troca e das respetivas proporções no consumo.

Na Economia do Sul, o *output* do bem compósito de produtos primários procede de uma função de produção neoclássica, que tem como *inputs* o capital e o trabalho. Este último encontra-se numa fase de elasticidade perfeita, face a uma taxa de salário pré-fixada, avaliada em produtos primários. Como o nível de emprego depende do capital disponível, que é constituído por um *stock* de manufaturas importadas, torna-se evidente a importância do comércio internacional para o crescimento do *output*. Por outro lado, porque os salários são consumidos, o crescimento do *output*, do emprego e do capital dependem da propensão à poupança dos lucros. Como estes dependem dos termos de troca, a taxa de crescimento da economia do Sul depende do comércio internacional. Impondo ainda o equilíbrio das balanças comerciais em cada momento do tempo, o equilíbrio dinâmico de longo prazo iguala as taxas de crescimento das duas economias, pelo que o crescimento do Sul é determinado pelo crescimento (exógeno) do Norte, via comércio internacional. Prolongando o raciocínio do autor, a contabilidade do crescimento do Sul deve incluir o comércio internacional, como transmissor do crescimento do Norte.

Burgstaller e Saavedra-Rivano (1981) consideram que, supondo mobilidade internacional do capital, há que admitir a existência de um "enclave" da economia do Norte na economia do Sul. Com a alteração da estrutura produtiva do Sul, as necessidades de manufaturas dos capitalistas dessa economia só serão satisfeitas depois da economia do Norte e do "enclave". Além disso, uma subida da propensão à poupança no Norte gera um aumento do emprego relativo no "enclave" que não chega para contrabalançar a queda no rácio de emprego do restante sector capitalista da economia do Sul.

Por outro lado, podem considerar-se os modelos de economia dual aberta, fortemente influenciados por Lewis (1954), como complementares do modelo de Findlay já que admitem a existência de dois sectores distintos no Sul (o sector pré-capitalista e o capitalista ou moderno). Estes modelos atribuem um papel decisivo aos salários, dado que a taxa de lucro do Sul varia na proporção inversa daqueles. Sendo o baixo salário a condição necessária para a formação de capital e o crescimento económico, procuram encontrar as vantagens comparativas dos PVDs nos produtos trabalho-intensivos ou em etapas trabalho-intensivas de processos de produção integrados que importem bens de capital e matérias-primas. No fundo, apresentam um país com uma estrutura produtiva dual, pouco desenvolvida, e propõem uma estratégia de extroversão.

Por sua vez, o modelo de Feder (1982) tem como principal preocupação a construção de uma forma analítica para estimar o contributo das exportações para o crescimento económico. Além das estimações efetuadas, esta forma analítica tem sido utilizada em múltiplos trabalhos posteriores, daí advindo a sua influência na literatura. O crescimento do *output* agregado, para além de resultar do efeito das tradicionais "fontes de crescimento" neoclássicas (trabalho e capital), resulta também da *performance* exportadora. Feder considerou que as economias possuem dois sectores produtivos distintos, o

COMÉRCIO INTERNACIONAL

sector exportador e o não-exportador, que se distinguem pelo destino final das produções e pelas diferenças de produtividade dos tradicionais *inputs*. Feder admite que a produtividade marginal dos fatores (trabalho e capital) é superior no sector exportador, pelo que a transferência inter-sectorial de recursos para esse sector seria, só por si, uma fonte de crescimento. Note-se, ainda, a existência de uma externalidade que se admite positiva do *output* do sector exportador sobre o *output* do sector não-exportador.

Feder apresenta ainda uma forma de comparar os benefícios relativos da afetação dos recursos aos dois sectores. Uma unidade adicional do fator capital no sector não-exportador provoca um benefício traduzido pela respetiva produtividade marginal, mas essa mesma unidade no sector exportador, além do benefício direto sobre o produto desse sector, induz ainda um contributo indireto sobre o produto do sector não-exportador.

Reacções à teoria clássica e neoclássica – análises críticas e alternativas

Alguns autores destacaram-se por terem abandonado tanto a orientação clássica como a neoclássica. Dentro deste conjunto, destaca-se um grupo mais radical que analisa as relações económicas no seu conjunto, com base numa visão marxista e em teses dependentistas.[69] Discute-se também a proposta de Perroux (1978), antes de analisar um outro grupo que, face ao anterior, é considerado mais do âmbito das análises da Economia Internacional: Prebisch (1949), Singer (1950), Lewis (1954) e Emmanuel (1969).

Para as visões marxistas (Destanne de Bernis, 1977; Andreff, 1981) e teses dependentistas (Frank, 1970; Amin, 1970 e 1973), o subdesenvolvimento é apresentado como estando intimamente associado ao processo de acumulação de capital nos PDs e, em particular, nas empresas multinacionais. De acordo com estas perspetivas, as regiões periféricas sofreram e sofrem, através das relações económicas internacionais, um impacto exercido pelo exterior que leva à alteração e deformação das estruturas económicas e sociais pré-existentes. A partir daí, o seu funcionamento e as possibilidades de crescimento são necessariamente condicionadas ou mesmo, em maior ou menor grau, determinadas pelo exterior.

---

[69] Referência a outros autores que aqui não se destacam podem ser encontradas em Berzosa (1993).

Por sua vez, Perroux (1978) começou por utilizar o conceito de "dominação económica", para considerar que uma "unidade económica dominante" exerce uma influência assimétrica e irreversível sobre uma "unidade económica dominada". Porém, contrariamente aos autores anteriores, Perroux admite que a "unidade económica dominada" pode beneficiar desta relação, se os "efeitos de arrastamento" (espécie de externalidade positiva) prevalecerem sobre os "efeitos de bloqueio" (espécie de externalidade negativa). A aplicabilidade destes conceitos ao estudo do comércio internacional entre os PDs e os PVDs é evidente. Os PVDs são dominados, pelo que o crescimento e a transformação estrutural são desencadeados ou induzidos pelos PDs, sendo que os efeitos de arrastamento são dirigidos para o exterior: a jusante, através de exportações e a montante via importação de equipamentos. *Per se* as relações económicas internacionais não causam problemas (e até provocam "efeitos de arrastamento" positivos). Os efeitos negativos resultam, antes sim, das condições internas de utilização dos ganhos que lhe estão associados, pois a industrialização não é uma mera acumulação de máquinas e capacidades técnicas, mas também a criação de um sistema económico articulado que permita endogeneizar os efeitos de arrastamento potenciais, devendo ser avaliada por aquilo que permite produzir e por aquilo que promove.

A racionalização e justificação das experiências de crescimento introvertido e protecionista na América Latina no pós 2ª Guerra Mundial foram largamente divulgadas por alguns economistas estruturalistas (e.g., Prebisch, 1949; Singer, 1950) e pela Comissão Económica para a América Latina da ONU (CEPAL). Embora não contestem, na sua maioria, a possibilidade de se verificarem ganhos de curto prazo, defendem que, a longo prazo, o comércio internacional tem consequências negativas para os PVDs. De acordo com estes autores, tais países tendem a especializar-se em produtos com reduzidas elasticidades-rendimento da procura, pelo que as perspetivas de crescimento das exportações são pouco evidentes, favorecendo mais a criação de economias de "enclave" do que a sua transformação estrutural. Acresce que registam uma tendência para a constante deterioração dos termos de troca, pelo que o eventual crescimento observado nestes países seria, no longo prazo, empobrecedor. Relativamente à oferta, a especialização pode trazer dificuldades ao nível de elevados custos económicos e sociais de adaptação à divisão internacional do trabalho. No entanto, nas experiências concretas que analisaram, estes autores ignoraram o facto de os PVDs estarem frequentemente a proteger indústrias ineficientes, prejudicando o potencial dinâmico do comércio internacional. Compreende-se, então, que

COMÉRCIO INTERNACIONAL

a denominada "industrialização por substituição de importações", apesar do iniludível crescimento industrial que representou no período imediatamente após à sua implementação, tenha apresentado falta de eficácia no longo prazo, não correspondendo às expectativas dos seus defensores.

Outro trabalho que merece aqui referência é a proposta de Lewis (1954) sobre os termos de troca. Este autor apresentou um modelo com um único fator escasso, o trabalho, e supôs, por um lado, o Norte (desenvolvido) produtor de alimentos e aço e exportador de aço e, por outro, o Sul (menos desenvolvido) produtor de alimentos e café e exportador de café. Considerou ainda os *outputs* proporcionais aos *inputs* de trabalho em todos os bens e que os alimentos seriam exportados pela economia que apresentasse défice na troca dos bens aço-café. Adicionalmente, admitiu todos os bens comercializáveis, e calculou o preço relativo do aço e do café tendo por base o seu custo de produção. Finalmente, considerou, no Norte, o aumento da produtividade maior nos alimentos e, no Sul, maior no café. Assim, a ideia subjacente à análise é resumidamente a seguinte: no Norte uma unidade de alimentos tende a valer menos aço e no Sul tende a valer mais café. Donde, com o tempo, o café vale cada vez menos aço, pelo que os termos de troca do Sul se deterioram; ou seja, o comércio internacional é-lhe prejudicial.

No entanto, para o Sul, melhorias na tecnologia de produção de alimentos seriam duplamente benéficas: por um lado, aumentariam os rendimentos reais (que são medidos em relação ao preço dos alimentos) e, por outro, fariam aumentar o preço relativo do café em termos de aço. Assim, apesar da simplicidade de pressupostos, esta análise tem subjacente a mensagem de que os PVDs poderão beneficiar de "efeitos de crescimento" na sequência do comércio com PDs caso modernizem produções concorrentes, já que aumentarão o rendimento, o que lhes permitirá acumular capital capaz de gerar uma dinâmica de crescimento e favorecerá os seus termos de troca.

Finalmente, refira-se Emmanuel (1969) que apresentou o conceito de "troca desigual" partindo de dois pressupostos fundamentais: a mobilidade internacional do capital faz igualar as taxas de lucro e a imobilidade internacional do trabalho torna as taxas de salário em cada país exógenas. O modelo mais simples que contém estas ideias supõe que o Norte (desenvolvido) se especializa em aço e o Sul (menos desenvolvido) em café. O autor afirma que existe troca desigual enviesada contra o Sul porque o salário nesta economia é menor que no Norte. Note-se que a conotação "pejorativa" dos termos de troca desiguais pode ser enganadora. Com efeito, o ganho da economia do Sul com o comércio internacional pode existir mesmo que haja troca desigual.

4 · OUTROS TÓPICOS DE COMÉRCIO INTERNACIONAL

Por outro lado, as premissas de que entre os países existe uma taxa única de lucro e níveis salariais diferentes são problemáticas.

Aplicações empíricas

Expõem-se aqui algumas aplicações empíricas que resultam das sínteses teóricas exploradas na secção anterior e que,[70] portanto, se baseiam em última instância nas teorias neoclássicas do crescimento e do comércio internacional. Referem-se as análises estruturalistas, o contributo de Feder (1982), Ram (1987), Balassa (1978), Krueger (1985) e Banco Mundial (1987).

De entre as análises estruturalistas importa realçar Chenery *et al.* (1986) que, entre outros,[71] testaram a significância de variáveis de pendor "estruturalista" para concluir pela importância das mesmas na explicação do *output*, particularmente em amostras de PVDs. Sobretudo a partir da década de 60, merece destaque a prova empírica da importância do crescimento das exportações bem como o carácter restritivo ao crescimento representado por limites às importações. Tomando como exemplo um quadro resumo das conclusões de dois trabalhos de pendor estruturalista – Robinson (1971) e Feder (incluído no próprio Chenery *et al.*, 1986) – constata-se que o principal fator explicativo do crescimento do *output* é o crescimento do *stock* de capital, sendo diminuta a importância do fator trabalho. As transferências inter-sectoriais de recursos e o crescimento das exportações passam a ter um peso significativo na explicação do crescimento. O trabalho de Chenery e Syrquin (1989) merece também ser citado na medida em que, por um lado, observa, ao longo da transição para o novo estado estacionário, uma maior abertura dos países – o peso das exportações mais importações no PIB varia entre os 30 e os 37% ao longo da transição – e, por outro lado, constata, tendo em conta o tamanho dos países, a especialização e a abertura ao exterior, que os resultados em termos de taxa de crescimento do PIB entre 1950-1983 foram melhores nos países grandes, com especialização industrial e orientados para o exterior.

---

[70] Referências a outros trabalhos empíricos que aqui não são analisados podem ser encontradas em Jung e Marshall (1985).

[71] Por exemplo, Hagen e Hawrylyshyn (1969) e Chenery *et al.* (1970) testaram, no início dos anos 70, a significância de outras variáveis explicativas no crescimento dos PVD, para além das tradicionais fontes neoclássicas, como as transferências inter-sectoriais de recursos, Balança de Pagamentos e crescimento das exportações, tendo melhorado a capacidade explicativa do crescimento económico e concluído a significância da variável exportações como fonte de crescimento.

COMÉRCIO INTERNACIONAL

No seu artigo original, Feder (1982) procedeu a uma aplicação empírica da metodologia já descrita para explicar a taxa de crescimento do *output* (PIB) de um conjunto de países "semi-industrializados"[72] e marginalmente semi-industrializados de acordo com Chenery (1980a), no período de 1964-1973. Considerou a taxa média de crescimento do PIB a preços constantes como variável dependente e, como variáveis independentes, a taxa de investimento, a taxa de crescimento da população (*proxy* do crescimento da força de trabalho) e a taxa de crescimento das exportações a preços constantes ponderada pelo peso das exportações no *output*.

A formulação proposta por Feder é superior à tradicional formulação neoclássica na explicação das "fontes de crescimento" do *output* dos países incluídos nas amostras, devendo-se essa superioridade à inclusão do sector exportador. Por exemplo, a estimativa do parâmetro associado à variável do sector exportador é positiva, estando por isso de acordo com o postulado quanto à superioridade das produtividades marginais no sector exportador e ao efeito de externalidade do sector exportador sobre o outro sector da economia. Concluiu ainda que a afetação de uma unidade de capital ao sector exportador gera um valor marginal para a economia superior àquele que seria obtido caso fosse afetado ao sector não-exportador.

Ram (1987) estendeu a análise de Feder (1982) à estimação de séries temporais para cada um dos países de uma amostra de 88 PVDs, no período 1960-1985. Para além dos resultados horizontais nesta amostra de maior dimensão terem confirmado o efeito positivo do sector exportador, as estimações longitudinais mostram que cerca de 70% dos países revelam estatísticas F significativas, a pelo menos um nível de 10% de significância, embora, nos casos de economias de mais baixo rendimento, essa percentagem tenha descido consideravelmente (cerca de 40%). O parâmetro associado à variável exportadora, apesar de alguma dispersão, apresentou-se positivo em mais de

---

[72] Nos PVD pode caracterizar-se diferentes situações estruturais, em termos de inserção no comércio internacional. Seguindo uma topologia próxima da proposta por Ominami (1986), pode considerar-se: a) a Economia Exportadora de Produtos Primários – a que se refere Benetti (1974), a teoria *vent for surplus* de Mynt (1958 e 1965) e a *staple theory* de Warkins (1963) – correspondendo à situação de integração colonial e neocolonial dos espaços económicos e sociais pré-capitalistas e, portanto, mais identificada com o "atraso"; b) a "Industrialização por Substituição de Importações", correspondendo, em termos históricos, à modalidade mais corrente de industrialização periférica; c) a "Substituição de" Exportações e Industrialização Extrovertida", traduzindo a dinâmica de substituição de exportações, com base na qual emergiram na cena mundial, a partir de meados dos anos 60, novos exportadores de produtos manufacturados.

4 · OUTROS TÓPICOS DE COMÉRCIO INTERNACIONAL

80% dos casos, confirmando que, também em termos temporais, o crescimento das exportações tem efeitos positivos no crescimento da economia.

Balassa (1978), Krueger (1985) e Banco Mundial (1987)

Associada ao papel do comércio internacional no crescimento das economias aparece naturalmente a questão das políticas comerciais externas (dada a existência de barreiras ao comércio internacional). Balassa (1978), Krueger (1985) e Banco Mundial (1987) são três estudos que, pela sua influência, merecem aqui referência obrigatória.

Balassa (1978) comparou as estratégias de promoção das exportações e de substituição de importações. Para o efeito, baseando-se no trabalho de Michalopoulos e Jay (1973) e numa amostra de 10 países[73] com diferentes graus de utilização das estratégias extrovertidas e introvertidas, apresentou várias versões de regressões sob a forma de uma função de produção dinamizada, versões essas correspondendo a diversas medidas da *performance* exportadora. Mais especificamente, trabalhou com valores médios relativos aos 10 países para os períodos de 1960-1966 e 1966-1973, procedendo à estimação das regressões com base numa amostra *pooled* (*time-series* e *cross-section*). Nos resultados é patente a significância do crescimento das exportações.

No mesmo trabalho, o autor alargou a análise às diferenças entre países de acordo com a importância das exportações no *output*. Para o efeito adotou como metodologia a comparação entre o PNB *per capita* "hipotético" que cada um dos países atingiria se o crescimento das suas exportações fosse igual ao crescimento médio das exportações na amostra como um todo, e o PNB *per capita* observado, concluindo que os países com taxas de crescimento das exportações superiores à média registaram também a melhor *performance* em termos de PIB.[74] Em trabalhos mais recente, Balassa (1986 e 1987) analisou o crescimento económico, entre 1963 e 1984, de um conjunto de PVDs, que dividiu em voltados para o exterior[75] (países que abrem as suas fronteiras e

---

[73] Argentina, Brasil, Chile, Colômbia, Índia, Israel, Jugoslávia, México, República da Coreia e Taiwan.

[74] Destaque-se a diferença entre a Coreia e Taiwan, por um lado, e Chile, Argentina e a Índia, por outro (Balassa, 1978: pág. 187, tabela 3).

[75] Entre os mais importantes voltados para o exterior constavam República da Coreia, Singapura e Taiwan, e entre os voltados para o interior estavam Argentina, Egipto, Índia, Jamaica e Filipinas.

COMÉRCIO INTERNACIONAL

promovem as exportações) e voltados para o interior (países que impõem barreiras significativas ao comércio externo e apostam no desenvolvimento da indústria local e no mercado doméstico) e concluiu que os primeiros ultrapassaram o desempenho dos segundos, principalmente desde meados dos anos 70. A única exceção foi o período 1979-1982, em consequência da tomada de medidas drásticas de ajustamento face ao segundo choque do petróleo. Porém, os resultados foram rapidamente invertidos e a liderança foi reassumida.

Por sua vez, Krueger (1985) observa que, sobretudo a partir do início dos anos 60, alguns PVDs reduziram substancialmente as barreiras comerciais e outros controlos da atividade económica, o que deu origem a três factos principais: i) notáveis taxas de crescimento; ii) aumento acentuado da taxa de crescimento logo após a adoção da estratégia voltada para a abertura ao exterior;[76] iii) persistência de altas taxas de crescimento, indicando que as medidas voltadas para o mercado externo criaram efeitos dinâmicos na economia, para além de ganhos estáticos. Segundo a autora, face à estratégia comercial externa adotada, três conjuntos de fatores explicam as diferenças de desempenho entre economias: fatores tecnológicos, comportamento económico e considerações político-económicas.

No que diz respeito à tecnologia, muitos processos produtivos exigem dimensões mínimas para garantir a eficiência das unidades de produção (normalmente após aproveitamento de economias de escala consideráveis) e outros processos não admitem que a produção seja interrompida. A opção pela introversão leva a curtos períodos de produção e a custos variáveis mais elevados, acabando por restringir as indústrias locais a vendas no mercado interno. Em contrapartida, a opção pela extroversão permite instalar unidades produtivas de tamanho economicamente eficiente e manter longos períodos de produção, ou seja, as atividades eficientes podem expandir-se para além dos limites do mercado interno.[77]

---

[76] Salienta que, por exemplo, a estratégia de substituição de importações, que muitos países viram como meio de reduzir a dependência, acabou por aumentá-la. Com efeito, porque essa estratégia faz uso intensivo de importações de bens intermédios, a economia torna-se vulnerável a indisponibilidades de divisas. Em contrapartida, a estratégia orientada para o exterior reduz tal dependência, na medida em que as divisas aumentam rapidamente, os mercados diversificam-se e a flexibilidade da economia aumenta.

[77] Por essa razão, Krueger salienta que mesmo o argumento da "indústria nascente", normalmente utilizado pelos defensores do proteccionismo, caí por terra. De facto, num país extrovertido, desenvolve-se um ambiente mais competitivo e por isso mais saudável, permitindo-lhe expandir-se

4 · OUTROS TÓPICOS DE COMÉRCIO INTERNACIONAL

Por outro lado, os PVDs são geralmente bem dotados de trabalho não qualificado e, normalmente, a taxa de expansão da formação de capital humano e físico constitui um entrave à expansão do sector industrial. Ora, quando a proporção de fatores humanos e físicos empregues difere significativamente entre os vários sectores industriais, a estratégia extrovertida permite um crescimento mais rápido do valor acrescentado e do trabalho não qualificado na indústria para uma mesma taxa de formação de capital humano e físico. Com efeito, a dimensão do mercado proporcionada pelo comércio externo estimula a expansão das indústrias de exportação que usam trabalho relativamente não qualificado, podendo a partir daí caminhar-se para produções mais sofisticadas.

Finalmente, ainda no âmbito dos fatores tecnológicos, Krueger realça a questão da interdependência e da qualidade. Nota que, caso um país opte pela introversão, os produtores em geral acabam por adquirir *inputs* no mercado interno protegido, de fraca qualidade e a custos elevados, em virtude da escassez de divisas e da ausência de concorrência. Pelo contrário, num regime de comércio externo, os exportadores podem recorrer a fontes mais baratas e fiáveis e, assim, reduzir os custos de produção e aumentar a qualidade da produção.

Quanto às considerações político-económicas, refere que as medidas que procuram regulamentar e controlar através de meios negativos (por exemplo, restrições à importação), são menos eficazes do que aquelas que criam incentivos.

Ora, a promoção de exportações funciona através de incentivos positivos, de preferência ligados ao desempenho das empresas, enquanto que a substituição de importações baseia-se em medidas restritivas, muitas das vezes implicando uma maior complexidade de implementação e verificação. Assim, num regime introvertido as empresas têm incentivos para falsear as suas atividades de modo a obterem um maior número de licenças de importação e outras vantagens e privilégios. Num regime voltado para o comércio externo, com uma taxa de câmbio realista, o incentivo para falsear o desempenho é menor, bem como a possibilidade de fazê-lo: a entrega da receita em divisas é prova suficiente da atividade de exportação.[78]

---

para além da dimensão do mercado interno e aproveitar vantagens dinâmicas associadas ao desenvolvimento da indústria.

[78] Além disso, num regime extrovertido, o *feedback* que chega aos governantes quanto aos efeitos negativos das medidas é muito mais forte. Por exemplo, uma taxa de câmbio sobrevalorizada

COMÉRCIO INTERNACIONAL

Outro trabalho importante, pela sua divulgação a nível académico, institucional e político, foi o *World Development Report 1987* do Banco Mundial. Observando dados relativos a 41 PVDs, em dois períodos de tempo (1963-1973) e (1973-1985), enquadrou os países em quatro grupos, de acordo com a estratégia comercial adotada – fortemente extrovertidos, moderadamente extrovertidos, moderadamente introvertidos e fortemente introvertidos. Concluiu que a estratégia extrovertida promovia um mais rápido, sustentado e até equilibrado (em termos de distribuição pessoal do rendimento) crescimento económico e industrial. Por exemplo, identificou uma taxa de crescimento do PIB *per capita* descendente à medida que se caminha de países fortemente extrovertidos para os fortemente introvertidos. Além disso, o diferencial entre as taxas de crescimento do PIB *per capita* dos grupos extremos alargou-se do primeiro para o segundo período.

Na preparação deste trabalho do Banco Mundial, Rajapatirana (1987),[79] chefe da equipa que realizou o relatório, retomou alguns argumentos de Krueger (1985) para considerar que o comércio externo de um país é o meio para atingir uma industrialização eficiente. O comércio externo proporciona a obtenção de ganhos dinâmicos ao submeter a produção interna à concorrência internacional. A nível interno, permite que os países se especializem em diferentes ramos da indústria e, mais ainda, em diferentes estágios de produção. Além disso, possibilita o acesso à tecnologia e à expansão da procura de exportações que, por sua vez, pode estimular o desenvolvimento tecnológico e, assim, facilitar a industrialização.

Novos modelos de crescimento endógeno e comércio internacional

Na área da economia internacional, o "Paradoxo de *Leontief*" levantou, conforme se abordou na secção 2.1.2.5., animados debates e controvérsias teóricas das quais resultaram aprofundamentos empíricos e teóricos. Tal conduziu ao desenvolvimento de novas teorias do comércio internacional[80] que pro-

---

reflete-se muito mais nitidamente na queda das exportações num regime extrovertido do que um aumento do custo de obtenção de licenças de importação num regime introvertido.

[79] Outros autores do Banco Mundial poderiam ser referidos. É o caso, por exemplo, de Michaely *et al.* (1989).

[80] Excelentes *survey* destes desenvolvimentos é fornecida por Helpman e Krugman (1985) e Krugman (1989).

4 · OUTROS TÓPICOS DE COMÉRCIO INTERNACIONAL

curam explicar as vantagens não a partir de uma situação natural, estática, mas dentro de um processo evolutivo, associado ao crescimento económico, em que as características estruturais que lhes dão origem se vão alterando progressivamente.

Tal como referido no capítulo 2, a importância dessas características tem sido analisada no contexto de dois grandes grupos, correspondentes às abordagens neofatoriais e às abordagens neotecnológicas. Nos modelos neofatoriais, as estruturas de exportação são função da dotação relativa de trabalho qualificado que, por sua vez, depende dos investimentos na sua formação e manutenção. Já os modelos neotecnológicos reconhecem que a capacidade para criar e desenvolver produtos cuja tecnologia não se encontre padronizada ("capacidade para inovar") constitui um fator dinâmico que algumas economias possuem e que lhes garante um vantagem contínua, com reflexos no padrão de especialização e no crescimento.

Por seu lado, a teoria neoclássica do crescimento económico sofreu evoluções marcantes na última década, com o desenvolvimento dos modelos de crescimento endógeno. Estes modelos trouxeram para primeiro plano a acumulação de capital humano e a produção e difusão de inovações tecnológicas. O paralelismo entre estes elementos e o desenvolvimento referido na teoria do comércio externo não é acidental. De facto, os novos modelos de crescimento endógeno têm evoluído cada vez mais no sentido de uma análise integrada do crescimento económico e do comércio internacional, recuperando, neste aspeto, a tradição clássica interrompida com a separação neoclássica entre áreas.

Em consonância com essa evolução recente, abordar-se-á nesta secção os modelos de crescimento endógeno com comércio internacional e respetivas aplicações, começando por referir o segundo modelo de Lucas (1988), em que a acumulação de capital humano determina o padrão de especialização. Segue-se uma breve referência aos modelos de I&D endógenos de Romer (1990), Grossman e Helpman (1990, 1991a e 1991b) e Aghion e Howitt (1992) e, finalmente, serão apresentadas algumas aplicações.

No modelo *learning-by-doing and comparative advantage*, Lucas (1988) trata da relação do comércio internacional com o crescimento. Considera uma função de produção agregada com dois bens de consumo, sendo o capital humano o único fator de produção, e pressupõe que os efeitos deste capital humano são totalmente externos, ou seja, apenas são relevantes os níveis de qualificação médios. Além disso, a taxa de acumulação do capital humano

COMÉRCIO INTERNACIONAL

depende da quantidade de trabalho afeto à produção, traduzindo deste modo os efeitos de aprendizagem. Finalmente, os preços são determinados pela dotação de capital humano, porque existe substituibilidade entre bens de consumo e maximização do lucro. Com comércio internacional, cada país irá especializar-se no bem para o qual a sua dotação (em autarcia) em capital humano apresenta vantagem comparativa e essa especialização tende a reforçar-se. Caso as taxas de aprendizagem sejam diferentes entre sectores também as taxas de crescimento dos países o serão.

Nos modelos de crescimento endógeno iniciais de Romer (1986) e Lucas (1988), a função de produção da economia resultava da agregação das empresas que eram consideradas semelhantes. Tais abordagens revelaram-se demasiado agregadas e insuficientes para a correta explicação das fundamentações microeconómicas justificativas do funcionamento das externalidades e da decisão de investimento por parte dos agentes económicos. Assim, uma segunda geração de modelos de crescimento endógeno considera ser a inovação a base do processo de crescimento. A inovação é o produto de uma atividade explícita de I&D que tem lugar nas empresas e a rentabilidade da I&D aparece como o principal determinante da taxa de crescimento. Os principais (seminais e primeiros) modelos desta geração são os de Romer (1990), Grossman e Helpman (1990, 1991a e 1991b) e Aghion e Howitt (1992).

Os conhecimentos tecnológicos são, por natureza, bens sem rivalidade de uso, que a teoria microeconómica denomina de bens públicos: uma vez produzidos poderão ser colocados à disposição de todos sem custo adicional. Por conseguinte, o sistema de mercado não pode assegurar de maneira satisfatória a produção de tais bens sem intervenção estatal, que consiste em pôr em prática um sistema de patentes. Esse sistema dá à tecnologia o carácter económico de bem privado, em que é possível a exclusão de uso, podendo, portanto, ser vendido. Um problema económico surge imediatamente pois, por definição, a patente coloca o detentor em posição de monopólio e, portanto, poderá explorar essa posição e ganhar uma renda de monopólio. Por outro lado, a patente reveste-se para o seu utilizador num custo físico, dado que o seu preço é geralmente independente das produções levadas a cabo. Ora, com a abertura ao comércio internacional, maior será a dimensão do mercado e maiores serão as rendas do detentor, sendo em consequência maiores os incentivos para nova I&D.

Assim, o produtor encontra-se numa situação de custo fixo, o que equivale a dizer, numa situação de rendimentos crescentes, incompatível com um comportamento de concorrência perfeita. A inovação conduz a uma concorrência imperfeita com um carácter profundamente dinâmico que faz com que as rendas de monopólio sejam provisórias, ora porque a lei concede às patentes uma validade temporária, ora porque as inovações vão caindo progressivamente em desuso com o aparecimento de novas inovações. Portanto, subjacente à inovação está uma luta continua para reconquistar novas posições temporárias de monopólio.

Trata-se de um argumento contrário à análise neoclássica tradicional, cuja proposta assentava num combate às situações de monopólio por conduzirem a distorções de preço, prejudiciais à eficácia global da economia. Constitui, por outro lado, um certo retorno a Schumpeter (1911, 1934 e 1942) que, reconhecendo a validade do argumento neoclássico tradicional, sustenta um argumento mais forte que joga em sentido contrário porque as rendas de monopólio dão às grandes empresas a possibilidade de inovarem. Sendo assim, não pode ignorar-se que a necessidade de mercados abertos era, para o autor, uma exigência para a inovação ser bem-sucedida.

A modelização precisa do processo de inovação pode efetuar-se de diferentes maneiras. Tradicionalmente, pode ter-se inovações de produtos ou de processos. Uma das pistas mais interessantes consiste em considerar que uma melhoria nos produtos é um dos motores de crescimento. Essas melhorias podem operar-se ao nível dos bens de consumo como acontece em Grossman e Helpman (1991a e 1991b), onde o crescimento assume um aspeto qualitativo, pois em lugar de se traduzir num aumento das quantidades consumidas, identifica-se por um aumento da variedade ou quantidades de bens postos à disposição dos consumidores.

Romer (1990) e Grossman e Helpman (1990) consideram que a diferenciação incide sobre o número de bens intermédios à disposição dos produtores. O capital físico genérico é transformado num número cada vez mais significativo de bens intermédios que servem de suporte a novas formas de produção. Uma função de produção particular descreve a forma como o número de inovações realizadas durante um período dependem do esforço de I&D. Romer (1990) considera que o *stock* global de conhecimentos, representado pelo número de inovações passadas, provoca um efeito de externalidade na I&D atual. Com efeito, o registo de uma patente interdita a utilização da inovação na produção, mas não exclui a sua utilização gratuita como fonte de inspiração para a I&D posterior.

COMÉRCIO INTERNACIONAL

Aghion e Howitt (1992), por seu lado, desenvolvem um modelo ligeiramente diferente, com chamada de atenção para o aspeto particularmente interessante da "destruição criativa". Observam que o tempo para realizar uma inovação é aleatório e que as inovações são construídas a partir das anteriores, de modo que estas últimas podem ficar obsoletas. Assim, uma nova inovação, em lugar de se ajustar simplesmente ao *stock* existente, torna não rentáveis as inovações antigas, pelo que o modelo destes autores baseia-se no processo de "destruição criativa" de Schumpeter (1934).

No que se refere mais especificamente à interligação entre comércio externo e crescimento, os trabalhos de Romer (1990) e Grossman e Helpman (1990, 1991b) referem-na explicitamente. Romer (1990) considera que mesmo na hipótese de um país com elevada população e, portanto, muitos trabalhadores e consumidores, a abertura ao comércio internacional, ao integrar economias com diferentes níveis agregados de capital humano, é um fator potenciador do crescimento. O seu modelo sugere que a questão fundamental para o crescimento é a integração, não numa economia com um número elevado de pessoas, mas antes com uma elevada dotação de capital humano. Grossman e Helpman (1990) reconhecem que a taxa de crescimento mundial depende da afetação do capital humano entre os sectores e do nível existente nos países. Com efeito, a afetação de capital humano à I&D afeta positivamente a taxa de crescimento, o mesmo acontecendo com o seu aumento à escala mundial ou no país com vantagem comparativa em I&D.

Tal como Rivera-Batiz e Romer (1991a), Grossman e Helpman (1991b) analisam as implicações da troca internacional sobre o crescimento, procedendo a uma série de comparações dos sentidos de crescimento de uma economia isolada com os de uma economia aberta ao exterior, sublinhando que: (i) as economias abertas têm acesso a uma base mais alargada de conhecimentos tecnológicos, pois o comércio ajuda o processo de difusão tecnológica; (ii) o comércio externo favorece a comunicação de informações técnicas, permitindo a acumulação mais rápida de conhecimentos, a redução dos custos de desenvolvimentos de produtos, a introdução mais rápida de novas variedades de bens, e, finalmente, uma taxa de crescimento mais elevada; (iii) uma aceleração do crescimento pode ser obtida simplesmente pela eliminação de redundância resultantes da abertura entre países (por exemplo, cada um pode dedicar-se a investigações diferentes); (iv) o alargamento de mercado ao traduzir-se numa concorrência mais forte, favorece a criatividade, a inovação, a exploração de economias de escala e, por conseguinte, o crescimento económico.

4 · OUTROS TÓPICOS DE COMÉRCIO INTERNACIONAL

Barro e Sala-i-Martin (1997), entre outros, consideram um modelo dinâmico de equilíbrio geral em que o crescimento endógeno é conduzido pela I&D, considerando dois países – um país inovador (líder, Norte) e um país imitador (seguidor, Sul) – e a imitação como veículo de transferência internacional do conhecimento técnico. Quando a imitação começa, é mais barata que a inovação, mas o custo de imitação cresce com a diminuição do gap tecnológico inter-país, i.e., o custo de imitação cresce até ao *steady-state* à medida que a quantidade de bens a imitar decresce, e no *steady-state* igualiza o custo de inovação. Assim, durante a dinâmica de transição para o *steady state* o Sul cresce mais que o Norte (i.e., converge) e no *steady state* as taxas de crescimento são iguais. Num modelo com efeitos de feedback entre países, Afonso (2012) obtém resultados semelhantes.

Em termos de aplicações, refira-se que existem alguns estudos empíricos influentes na literatura do crescimento endógeno que, embora não pretendam necessariamente mostrar especificamente a importância do comércio internacional, acabam por identificar a sua importância como fator de crescimento. É o caso de Levine e Renelt (1992), que sublinharam, por um lado, a existência de uma relação positiva entre as taxas de investimento e de crescimento do PIB e, por outro lado, uma relação semelhante entre as taxas de crescimento das exportações e de investimento. Assim, o impacto do crescimento das exportações sobre o crescimento não se exerce apenas diretamente através do efeito positivo sobre a produtividade, mas também indiretamente pelo acréscimo da taxa de poupança que permite e que se "materializa" no acréscimo da taxa de investimento.

Outro estudo empírico de carácter geral foi realizado por Englander e Gurney (1994a). Estes autores têm em conta as novas abordagens da teoria do crescimento e procuram avaliar a sua contribuição para a compreensão da evolução da produtividade nos países da OCDE. Constatam que, nas análises recentes, a acumulação de capital humano e físico (incluindo as infra-estruturas), a I&D, os conhecimentos técnicos e as trocas, são apresentados como os principais fatores explicativos do crescimento da produtividade a longo prazo. Em particular, as trocas permitem uma difusão mais rápida de novos produtos, processos e resultados de I&D entre as economias. Citam Maddison (1991) para salientar a correlação positiva entre produtividade e crescimento das exportações ao longo de quatro fases de crescimento económico. A correlação entre os ganhos na produtividade do trabalho e o crescimento das exportações, assim como entre os ganhos na produtividade do trabalho e a diferença entre a taxa de crescimento das exportações e a taxa de crescimento do *output*, sugere que os períodos de maior intensidade das trocas são também aqueles em que o crescimento da produtividade do trabalho é mais rápida.

Relativamente à interpretação da correlação, os autores são peremptórios em afirmar que tem a ver com os ganhos decorrentes da especialização (que permite aos países beneficiarem de eficiências estáticas e de eficiências dinâmicas), com o encorajamento da concorrência e da competitividade e com o facto do comércio externo constituir o melhor terreno de ensaio para as empresas fazerem as suas provas. Assim se compreende que afirmem que as empresas mais *performantes* são aquelas que participam com sucesso nos mercados mundiais.

Baldwin (1989) atendeu aos mecanismos endógenos do crescimento, analisando empiricamente as consequências da criação do mercado único europeu em 1992 e constatou que deveria provocar um aumento da taxa de crescimento global, dado os efeitos: (i) a médio prazo sobre o volume de poupança e investimento – desde logo, os ganhos estáticos do crescimento traduzir-se-iam no crescimento do produto que, por sua vez, se transformava num maior volume de poupança que, canalizada para investimento, geraria um aumento do *stock* de capital; (ii) a longo prazo sobre as taxas de crescimento da produção e consumo; (iii) sobre os determinantes da rentabilidade da inovação na Europa, pois uma inovação protegida mediante uma patente durante um certo período, será tanto mais rentável quanto maior for o mercado de venda do produto com rentabilidade.

Rivera-Bátiz e Romer (1991b) concluem que a integração mundial, na medida em que promove um aumento do mercado potencial, gera incentivos à própria investigação industrial. Além disso, comparativamente com os residentes em economias isoladas, os residentes da economia integrada têm acesso a uma base de conhecimentos tecnológicos mais vasta – o próprio comércio ajuda o processo de difusão tecnológica – e a exposição à concorrência internacional tende a evitar a redundância na investigação industrial.

Bertola (1992), no contexto analítico dos modelos de crescimento endógeno, propôs resultados mais modestos para o resultado da integração europeia, tendo em conta a relação entre a eficácia económica global da "união" e os fenómenos de localização do crescimento. Para o efeito, partiu da interação entre a mobilidade dos fatores e o crescimento endógeno, considerando dois países (ou duas localizações) suscetíveis de serem integrados. Assim, de forma a modelizar um crescimento endógeno, supôs que o progresso técnico não

4 · OUTROS TÓPICOS DE COMÉRCIO INTERNACIONAL

incorporado de cada país depende do seu *stock* de capital e concluiu que, se o rendimento do investimento for superior num dos países, com a integração dos mercados do produto e do capital, o *stock* de capital do outro país desloca--se para o primeiro, bem como o fator trabalho (se existir mobilidade do fator trabalho) e, portanto, só esse país crescerá. Este resultado sugere que a concentração da produção e do crescimento é a consequência da integração.

Por outro lado, supondo que o progresso técnico não incorporado de um país depende do *stock* de capital dos dois países e que ambos registam um progresso técnico regular (quer estejam ou não integrados os mercados do capital e produto), então, numa situação de imobilidade do trabalho, a deslocalização do fator capital (dos países capital abundantes para os outros) permite uma convergência dos rendimentos do investimento privado e das taxas de crescimento entre os dois países. Se, no entanto, o trabalho for móvel, a deslocalização processa-se de modo a igualar as taxas de salário, mas esta mobilidade do trabalho não maximiza os rendimentos do investimento (no caso mais favorável, conduz a uma posição estável). Pode dizer-se que, de acordo com Bertola (1992), a mobilidade gera uma excessiva concentração dos fatores de produção que pode ser prejudicial ao crescimento global, pelo que apela a um conjunto complexo de medidas de política económica.

Um conjunto significativo de trabalhos que enfatizam o papel do comércio externo centra-se com maior intensidade no efeito de convergência (*catch--up bonus*). Trata-se de um efeito importante no âmbito de um processo de integração económica, embora teoricamente se manifeste em qualquer economia aberta ao exterior que não seja líder na produtividade. A formulação básica consiste em considerar que os PVDs têm à sua disposição, para além do estímulo de alcançar o(s) líder(es), uma série de tecnologias com provas dadas e, portanto, a possibilidade de optar pela "melhor" ou mais adequada às suas necessidades e disponibilidades a um custo inferior (imitação). Sustenta, ainda, que o diferencial das taxas de crescimento do PIB de um dado país que está a convergir tende a diminuir com a redução do *lag*, pois são menores as oportunidades de imitação, de difusão ou de convergência de conhecimentos. Por fim, releva o fato do efeito depender da intensidade das trocas internacionais e da capacidade de adoção tecnológica interna.

Um bom exemplo deste tipo de abordagem é o estudo de Fecher (1992). Propôs um modelo global de *catching-up* em que o nível de ineficiência técnica é utilizado como medida do processo de *catching-up* e este, por sua vez, explica o crescimento da eficiência técnica, enquanto que as actividades de

COMÉRCIO INTERNACIONAL

I&D explicam sobretudo a evolução do progresso técnico. Quer as despesas em I&D, quer o efeito *catching-up* influencia a produtividade total dos fatores (PTF), mas através de canais distintos. Fecher (1992) considerou também algumas hipóteses adicionais relacionadas com o ambiente internacional em que o processo de *catching-up* e as atividades de I&D se desenrolam. Assim, salientando que os sectores I&D não conseguem impedir que outros sectores nacionais e estrangeiros beneficiem dos seus projetos, incluiu uma medida de externalidade internacional e intrasectorial. Além disso, considerou duas variáveis adicionais que refletem as alterações dos termos de troca para verificar se o comércio internacional influencia a produtividade e o crescimento da procura mundial.

Esta análise constata ainda o poder explicativo do efeito de *catching-up* e da I&D sobre a PTF e o interesse da respetiva decomposição em progresso técnico e crescimento da eficiência técnica. Os resultados da extensão por inclusão da referida externalidade e variáveis externas sugerem que os coeficientes associados às variáveis *catching-up* e I&D são relativamente robustos à inclusão das novas variáveis explicativas. A variável da externalidade da I&D tem um efeito positivo e significativo sobre o progresso técnico, enquanto que variações da procura mundial e alterações dos termos de troca têm um impacto positivo sobre a PTF.

Pode igualmente referir-se o trabalho de Englander e Mittelstadt (1988), que atribui o menor crescimento da produtividade na OCDE sobretudo à diminuição na acumulação de capital, à redução das taxas de utilização das capacidades produtivas e à diminuição das possibilidades de *catching-up*. Relativamente a este último fator, constatam que, durante os anos 60, os países da OCDE puderam melhorar a sua *performance* por via da captação das inovações registadas nos EUA (país líder), num contexto de expansão rápida das trocas internacionais e de redução das barreiras comerciais. No entanto, à medida que o nível tecnológico de todos os países convergiu para o dos EUA, as possibilidades de melhorias tornaram-se cada vez mais limitadas.

Também para Larre e Torres (1991), o processo de *catching-up* é um fator importante para a obtenção de ganhos de produtividade. Quanto aos canais que o permitem destacam a importação de tecnologia por agentes residentes e o estabelecimento de firmas estrangeiras que, por seu turno, importam ou produzem esses bens de investimento. Ben-David (1993) confere um papel central ao comércio internacional como propagador de efeitos de *catching-*

-up, pois a existência de convergência parece coincidir com a abertura ao comércio internacional. Este trabalho fornece evidência a favor da abertura ao comércio internacional, pelo impacto importante e positivo daí resultante nos rendimentos e na convergência real dos países mais pobres.

Outros trabalhos de natureza mais geral no que diz respeito à identificação de fatores de crescimento concluem igualmnte pela importância do efeito *catching-up*. É o caso de Englander e Gurney (1994a), para quem o crescimento global da produtividade está ligado à imitação da tecnologia utilizada pela economia líder, que se observa com a abertura dos mercados. Também Pack (1994), relevando a importância do comércio externo, sublinha que os países mais atrasados económica e tecnologicamente poderão registar acréscimos da produtividade pois o atraso inicial oferece uma oportunidade que pode ser explorada.

Diversos estudos consideram alternativamente que uma das razões porque o comércio externo contribui para o crescimento económico decorre do acesso a fatores de produção importados que incorporam novas tecnologias. Conhecida a importância da "captação" de novas tecnologias no crescimento económico, sobretudo por parte dos PVDs, discute-se a importância da abertura desses países ao comércio internacional na composição do investimento, e não apenas na acumulação total de capital.

De Long e Summers (1991 e 1993) estudaram a relação entre investimento em capital físico e o crescimento da produtividade, tendo ressaltado do seu estudo que os países que consagram uma maior proporção do seu PIB ao investimento em maquinaria tendem a registar um ritmo mais elevado de crescimento da produtividade. Estes autores mostram claramente que o investimento em máquinas tem origem nas importações, sobretudo quando se exclui da amostra os PDs, pelo que por essa via se incorpora tecnologia estrangeira. Assim se justifica o conselho de Rodrik (1994) e Lee (1995) a favor da abertura ao comércio internacional, em especial à importação de bens de capital.

Outras aplicações concentram-se na análise da I&D, capacidade de inovação e *spillovers*. Coe e Helpman (1993) estudaram a relação entre I&D e produtividade, relacionando os movimentos na PTF com alterações no *stock* de I&D doméstico e estrangeiro; ou seja, utilizam como *proxy* para *stock* de conhecimento (capacidade de inovação) as despesas acumuladas em I&D internamente e no exterior. Os resultados obtidos confirmam a relação positiva

COMÉRCIO INTERNACIONAL

entre o *stock* de I&D de um país e a sua própria produtividade: um aumento em 1% no *stock* de I&D nos 7 países mais industrializados provoca um aumento de 0,234% na sua produtividade. Nas restantes 15 economias, os ganhos são proporcionalmente menores, sendo que um aumento de 1% no *stock* de I&D eleva a respectiva produtividade em apenas 0,078%.

Assim, verifica-se que as despesas em I&D de cada país influenciam significativamente a produtividade dos outros países. Com efeito, relativamente a 1990, constata-se que: (i) grande parte dos benefícios do investimento em I&D dos países mais industrializados revertem para outros países. De acordo com os valores estimados, os maiores *spillovers* provêm dos EUA, que possui o *stock* de I&D mais elevado: cada aumento de 1% no seu *stock* eleva a produtividade dos outros países em 0,0422%; (ii) o efeito sobre a PTF doméstica do *stock* da I&D externa é tanto maior quanto mais aberta ao comércio internacional for uma economia; (iii) as economias que mais beneficiam do *stock* de I&D externos são as menos desenvolvidas.

Posteriormente, Coe *et al.* (1995) desenvolvem este último ponto, aplicando o mesmo tipo de modelo a uma amostra com maior presença de PVDs, e assumindo que o comércio externo tem um papel decisivo na transmissão dos referidos *spillovers*, conforme sugerem os recentes desenvolvimentos das teorias do comércio internacional e do crescimento económico. Com base nos resultados estimados por Coe *et al.* (1995) destaque-se: (i) na sequência do comércio externo, os PVDs obtêm importantes *spillovers* oriundos da I&D levada a cabo pelos PDs – importando dos PDs, os PVDs adquirem *inputs* de alta tecnologia que tornam as suas próprias indústrias mais eficientes; (ii) os maiores *spillovers* provêm dos EUA, que possui o maior *stock* de I&D; (iii) existe uma importante associação entre intensidade do comércio externo e proveniência dos *spillovers* dos PVDs.

Um último estudo que merece ser citado é o de Frankel *et al.* (1996), que abordam o problema da direção da causalidade crescimento-comércio externo com base na experiência dos países do sudeste asiático. Estes autores começam por referir que estimativas de diversos estudos empíricos têm atribuído um papel decisivo à abertura ao comércio internacional como determinante do crescimento económico, mas que essas estimativas têm sido obtidas com base em metodologias que não têm capacidade para testar a direção de causalidade existente. Testam a possibilidade de determinação simultânea do crescimento e do comércio externo, este último modelizado de acordo com uma abordagem gravitacional. Os seus resultados permitem concluir que as explicações tradicionalmente sugeridas para o crescimento dos países do sudeste asiático são relevantes: o efeito *catching-up*, investimento e educação, e a abertura ao comércio têm um papel substancial em muitos países. Acresce que, no caso de existir causalidade, esta vai no sentido de reforçar o efeito positivo do comércio externo no crescimento económico.

BIBLIOGRAFIA

Abramowitz, M. (1956), "Resource and output trends in the United States since 1870", *American Economic Review*, 46(2), 5-23.

Afonso, O. (2012), "Scale-independent North-South trade effects on the technological-knowledge bias and on wage inequality." *Review of World Economics* 148(1), 181-207.

Aghion, P. e Howitt, P. (1992), "A model of growth through creative destruction", *Econometrica*, 60(2), 323-351.

Amador, J. S. Cabral (2009), *Intra-Industry Trade in the Portuguese economy: Products and Partners*, Economic Bulletin and Financial Stability Report Articles and Banco de Portugal Economic Studies.

Anderson, J.E., (1979), "Theoretical Foundation for the Gravity Equation", *American Economic Review*, 69, 106-16.

Anderson, J.E., (2011), "The Gravity Model", *Annual Review of Economics*, 3(1), 133-160.

Appleyard, D. e Field, A. (1998), *International Economics*, 3ª Ed., Irwin e McGraw-Hill.

Appleyard, D., Field, A. e Cobb, Steven (2006), *International Economics*, 5ª Edição, McGraw-Hill.

Arrow, J. K., "The economic implications of learning by doing", *Review of Economic Studies*, 29, Junho, 1962, págs. 154-174 (reed. in Stiglitz, J. e Uzawa, H., *Readings in the Modern Theory of Economic Growth*, MIT, 5th Ed., 1979).

Bagwell, K. e Staiger, R.W. (2009), *The WTO: Theory and Practice*, WTO Staff Working Paper ERSD-2009-11.

Balassa, B., (1961), *The Theory of Economic Integration*, Richard D. Irwin, Inc., Londres.

Balassa, B. (1963), "An empirical demonstration of classical comparative cost theory", *Review of Economics and Statistics*, 45, 231-238.

Balassa, B. (1978), "Exports and economic growth: further evidence", *Journal of Development Economics*, 5(2), 181-189.

Balassa, B. (1986), "Policy responses to exogenous shocks in developing countries", *American Economic Review*, 76(2), 75-78.

Balassa, B. (1987), "Adjustment policies in developing countries: a reassessment", in *Change and Challenge in the World Economy*, Macmillan, London, 89-101.

Baldwin, R. (1989), "The growth effects of 1992", *Economic Policy*, 9, 248-281.

Baldwin, R. e Tafglioni, D., (2007), Trade Effects of the Euro: a Comparison of Estimators. *Journal of Economic Integration*, 22(4), 780-818.

Banco Mundial (1987), *World Development Report 1987*.

Barney, J. B. (1986), *Strategic Factor Markets: Expectations, Luck and Business Strategy.* in *Management Science*, 42, 1231-1241.

Barney, J. B. (1991), *Firm Resources and Sustained Competitive Advantage.* in *Journal of Management*, 17(1), 99-120.

Barro, R., e Sala-I-Martin, X. (2004), *Economic growth*, New York, MCGraw-Hill, Advanced Series in Economics.

Bergstrand, Jeffrey H., (1989), *The Generalized Gravity Equation, Monopolistic Competition, and the Factor-Proportions Theory in International Trade*, The Review of Economics and Statistics, 71/1, 143-153.

Bertola, G. (1992), "Factor shares in OLG models of growth", *Princeton University*, Working paper, 1992.

Blomström, M. e Kokko, A. (1997), *Home Country Effects of Foreign Direct Investment: Evidence from Sweden.* NBER Working Paper 4639, Cambridge.

Blonigen, B. (2001), *In Search of Substitution Between Foreign Production and Exports.* in *Journal of International* Economics, 53, 81-104.

Braunerhjelm, P. e Oxelheim, L. (2000), *Does Foreign Direct Investment Replace Home Country Investment? The Effect of European Integration on the Location of Swedish Investment.* in *Journal of Common Market Studies*, 38(2), 199-221.

Buckley, J. e Casson, M. (1976), *The Future of the Multinational Enterprise.* Macmillan, London.

Burgstaller, A. e Saavedra-Rivano, N. (1981), *Capital Mobility and growth in a North-South model.* Columbia University Economics Department Discussion Paper nº 111.

Caliendo, Lorenzo e Fernando Parro (2015), *Estimates of the Trade and Welfare Effects of NAFTA*, Review of Economic Studies, 82, 1-44.

Carrère, C. (2006), Revisiting the Effects of Regional Trade Agreements on trade flows with proper specification of the gravity model. *European Economic Review*, 50/2, 223-247.

Cass, D. (1965), "Optimum growth in an aggregative model of capital accumulation", *Review of Economic Studies*, 32(3), 233-240.

Castro, Francisco B. (2000), *Foreign Direct Investment in the European Periphery: The competitiveness of Portugal*, Tese de Doutoramento, Univerisdade de Leeds, Reino Unido.

BIBLIOGRAFIA

Caves, R., (2007), *Multinational Enterprise and Economic Analysis*. Cambridge University Press.

Chacholiades, Miltiades (1990), International Economics, McGraw-Hill, SingaPore.

Chenery, H. (1980), *The semi-industrial countries*, World Bank, Washington, DC, Draft, July 1980.

Chenery, H. e Syrquin, M. (1975), *Patterns of development 1950-1970*, London, Oxford University Press, 1975.

Chenery, H. e Syrquin, M. (1989), "Patterns of development 1950-1983", *World Bank, Discussion Papers*, nº 41, Washington.

Chenery, H., Elkington, H. e Sims, C. (1970), A uniform analysis of development patterns. Economic Development Report 148, Harvard University Centre for International Affairs, Cambridge, Mass.

Chenery, H., Robinson, S. e Syrquin, M. (1986), *Industrialization and growth: a comparative study*, World Bank Research Publication, Oxford University Press.

Chenery.H., Robinson, S. e Syrquin, M. (1986). Industrialization and growth: a comparative study. A World Bank Research Publication, Oxford University Press.

Coase, R. (1937). *The Nature of the Firm*. In Economica, 4, 386-405.

Cobb, C. W. e Douglas, P. H. (1928), "A theory of production", *American Economic Review*, 18, supl., 139-165.

Coe, D. e Helpman, E. (1993), "International R&D spillovers", *National Bureau of Economic Research (NBER)*, Working Paper nº 4444.

Coe, D., Helpman, E. e Hoffmaister, A. (1995), "North-South R&D spillovers", *National Bureau of Economic Research (NBER)*, Working Paper 5048, Cambridge.

De Long, B. e Summers, L. (1991), Equipment Investment and Economic Grouth. *Quarterly Journal of Economics*, 106(2), 445-502.

De Long, B. e Summers, L. (1993), How Strongly do Developing Economies Benefit from Equipment Investment? *Journal of Monetary Economics* 32, 395-415.

Deardoff, Allan V. (1998), Determinants of Bilateral Trade: Does Gravity Work in a Neoclassical World?, in Jeffrey A. Frankel ed. *The Regionalization of the World Economy*, University of Chicago for the NBER, 7-32.

Dedrick, J., Kraemer, K.L. e Linden, G. (2010), "Who profits from innovation in global value chains?: a study of the iPod and notebook PCs", *Industrial and Corporate Change* 19(1), 81- 116.

Denison, E. (1962), "Sources of economic growth in the United States and the alternatives before Us", *Supplementary Paper*, nº 13, New York, Committee for Economic Development, 1962.

Denison, E. (1974), *Accounting for United States economic growth 1929-1969*, Washington, D.C., the Brookings Institution, 1974.

Denison, E. (1985), *Trends in American economic growth, 1929-1982*, Washington, D.C., the Brookings Intitution, 1985.

COMÉRCIO INTERNACIONAL

Destanne de Bernis, G. (1977), Relations economiques internationales. Dalloz, Paris.

Dicken, Peter (2015), *Global Shift – Mapping the Changing Contours of the World Economy*, Sage Publications Ltd., London, UK.

Domar, E. (1937), "Expansion and employment", *American Economic Review*, 37, 34-55.

Domar, E. (1946), "Capital expansion, rate of growth and employment", *Econometria*, 14, págs. 137-147 (reed. in Stiglitz, J. E. and Uzawa, H., *Readings in the modern theory of economic growth*, 5th Ed., MIT Press, 1979).

Dunning, J. (1977), *Trade, Location of Economic Activity and the Multinational Enterprise: a Search for an Eclectic Approach*. in *The International Allocation of Economic Activity*, 395-418, Macmillan, London.

Dunning, J. (1981), *Explaining the International Direct Investment Position of Countries: Towards a Dynamic and Developmental Approach*. in *Weltwirtschaftliches Archiv*, 117, 30-64.

Dunning, J. (1988), *The Eclectic Paradigm of International Production: a Restatement and Some Possible Extensions*. in *Journal of International Business Studies*, 19, 1-31.

Dunning, J. (1993), *Multinational Enterprises and the Global Economy*. Addison--Wesley Publishing, Massachusetts.

Dunning, J. (1997), *Alliance Capitalism and Global Business*. Routledge, London and New York.

Dunning, J. e Lundan, S. (2008), *Multinational Enterprises and the Global Economy*. Edward Elgar Publishing, Cheltenham.

ECORYS (2017), *Sustainability Impact Assessment in support of the negotiations on a Transatlantic Trade and Investment Partnership (TTIP) – Final Report*, European Commission, March.

Emmanuel, A. (1969), L'Echange Inégal. Maspero, Paris.

Englander, A. e Gurney, A. (1994a), "La productivité dans la zone de L'OCDE: les déterminants a moyen terme", *Revue économique de l'OCDE*, 22, 53-119.

Englander, A. e Gurney, A. (1994b), "Croissance de la productivité dans la zone de l'OCDE: tendences a moyen terme", *Revue économique de l'OCDE*, 22, 121-141.

Englander, A. e Mittelstadt, A. (1980), "La productivité totale des facteurs: aspects macro-économiques et structurels de son ralentissement", *Revue économique de l'OCDE*, 10, 8-64.

Evenett, S. e Keller W., (2002), On Theories Explaining the Success of the Gravity Equation, *Journal of Political Economy*, 110/2, 281-316.

Fecher, F. (1992), "Croissance de la productivité, rattrapage et inovation: une analyse des secteurs manufacturiers de l'OCDE", *Economie & Prevision*, 102-103, Paris, 117-127.

Feder, G. (1982), "On exports and economic growth", *Journal of Development Economics*, 12(1 e 2), 59-73.

Findlay, R. (1980), "The terms of trade and equilibrium growth in the world economy", *American Economic Review*, 70, 291-299.

Findlay, R. (1984), "Growth and development in trade models", in Jones, R. W. and Kenen, P. B., *Handbook of International Economics*, 1, 185-236.

Florence, P. S. (1948), Investment, Location and Size of Plant –, Cambridge: at the University Press.

Fonseca, M. (2014), *Investimento Directo de Portugal no Exterior: Padrão de Desenvolvimento e Efeitos Domésticos*, Tese de Doutoramento, Instituto Superior de Economia e Gestão, Lisboa.

Fontaine, P. (2017), *A Europa em 12 lições*, Comissão Europeia, DireçãoGeral da Comunicação, Bruxelas.

Forte, R. e Moura, R. (2013), *The effects of foreign direct investment on the host country's economic growth: Theory and empirical evidence.* in The Singapore Economic Review, 58(3), 1-28.

Forte, R. e Silva, V. (2017), *Outward FDI and Home Country Exports: Theoretical Approaches and Empirical Evidence.* in *The International Trade Review*, 31 (3), 245-271.

Frank, A. (1970), Le Developpement de Sousdéveloppent em Amérique Latine. Maspero, Paris.

Gehrels, F., (1956), *Customs Union from a Single-Country Viewpoint*, in *Review of Economic Studies*, 24, 61-64.

Ghemawat, Pankaj (2001), "Distance still matters", *Harvard Business Review*, Tool Kit, 1-11.

Greenaway, D, C. Milner (1987), Intra-industry trade: Current perspectives and unresolved issues, *Review of World Economics*, 123 – 1, 39-57.

Greenaway, D, J. Torstensson (1997), Back to the Future: Taking stock on intra-industry trade, *Review of World Economics*, 133 – 2, 249-269.

Griliches, Z. e Jorgenson, D. (1967), "The explanation of productivity change", *Review of Economic Studies*, 34, 249-283.

Grossman, G. e Helpman, E. (1990), "Comparative advantage and long-run growth", *American Economic Review*, 80(4), 796-815.

Grossman, G. e Helpman, E. (1991a), "Quality ladders in the theory of growth", *Review of Economic Studies*, 58, 43-61.

Grossman, G. e Helpman, E. (1991b), *Innovation and growth in the global economy*, Cambridge, Massachusetts and London, MIT Press.

Hagen, E. e Havrylyshyn, O. (1969), "Analysis of world income and growth, 1955-1965", *Economic Development and Cultural Change*, 18(1), Part II, 1-96.

Harrod, R. F. (1939), "An essay in dynamic theory", *Economic Journal*, 49, 14-33 (reed. in Stiglitz, J. E. and Uzawa, H., *Readings in the modern theory of economic growth*, MIT Press, 5th Ed., 1979).

Harrod, R. F. (1948), *Towards a dynamic economics* –, MacMillan, London, 1948.

COMÉRCIO INTERNACIONAL

Helpman, E. e Krugman, P. (1985), *Market structure and foreign trade: increasing returns, imperfect competition and the international economy*, Cambridge, Mass.: MIT Press.

Herzer, D. & Schrooten, M. (2007), *Outward FDI and Domestic Investment*. DIW Discussion Paper 679, Berlin.

Herzer, D. (2011), *Outward FDI, Total Factor Productivity and Domestic Output: Evidence from Germany*. in International Economic Journal, 26, 155-174.

Hill, C. (2007), *International Business: Competing in the Global Marketplace*, 6ª Edição, McGraw-Hill.

Hollensen, S. (2007), *Global Marketing: A Decision-Oriented Approach*, 4th Ed., Pearson Education Limited, England.

Hufbauer, Gary Clyde, Cathleen Cimino, e Tyler Moran (2014), *NAFTA at 20: Misleading Charges and Positive Achievements*, Peterson Institute for International Economics, May.

Hymer, S. (1960), *The International Operations of National Firms: A Study of Direct Foreign Investment*. MIT Monographs, Cambridge.

Johanson, J. & Mattsson, L. (1988), *Internationalization in Industrial Systems – a Network Approach*. in *Strategies in Global Competition*, 287-314, Croom Helm, New York.

Johanson, J. & Vahlne, J.E. (1977), The Internationalization Process of the Firm – A Model of Knowledge Development and Increasing Market Commitments. in *Journal of International Business Studies*, 8(1), 23-32.

Johanson, J. & Vahlne, J.E. (1990), The Mechanism of Internationalization. in *International Marketing Review*, 7(4), 11-24.

Johanson, J. & Vahlne, J.E. (2009), The Uppsala Internationalization Process Model Revisited: From Liability of Foreignness to Liability of Outsidership. in *Journal of International Business Studies*, 40, 1411-1431.

Johanson, J. & Wiedersheim-Paul, F. (1975), The Internationalization of the Firm – Four Swedish Cases. in *Journal of Management Studies*, October, 305-322.

Johnson, H. G. (1967a), *International trade and economic growth*, Cambridge, Mass.

Johnson, H. G. (1967b), *Economic policy towards less developed countries*, Allen and Unwin, Londres.

Johnson, H. G. (1971), *Trade strategy for rich and poor nations*, Allen and Unwin, Londres, 1971.

Jones, R. (1965), The structure of simple general equilibrium models. *Journal of Political Economics*, 73(6), 557-572.

Kindleberger, C. (1969), *American Business Abroad: Six Lectures on Direct Investment*.: Yale University Press, New Haven e London.

Knickerbocker, F. (1973), *Oligopolistic Reaction and the Multinational Enterprise*. Harvard University Press, Boston.

Koopmans, T. C. (1965), "On the concept of optimal economic growth", *Pontificia Academiae Scientiarum Scripta*, Varia 28, 348-357; and in *The econometric approach to development planning*, Amsterdam, North-Holland, 1965.

BIBLIOGRAFIA

Krueger, A. (1985), "Substituição de importações vs promoção de exportações", *Finanças & Desenvolvimento*, 20-23.

Krugman, Paul e Obstfeld, Maurice (2009), *International Economics*, 8ª Ed., Person International.

Krugman, Paul e Obstfeld, Maurice (2005), *International Economics*, 7ª Ed., Person International.

Krugman, P. (1989), "Industrial organization and international trade", in Schmalansee, R. and Willig, R. (eds.), *Handbook of Industrial Organization*, Vol. II, Elsevier Science Publishers, B. V..

Krugman, Paul; Obstfeld, Maurice e Melitz, Mark (2015), *International Trade, Theory and Policy*, 10ª Edição, Essex: Person Education Limited.

Kuznets, S. (1960), Economic growth of small nations. Ed. EAG Robinson, Macmillan & Co, London.

Kuznets, S. (1972), Croissance et structure Économiques. Perspectives del' Economique, *Economie Contemporaine*, Calmann-Lévy.

Larre, B. e Torres, R. (1991), "La convergence est-elle spontanée? expérience comparée de l'Espagne, du Portugal et de la Grèce", *Revue économique de l'OCDE*, 16, 193-223.

Lee, J. (1995), "Capital goods imports and long-run growth", *Journal of Development Economics*, 48, 91-110.

Levine, R. e Renelt, D. (1992), "A sensitivity analysis of cross-country growth regression", *American Economic Review*, 82(4), 942-963.

Lewis, W. A. (1954), "Economic development with unlimited supplies of labour", *Mancherster School of Economic and Social Studies*, 22, 139-191 [reed. in Agarwala e Singh (eds.), (1958)].

Lipsey, R., (1957), *The Theory of Customs Union: Trade Diversion and Welfare*, in *Economica*, 24, 40-46.

List, F. (1841), *Das nationale System der politischen Ökonomie*, Stuttgart/Tübingen.

Lucas, R. (1988), "On the mechanics of economic development", Marshall Lectures, 1985 (reed. *in Journal of Monetary Economics*, 22, 1988, 3-42).

Maddison, A. (1987), "Growth and slowdown in advanced capitalist economies: techniques of quantitative assesment", *Journal of Economic Literature*, XXV, 649-698.

Maddison, A. (1991), *Dynamic forces in capitalist development – a long-rum comparative view*, Oxford University Press.

Malthus, T. R. 1986 [1798], *An essay on the principle of population*, London, W. Pickering.

Marques, A., (2011), *Economia da União Europeia*. Edições Almedina.

Marshall, A. ([1890] 1986), *Principles of economics*, 8ª ed., Macmillan, Londres, 1920 (reed. in 1986).

Marx, K. ([1867] 1985), *O Capital*, edição em Portugês, Difel Editorial, São Paulo.

COMÉRCIO INTERNACIONAL

Meade, J. (1953), *Problems of economic union*, University of Chicago Press.

Meade, J., (1955), *The Theory of International Economic Policy*, 2, *Trade and Welfare*, Oxford University Press, Londres.

Michaely, M., Choksi, A., e Papageorgiou, D. (1989), "Como elaborar a liberalização do comércio", *Finanças & Desenvolvimento*, 2-5.

Michalopoulos, C. e Jay, K. (1973), "Growth of export and income in the developing world: a neoclassical view", *A.I.D. discussion paper*, 28, Washington, DC.

Michalopoulos, Constantine (2000), *Trade and development in the GATT and WTO: The role of special and differential treatment for developing countries*, WTO draft paper.

Mill, J. S. ([1848] 1929), *Principles of political economy*, edited by W. J. Ashley, Londres, Longmans, Green and Co.

Mucchielli, J.L. (1991), Alliances Stratégiques et Firmes Multinationales: Une Nouvelle Théorie pour des Nouvelles Form de Multinationalisation. in *Revue d' Economie Industrielle*, 55, 118-134.

Mynt, I. (1958), The classical theory of trade and underdeveloped countries. *Economic Journal* 68, 317-327.

Mynt, I. (1965), *The economics of developing countries*. New York, Praeger.

OCDE (2003), *A Taxonomy of statistical indicators for the analysis of trade and production.*

OCDE (2013), Interconnected Economies: Benefiting from Global Value Chains, *Synthesis Report*, OECD.

OCDE (2014), Global Value Chains: Challenges, Opportunities, and Implications for Policy, OECD, WTO and World Bank Group, *Report prepared for submission to the G20 Trade Ministers Meeting Sydney*, Australia, 19 July 2014.

OCDE (2017), "The rise of services in the global economy", in *Services Trade Policies and the Global Economy*, OECD Publishing, Paris.

OCDE-OMC (sd), "Trade in Value Added: Concepts, Methodologies and Challenges, *Joint OECD – WTO Note.*

OMC (1995), *Understanding the WTO*, Genebra.

OMC (2011), *International Trade Statistics 2011*, Genebra: WTO.

OMC (2013), *Factors shaping the future of world trade*, World Trade Report 2013, Genebra: WTO.

OMC (2014), Trade and development: recent trends and the role of the WTO, *World Trade Report 2014*, Genebra: WTO.

OMC (2017), *International Statistical Review 2017*, Genebra: WTO.

OMC – Organização Mundial do Comércio (2018a), *Regional Trade Agreements*, https://www.wto.org/english/tratop_e/region_e/rta_pta_e.htm.

OMC – Organização Mundial do Comércio (2018b), *Technical Information on anti-dumping*, https://www.wto.org/english/tratop_e/adp_e/adp_info_e.htm.

OMC (sd): https://www.wto.org

Ominami, C. (1986), Le tiers mond dans la crise. Editions la Découverte, Paris.

Oniki, H. e Uzawa, H. (1965), Patterns of trade and investment in adynamic model of international trade. *Review of Economic Studies*, 32,15-38.

Pack, H. (1994), "Endogenous growth theory: intellectual appeal and empirical shortcomings", *Journal of Economic Perspectives*, 8(1), 55-72.

Penrose, E. (1959), *The Theory of the Growth of the Firm*. Wiley, New York.

Pereira, Gonçalo (2014), *O sistema de resolução de conflitos na Organização Mundial do Comércio*, Tese de Mestrado, Universidade de Lisboa.

Perroux, F. (1978), Trois outils d' analyse pour l'etude du sousdeveloppement. *Economies et Sociétés*, Paris.

Prebisch, R. (1949), El desarrollo económico de América Latina y algunos de sus principales problemas. *Revista Cepal*.

Pugel, Thomas (2004), *International Economics*, 12ª Ed., Irwin e McGraw-Hill.

Rajapatirana, S. (1987), "Industrialização e comércio exterior", *Finanças & Desenvolvimento*, 2-5.

Ram, Rati (1987), "Exports and economic growth in developing countries: evidence from time-series and cross-section data", *Economic Development and Cultural Change*, 36(1), 51-72.

Ramsey, F. (1928), "A mathematical theory of savings", *Economic Journal*, 38(152), 543-559 (reed. in Stiglitz, J. E. and Uzawa, H., *Readings in the modern theory of economic growth*, MIT, 5th Ed., 1979).

Ricardo, D. ([1817] 1983), *The principles of political economy and taxation*, 1ª Edição, 1817; 3ª Edição em Português: *Princípios de economia política e de tributação*, Fundação Calouste Gulbenkiam, Lisboa, 1983.

Rivera-Batiz, L. e Romer, P. (1991a), "International trade with endogenous tecnological change", *European Economic Review*, 35, 971-1004.

Rivera-Batiz, L. e Romer, P. (1991b), "Economic integration and endogenous growth", *Quarterly Journal of Economics*, CVI(2), 531-555.

Robinson, S. (1971), "Sources of Growth in Less Developed Countries", *Quarterly Journal of Economics* 85(3), 391-408.

Rodrik, D. (1994), "Getting interventions right: how south Korea and Taiwan grew rich", *Working Paper, 20th Panel Meeting of Economic Policy*, December.

Romer, P. M. (1986), "Increasing returns and long-run growth", *Journal of Political Economy*, 94(5), 1002-1038.

Romer, P. M. (1990), "Endogenous technological change", *Journal of Political Economy*, 98(5), S71-S102.

Schumpeter, J. ([1934] 1968), *The theory of economic development: an inquiry into profits, capital, credit, interest, and business cycle*, 8th Ed., Cambridge, Massachusetts: Harvard University Press.

Schumpeter, J. (1942), *Capitalism, socialism and democracy*, Harper & Row, New York, 1942.

Smith, A. ([1776] 1981), *An inquiry into the nature and causes of the wealth of nations*; tradução portuguesa: *Inquérito sobre a natureza e as causas da riqueza das nações*, Fundação Calouste Gulbenkian, Lisboa.

Solow, R. (1956), "A contribution to the theory of economic growth", *Quarterly Journal of Economics*, 70, 65-94.

Solow, R. (1957), "Technical change and aggregate production function", *Review of Economic Studies*, 39, 312-320.

Stigler, G. (1951), "The division of labour is limited by the extent of the market", *Journal of Political Economy*, 185-193.

Stuart Mill, J. ([1848]/2017), *Principles of Political Economy*, Phoenix Classics.

Svennilson, I. (1954), *Growth and stagnation in the European Economy*, geneva, 1954.

UNCTAD (2018), World Investment Report 2018, New York, Geneva: United Nations.

Vernon, R. (1966), International Investment and International Trade in the Product Cycle. *Quarterly Journal of Economics*, 80(2), 190-207.

Viner, J. (1950), *The Customs Union Issue*, Carnegie Endowment for International Peace, New York.

Warkins, M. (1963), A staple theory of economic growth. Canadian Journal of Economics and Political Science 29, 520-544.

Wernerfelt, B. (1984), *A Resource-based View of the Firm*. in *Strategic Management Journal*, 5, 171-180.

Williamson, O. (1975), *Markets and Hierarchies: Analysis and Antitrust Implications*. Free Press, New York.

World Bank (2017), *Global Value Chain Development Report 2017: Measuring and Analyzing the Impact of GVCs on Economic Development*, Washington: The World Bank.

WTO (2018), *The GATT years: from Havana to Marrakesh*, https://www.wto.org/English/thewto_e/whatis_e/tif_e/fact4_e.htm

Tabela A1: As 30 maiores multinacionais não financeiras

Ranking por: Ativos no estrangeiro	ITN	Grupo empresarial	País de origem	Indústria ᶜ	Ativos No estrangeiro	Ativos Total	Vendas No estrangeiro	Vendas Total	Emprego No estrangeiro	Emprego Total	ITN (%)
1	38	Royal Dutch Shell plc	Reino Unido	Extrativa e Petróleo	349 720	411 275	152 018	233 591	67 000	92 000	74,3
2	63	Toyota Motor Corporation	Japão	Automóvel	303 678	435 958	173 529	254 753	148 941	348 877	60,2
3	36	BP plc	Reino Unido	Petróleo e Refinação	235 124	263 316	140 683	183 008	43 598	74 500	74,9
4	24	Total SA	França	Petróleo e Refinação	233 217	243 468	110 255	141 526	70 496	102 168	80,9
5	20	Anheuser-Busch InBev NV	Bélgica	Alimentação e Bebidas	208 012	258 381	39 507	45 517	163 177	206 633	82,1
6	61	Volkswagen Group	Alemanha	Automóvel	197 254	431 888	192 093	240 366	346 715	626 715	60,3
7	67	Chevron Corporation	Estados Unidos	Petróleo e Refinação	189 116	260 078	54 160	110 484	28 704	55 200	57,9
8	68	General Electric Co	Estados Unidos	Máquinas Industriais e Comerciais	178 525	365 183	70 352	123 692	191 000	295 000	56,8
9	79	Exxon Mobil Corporation	Estados Unidos	Petróleo e Refinação	165 969	330 314	121 881	218 608	35 725	71 100	52,1
10	58	Softbank Corp	Japão	Telecomunicações	145 611	220 296	45 324	82 166	42 032	63 591	62,5
11	23	Vodafone Group Plc	Reino Unido	Telecomunicações	143 574	165 367	44 602	52 238	75 666	105 300	81,4
12	64	Daimler AG	Alemanha	Automóvel	138 967	256 127	143 547	169 555	112 430	282 488	59,6
13	32	Honda Motor Co Ltd	Japão	Automóvel	130 067	169 537	112 614	129 228	143 424	208 399	77,6
14	86	Apple Computer Inc	Estados Unidos	Tecnológicas	126 793	321 686	139 972	215 639	45 721	116 000	47,9
15	26	BHP Billiton Group Ltd	Austrália	Extrativa e Petróleo	118 953	118 953	29 751	30 912	10 993	26 827	79,1
16	42	Nissan Motor Co Ltd	Japão	Automóvel	116 612	164 734	88 651	108 189	87 584	152 421	70,1
17	51	Siemens AG	Alemanha	Máquinas Industriais e Comerciais	115 251	140 309	67 737	88 346	136 890	351 000	65,9
18	71	Enel SpA	Itália	Utilities	111 240	164 010	37 622	75 898	30 124	62 080	55,3
19	17	CK Hutchison Holdings Ltd	Hong Kong, China	Comércio, retalho	110 515	130 677	26 050	33 474	263 900	290 000	84,5

COMÉRCIO INTERNACIONAL

20	57	Mitsubishi Corporation	Japão	Comércio, por Grosso	107 860	140 879	20 360	59 317	52 251	68 247	62,5
21	35	Glencore Xstrata PLC	Suíça	Extrativa e Petróleo	107 077	124 600	97 927	152 948	115 820	154 832	74,9
22	29	Telefonica SA	Espanha	Telecomunicações	106 765	130 327	43 504	57 568	99 216	127 323	78,5
23	65	Eni SpA	Itália	Petróleo e Refinação	106 408	131 280	35 510	61 690	12 626	33 536	58,8
24	8	Nestlé SA	Suíça	Alimentação e Bebidas	106 319	129 467	89 307	90 804	317 954	328 000	92,5
25	69	BMW AG	Alemanha	Automóvel	106 244	198 730	88 934	104 174	36 670	124 729	56,1
26	53	Johnson & Johnson	Estados Unidos	Farmacêutica	104 274	141 208	34 079	71 890	93 339	126 400	65,0
27	62	Deutsche Telekom AG	Alemanha	Telecomunicações	102 176	156 514	53 588	80 866	106 972	218 341	60,2
28	41	Iberdrola SA	Espanha	Utilities	100 890	112 476	19 178	32 321	17 992	28 389	70,8
29	70	Allergan PLC	Irlanda	Farmacêutica	94 512	128 986	2 885	14 571	12 237	16 700	55,4
30	1	Rio Tinto PLC	Reino Unido	Extrativa e Petróleo	89 177	89 263	33 429	33 781	50 531	51 018	99,3

Fonte: UNCTAD (2018)